離開前,
媽媽還有好多話
想說

一 個 哈 佛 律 師 罹 癌 後 , 寫 給 女 兒 的 人 生 感 悟

The Unwinding of
the Miracle

A Memoir of Life, Death, and Everything That
Comes After

Julie Yip-Williams

葉莉菁 ──────著 牛世竣 ──────譯

本書獻給喬許、米雅、伊莎貝兒——我此世的最愛

獻給葉莉娜、葉蔓莉、葉寶珠——我們姊妹情深

獻給我父母，葉世富和林桂英，為我盡了最大努力。

也獻給我哥哥，葉滋茂，曾扶著我走過大街。

目錄 | contents

序言

你好，歡迎。

我名叫葉莉菁，你的到來讓我深感榮幸。我的故事從結束的地方開始。也就是說，當你看到這段文字時，我已經不在了。但沒關係。

我的人生過得很完整。比想像中得到的更多，至少和我卑微的出身相比，已經是奢求了。我曾是位妻子、母親、女兒、姊妹、朋友、移民、癌症患者、律師，現在是位作家。我盡量以善意和正面的態度生活，雖然我確信這一路走來傷害過不少人。我盡自己最大努力過著充實並且有意義的生活，優雅地面對不可避免的人生考驗，展現自己的幽默和對生活的熱愛，僅此而已。雖然我的生命只能走到四十出頭，沒辦法和寶貝孩子一起長大，但還是充滿喜悅。

我的人生並不輕鬆。在嬰兒時期，能活下來已經是個奇蹟；後來能來到美國，又是另一個奇蹟。我出生在越南，而且是在內戰中戰敗的一方，家境貧窮又失明的我，往後的命運本已註定。這些慘況如影隨形，但它們並沒有阻止我。死亡教會了我很多人

生道理，要面對痛苦的真相，並同等地擁抱苦難和快樂。用我的雙手抱緊最艱苦的日子，可能是我生命中感到最自由的體驗。

我們都直接或是間接經歷了最艱苦的時候。不管是在新聞或是朋友口中，聽聞發生在其他地方的死亡悲劇，這使我們悲傷，但又同時感到寬慰和感激，如果不是因為神的保佑……颶風和地震的天災、槍擊、爆炸以及交通意外，當然，還有疾病，這些災禍威脅著我們，提醒著我們早晚要面臨死亡，面對著天搖地動的力量，或是看不見的細胞突變並轉而攻擊自己身體……我們是多麼地無能為力。

我打算在這裡寫下自己的經歷還有生活中的種種考驗，雖然你明白我無法道盡一切，但也足以向你展示一生走過的路，以及所處的世界。恕我冒昧，在死亡的逼近下，這故事的最開始就要提一件充滿意義的事，獻給你，以及其他仍在世人們的告誡：

朋友們，好好地活著。

從生命奇蹟的開始，一直到它的展開。

葉莉菁

二〇一八年二月

1

死亡，第一部

一九七六年三月，南越，三岐市

　　我兩個月大的時候，我父母照我祖母的指示，帶我到峴港找一位中醫師，給那老先生一根金條，要他幫我配一帖永遠安眠的藥。因為我天生失明，對中國祖母來講，我是殘缺的。會給家族蒙羞，帶來負擔，日後也無法婚嫁。此外，祖母還認為，她這樣做是為我好，不用過著悲慘的人生。

　　那天早上，母親替我換上了古舊的嬰兒服，上面沾滿姊姊或是哥哥黃棕色便溺的污漬，就算經歷母親無數次的搓洗也無法清除。祖母命令母親給我穿上這衣服，她站在我父母臥室的門口，看著母親替我穿上。換完衣服後，像是為了證明自己是對的，祖母還補了一句：「給她穿別件也太浪費了。」

　　這就是我死時要穿的衣服。在這毫無希望的時局，沒必要給一個將要死去的嬰兒穿上什麼好衣服。

　　我們是在一個緊繃冷戰時代下的家庭。十一個月前，南越才剛被北越「解放」，因為地緣政治的骨牌效應，衝擊了葉氏家族的生活。

在一九七二年，南方的戰事明顯失利，父親害怕自己為數不多的家產被奪，願意拼死一搏，作為一名華裔男子，對這個國家並沒有什麼民族性的認同和自豪。四年的兵役生涯中，就算是短暫的休息回家，也從未和家人談論過他所目睹的殘忍戰況。他的母親試圖透過賄賂，讓他謀個陸軍上尉司機的職位，想讓他避開戰火，但看來沒有成功。父親認知到自己踩在敵方的領土，不知道會不會有狙擊手，也不知道哪裡會有地雷，晚上睡在叢林裡，深怕越共半夜偷偷割斷他的喉嚨，或是哪裡突然爆炸，打破薄如紙般的寧靜。最後，他和他的同儕一樣，面對死亡以及失去自己四肢的恐懼，最後這樣的害怕壓過了任何和榮譽有關的堅持，也變得不在意被人貼上懦夫的標籤。有一天，他以取回補給品為藉口，跳上吉普車，再也沒有回頭。在一週內，他靠著步行和搭便車，來到南越的首都，西貢，並藏在一個名叫堤岸的地方，那裡是有著上百戶華裔住在裡面的老城區。堤岸是個熱鬧的地方，裡面有許多逃兵，他可以躲避兵役的同時依然能在該社區裡自由行動。

父親設法讓祖母知道他的行蹤；祖母不相信男人有辦法保持忠誠，連她兒子也不例外，於是建議母親到西貢和父親會合。於是，母親牽著我兩歲的姊姊莉娜、抱著襁褓中的哥哥滋茂，去了西貢。在那裡，他們和父親生活在地獄中。直到戰爭結束後才安全回到三岐市的家，那時不再擔心被捕，或是更慘的是，被迫回到前線。這可不是再生育一個孩子的好時機。

一九七五年四月三十日，西貢淪陷，我父母和其他西貢人都感到高興，不是因為他們相信共產主義，而是因為戰爭終於結

束。西貢易主之際，他們加入暴民之中，洗劫廢棄的商店和倉庫，拿走油、大米和所有能帶得走的東西，以此慶祝，慶祝我即將誕生的喜訊。西貢淪陷後，他們終於回到了三岐市的家。又過了八個月，一個平凡的夜晚，我來到這世上，體重比三公斤多一點（大約六磅到七磅之間），就越南人的標準來看是有點大，但沒有大到會讓母親難產或有死亡風險的程度。醫院並不衛生，在那個時代，沒辦法剖腹產，也沒人知道怎麼剖腹；在西貢也許會有辦法。父親給我取名叫莉菁，中文發音叫「Li-jing」，海南腔發音為「Li-sing」，意思是「茉莉花的菁華」，名字給人一種活力、生機、美麗的意味。母親等了很久才迎接到這個新生兒，她很激動。一開始時，祖母也是如此。兩個月後，我裹著哥哥姊姊的舊衣服，被父親抱在懷裡，在一號公路的公車上，往北行駛兩個小時，到峴港接受死刑。

2

活著

二〇一七年七月十四日，紐約布魯克林

親愛的米雅和伊莎貝兒，

　　我已經處理好所有在我死後，會留下來的種種生活大小問題：我幫妳們爸爸雇了價格合理的廚師；留了清楚的指示清單，裡面說了妳們的牙醫要找誰、什麼時候要繳學費、小提琴合約什麼時候要續約，還有鋼琴調音師的聯絡方式。之後幾天，我會錄一支影片，交代這間公寓裡所有收入和支出，這樣大家都會知道空氣濾淨器濾網在哪，以及奇伯吃什麼牌子的狗糧。但我意識到，這些都不是什麼重要的，也都是相對容易解決的日常瑣事。

　　同時我明白，身為妳們的母親，要是不能減輕妳們的喪親之痛，會十分失格，這有可能是妳們人生早年會面臨最重要的問題，我至少該試著處理。妳們將永遠會是那母親死於癌症的小孩，別人會帶著同情和憐憫的眼光看妳（就算每個人都是善意，妳也會心生怨恨）。妳們母親去世的事實，就像在潔白紙上的一個污點，會和妳們的生活緊緊交織在一起。當妳看看四周人的父母都健在時，會問：為什麼我的母親就要病逝？這不公平，然後

妳黯然淚下。當妳朋友欺負妳時，妳會非常渴望我能夠在身邊抱著妳、看著妳穿耳洞、坐在前排聽妳的獨奏會並且大聲鼓掌、像一個煩人家長，在大學畢業典禮上堅持要再跟妳拍一張合照、結婚那天幫妳穿好禮服、接過妳剛出生的寶寶，讓妳能夠好好睡覺。每次妳想念我時，都會再次受到傷害，妳會想知道為何如此。

　　我不知道我的話是否能減輕妳的痛苦。但要是我連試都沒試，那我就太不盡責了。

　　我七年級的歷史老師，歐森太太，她是名古怪但出色的老師。她常反駁我們這些十幾歲小孩嚷著「這不公平」的抗議（像是，她突然要臨時測驗，又或我們在用「不公平」在鬧的時候）。她會說：「人生本來就是不公平的。早點習慣！」不知什麼原因，我們從小就覺得應該要有公平，要公平待人，或是應該要有平等的待遇和機會。這樣的期望，一定是在法治完善並且富裕的國家中才會養成。妳們五歲的時候，也都為了「公平」而吵過，好像這是一種基本權利一樣（就像以前，米雅沒有去看電影，但貝兒卻去了，這就會「不公平」）。也許正是如此，這些對公平和平等的期望，緊緊和人類內心深處的道德綁在一起，成為道德的指標。我也不太確定是否如此。

　　但我可以確定，歐森太太是對的。人生本來就不公平。至少在生死攸關的問題上，或是法律無法觸及的地帶，妳如果要求「公平」，那就太愚蠢了；尤其是那些人類無法企及的設計或操弄上，那是屬於老天爺、運氣、命運，或是各種無法理解的神秘力量的。

雖然我是在有母親的環境中長大，但我也有自己的苦難，我在比妳們小的時候，就明白人生的不公平。我注意著其他會開車，會打網球，不用放大鏡就能閱讀的人，這些讓我痛苦。我想妳們現在也懂這些痛苦是什麼感覺了。人們會用同情的眼光看我，我很討厭這種態度。我也被剝奪了很多機會；在體育比賽的時候，我無法參加，只能當個記分員。我母親覺得，要我像其他哥哥姊姊一樣，讀完英語學校後再學中文有什麼用，因為她認為我沒辦法看到那些漢字。（結果，後來我整個大學都在學中文，而且還出國深造，我中文程度超過我的哥哥姊姊。）對一個孩子來說，和別人不一樣是件很糟糕的事，而且還是特別負面又可憐的那種。我以前常為此傷心，在孤獨中憤怒地哭泣。就像妳們一樣，我也有自己的不幸，我失去的是視力，這會讓我日後人生接二連三失去更多。我曾為此傷心。問過老天為什麼，我討厭這一切的不公平。

　　我可愛的孩子，我沒有答案，至少目前為止或是這輩子都沒有。但我很確定，要是妳允許自己去體驗、去哭、去感受悲傷、去受傷，那這些苦難有它難以置信的價值。穿過火焰，妳會出現在另一端，而且變得更完整又強大，我保證。妳最後會找到真理、美麗、智慧與和平。妳會明白，沒有什麼是永遠的；痛苦不是，快樂也不是。也會明白，沒有悲傷，也就沒有快樂。沒有痛苦，也就沒有解脫。沒有殘忍，也不可能有同情。沒有恐懼，勇氣也沒有了。沒有絕望，就沒有希望。沒有苦難，智慧難以出現。沒有匱乏，也不可能有感恩。此類悖論，在人生中比比皆是。人生就是在這矛盾中，練習著導引。

我失去的是視力。然而，這樣的不幸，卻成就了我，讓我變得更好。它沒有讓我沉溺在自哀自憐中，而是讓我雄心勃勃，讓我更用心思考，使我更聰明，它教會我要尋求幫助，不要因為自己的殘缺而感到羞愧。它迫使我對自己所擁有的侷限誠實，然後也對他人誠實，也教會了我力量及韌性。

　　而妳們將會失去的，是一個母親。身為妳們的母親，我希望我能夠保護妳們，不讓妳們受苦。但正因身為母親，我也希望妳們能感受苦難，活在其中，擁抱它，然後從中學習。從而成為一個更強大的人，因為妳們的內心，也有著和我一樣的力量。要當個慈悲的人；同理那些正用自己方式在擁抱苦難的人。因為這樣能感受「活著」的喜悅和美麗；為了我，對生命燃起熱情並真誠地活著。這是一種只有在早年失去母親的人才做得到的感恩表現，能夠理解生命的無常和珍貴。這是我給妳們的挑戰，我可愛的寶貝，化不堪的悲劇成為美麗、力量、勇氣和智慧的泉源。

　　以前我就是個十分早熟的小女孩，一個人獨自在床上哭的時候，就覺得人生的目的，就是盡可能體驗一切，盡可能瞭解人生的各種面向，不管這一生是長是短；也許很多人不這麼覺得，但我是這麼相信的。我們來到人世，是為了感受生而為人的一切複雜情感。在這樣的經歷中，隨著對身為人的真正涵義有更多的瞭解，我們的靈魂也會擴張、成長、學習、改變。我將這稱之為靈魂的進化。要知道，妳們的母親的人生並不平凡，所受的痛苦和折磨，已經不是公不公平能夠說明。首先是失明，再來是癌症。我讓這種痛苦定義自己，改變自己，讓我變得更好。

　　在我確診後的這幾年裡，我理解了自己以前從不知道的愛和

憐憫；我親眼目睹並體會人類最深層的關懷，讓內心深處謙卑，並迫使我成為更好的人。我知道有一種會讓人崩潰的巨大恐懼，但我克服了它，並從中找到勇氣。失明和癌症讓我學到的東西太多，我無法在這裡說完，但我希望，當妳們讀到下面的內容時會明白，以積極的態度面對悲劇，就能從痛苦中學到真正的價值。一個人的價值，不在於活了多少年；而是這個人提升了多少，從不同複雜的生活經驗中有怎樣的理解，提煉出了怎樣的菁華。要是我能選擇，我會選擇陪著妳們，但若妳們能從我的死亡中學習、如果妳們接受我帶來的挑戰，透過我的逝去，使自己成為更好的人，那這會在精神上給我極大的快樂和平靜。

　　妳們會覺得寂寞和孤獨，但妳們要明白，妳們並不孤單。誠然，人的一生只能獨自走過，我們的感受是如此獨一無二，我們每個人都要做出自己的選擇。但仍有可能找到或是接觸到和妳同樣的人，這樣就不會如此孤獨。這是生命裡的另一個悖論，妳要學會駕馭它。最重要，而且也是最優秀的事就是，妳們有彼此可以依靠。妳們是姊妹，有一種血緣紐帶相連的共同經歷，這是別人所沒有的。可以在彼此之間尋求慰藉。總是寬容對方並且相親相愛。然後是爸爸。以及滋茂叔叔、蔓莉阿姨、寶珠阿姨和蘇阿姨，許多親愛的朋友，他們都非常瞭解我和愛我，他們也會替妳們著想，為妳們祈禱，記掛妳們。所有這些人的愛和能量圍繞著妳們，這樣妳們就不會感到這麼孤獨。

　　最後，無論我走到哪，我的一部分將永遠和妳們在一起。妳們的體內流著我的血。繼承了我身上最好的部分。即使我不在了，我也會一直照看著妳們。

　　有時候，當妳們練習演奏後，我會閉上眼，更專心聆聽。每

當我這麼做的時候，都會有種壓倒性的認知在內心浮現，那就是，只要妳帶著激情和獻出一切的精神去演奏小提琴或鋼琴時，那種具有特殊力量的音樂就會呼喚我，而我也會出現在那裡。我會坐在旁邊，一次又一次地推動妳，調整妳的手勢、妳的坐姿，然後會擁抱妳，告訴妳妳表演得多麼出色，我好為妳驕傲。我保證我一定會在。就算妳們很久都不再演奏，我也會在妳們帶著激情和獻出一切的精神的其他時刻出現，不管是特別的日子還是一般日子。也許是妳登上了山頂，驚嘆於壯麗的景色，並自豪自己有能力登上山頂時；或是妳第一次將自己小孩抱入懷中；也或是妳因為某人傷了妳溫柔內心而哭泣時；又或是為了學校或工作，得要熬夜通宵達旦的時候。要知道，妳們的母親也曾感受過妳所感受的一切，我會在那裡擁抱妳，鼓勵妳。我保證我一定會在。

　　我經常夢見，在我死後，我終於能體會看清這世界是什麼感覺，能看到很遠的地方，看到鳥兒身上的微小細節，知道開車是什麼感覺。哦，雖然我已經失去視力多年，但我仍渴望著自己的視力沒有殘缺。我渴望死亡能使我完整，把我這輩子被剝奪的東西還我。我相信夢裡的東西會實現。同樣地，當妳們人生結束時，我也會在那裡等妳，這樣妳所失去的東西也會重新得到。我保證我一定會在。但此時此刻，活著，我親愛的寶貝們。活出一個有價值的人生。全心全意地活出完整的人生、讓思慮周全、知感恩、更勇敢、變明智！活著！

　　我愛妳們倆，直到永遠，穿越時空，超越極限。永遠不要忘記這一點。

媽咪

二〇一三，
夏季、秋季

3

機率

　　本來應該是一場家族婚禮。二〇一三仲夏，所有人都聚集在洛杉磯，慶祝我美麗年輕表妹人生最最快樂的一天。但我沒辦法出席。喬許和我帶著米雅、貝兒，從紐約飛過來，打算住一個禮拜。在那之前的一個月，我胃一直有不舒服的感覺，除了各種異常之外，沒有特定明確的症狀。噁心、抽筋、便秘，我去看了腸胃科醫生，但沒檢查出什麼嚴重的問題。到了洛杉磯，我開始劇烈地嘔吐，婚禮舉行時，我人在急診室裡度過。

　　結腸鏡檢查發現我橫結腸有一個腫瘤；結腸幾乎完全被塞住。在所有診斷可能性的列表中，「腫瘤」是你最不希望醫生得出的推斷。甚至在活體切片之前，醫生就已經很確定這是癌症了。但在實際切片之前，他們也無法斷言。

　　我永遠不會忘記結腸切除術完畢後，我在恢復室醒來的那一刻。提姆、護士、我的外科醫生 D.C.，都在安慰喬許，告訴他要好好照顧自己，才能好好照顧我。提姆問他沒有沒吃過晚餐，喬許還沒來得及回答，提姆就從他自己的披薩晚餐中分一片給他。雖然我仍處在麻醉狀態，也知道每個人都在安慰喬許而不是我這

個剛手術完的人時，一定是出了什麼問題。

　　所以年輕的D.C.醫生出現在我面前時，我歪著頭問：「很恐怖嗎？」從病房裡的氣氛來看，我幾乎已經知道答案。

　　結果D.C.卻說：「不，不恐怖。很嚴重，但不恐怖。」他繼續向我解釋，說他成功切除了腫瘤，但在膀胱上方的腹膜，發現一個「豌豆大小的水滴狀轉移」，大小就是主要腫瘤上的一個小水滴。我心想，好吧，聽起來沒那麼糟──那豌豆大小的小瘤也被移除了，那喬許為什麼那麼難過？

　　我在麻醉狀態下躺著，浸泡在他們的談話中，努力讓自己保持清醒。D.C.醫生說我不會記得他們在談什麼。喬許告訴他，不要說得那麼確定。我內心笑了一下。喬許和我生活久了，他知道我的腦袋就像個鋼鐵牢籠，不管是不是麻醉狀態，進去的東西就絕對不會忘記（尤其是我可以用裡面的東西來對付喬許時）。

　　事實上，那天晚上我記得的事還滿多的。除了手術完身體的不適感外，還記得我當時內心的想法：這手術時間一定超過兩個半小時，因為外面天色已經是黃昏了。也記得我哥哥和表兄弟來病房看我。但最重要的是，我記得每個人都會叨唸著一些數字。水滴狀轉移、第四期，百分之六，百分之八，百分之十，百分之十五，三十歲；這些數字。

　　因為我的主要癌細胞轉移到身體另一個部分，不管擴散得嚴不嚴重，我都被劃分為第四期，第四期的結腸癌存活率很低，6%到15%之間。D.C.醫生那天晚上不斷和喬許說，這個機率的統計是基於三十年前的研究，所以應該沒什麼參考價值。

　　我一發現怎麼每個人都在對數字斤斤計較的時候，便明白為

什麼喬許會這麼沮喪了。喬許喜歡數字。他能在腦子裡做很複雜的計算。他在追求我的過程，多次問我：「妳覺得我們結婚的機率有多大？」從有網球超級盃開始，他記住了每一場超級盃的得分。他記得二〇〇九年，羅傑・費德勒在第三回合，以五比三落敗。他就像許多人一樣，覺得數字為這個隨機且混亂的世界，增添了一些秩序。他被告知，自己的妻子患有第四期結腸癌，五年的存活率可能只有個位數，可以理解他受到多大的打擊。

那天晚上和第二天一早，喬許在躺椅上，一次又一次在Google第四期結腸癌的存活率資料，那躺椅是他床的兩倍大。在黑漆漆的病房中，我看到iPad的螢幕光線在他臉上反射出陰森的光芒。他不想討論這些數字，怕我不高興。但他也從來不對我隱瞞任何事，這也是我愛他的原因之一。

在我聽完後，我並沒有因此感到不安，他覺得不可思議。「那又怎樣？」我說。「妳不懂嗎？」他語氣中希望我明白事情的嚴重性。

儘管喬許很愛我，但因為他沒經歷過我的人生，所以無法理解我內心存在的基石。他無法理解，我光是存在於這星球上，就證明了數字對我來講有多不重要。數字代表不了什麼。那天晚上，我要他回到一九七六年，那個被共產主義統治的越南。一個失明的女孩，生活難以擺脫的極度貧困家庭、有著無法擺脫的身體殘疾和恥辱、讓她不可能被任何男人愛上，也不可能育有下一代、成為母親；她也知道自己永遠會是這個驕傲家庭的負擔，這個家裡的人不得不像照顧病人一樣照顧她一輩子，這也讓她感到羞愧。

然後我要他估一個機率，像這樣的一個女孩，在海上漂流已經死了不少成年男人的情況下，她的存活率有多少？再加上，她視覺神經受損，卻在多年後仍得到了一點視力的機率又剩多少？再再加上因為是移民家庭，家人對她也不期待的情況下，她仍取得了學業的成功，以及後來從哈佛法學院畢業，在世界上最著名的國際律師事務所開啟了自己職業生涯，最後還嫁給來自美國南部，英俊又才華洋溢的男人，還和他生了兩個女兒的機率是多少？當然，喬許無法估算。

　　喬許花了很多時間閱讀醫學研究，試著想增加我存活率的可能。單個轉移擴散和多個轉移相比，會增加幾個百分比的存活率，而我的年齡和健康也有影響，我有機會得到世界上最好的醫療服務，也會有很好的看護體系。根據喬許的說法，我要活超過五年的機率會提高到60%左右，對他來講，這會比6%要好得多。

　　說真的，60%對我來講也沒比較好。其實，任何低於百分之百的東西，都是不夠的。我們都知道，人生中沒有什麼是百分之百的。就梅約診所的出版刊物上說，四十歲以下的婦女，罹患結腸癌的機率是0.08%，這是喬許跟我說的，因為我自己不會上網搜尋任何有關的統計數字。這個數據還考慮了婦女的遺傳因素。我的癌症沒有任何來自遺傳的機會，這代表我患結腸癌的機率可能小於0.08%。我那位傑出的醫生也跟我說，在他三十七年的行醫經驗中，從沒遇過像我這樣年輕、女性，又沒有遺傳因素卻得到結腸癌的病例。我難道不覺得自己很特別嗎？在我生命的這一刻，我有99.92%的機率不會患有結腸癌，然而我卻得到了。

所以，數字代表不了任何東西。它們無法做出任何保證，所以也不該為此擔憂。當然了，要是我是癌症第一期，而且沒有擴散轉移，那就更好了，但就算情況有利自己，也仍可能輸得一敗塗地。就算喬許對機率很著迷，但每次不被看好的一方，贏了橄欖球或是籃球比賽，戰勝機率時，他總是會說：「這就是需要真正下場比一比的原因。」

　　好吧，我生來人世，就是為了下場比一比，我選擇不以那些奇奇怪怪的數字觀來談生和死的問題。我選擇不相信一些連研究人是誰都不知道，就產生一些數字和百分比的東西。相對地，我選擇相信自己，相信我的身體、思想、精神；相信那些已經戰勝各種困難挑戰的藝術所練就的本領。在《勝利之光》裡，泰勒教練告訴他那些球衣破破爛爛的迪隆高中黑豹隊隊員：「目光專注，全心全意，不能輸！」

　　我目光專注，也全心全意。

4

見鬼

　　我常會想，不知道自己的女兒有一天會長成怎樣的女性。一想到自己無法見證她們的成長，我疼痛無比的胃就變得更痛，而我的心更是如此。不知道米雅是否會長成一位聰明、敏銳，又有點冷漠的美女，而貝兒是否真的會成為熱情洋溢、魅力四射的女強人。心裡想到一個讓我痛徹心腑的畫面：她們無助地大哭，希望我晚上能陪陪她們，親吻她們的傷口，唸著「痛痛飛走」，希望世上能有人可以像我一樣愛她們。

　　為了不讓自己難過，決定不去想她們。我告訴喬許，不要帶她們來醫院，要是他帶她們來，我就會把探訪時間縮得很短。毫無例外地，每次只要她們一出現，都是悲傷收場。米雅一到醫院就想離開，她看到我全身插滿管子時嚇到了，而貝兒則在被強行帶離我病房時，發出撕心裂肺的哭號。我的寶貝好像成了別人的孩子。我知道我父母和姊姊會好好照顧她們，還有一大堆親戚幫忙，這樣對我來說就夠了。我在醫院的日子，不能為她們做什麼事，我自己對診斷仍處在驚嚇中，試著打起精神，做好面對它的準備，也順便慢慢從手術中恢復。

最初，我認為她們是這場對抗病魔戰爭的犧牲受害者，而這戰爭我不得不參與。我們都是癌症的受害者，她們尤其無辜。

　　然後想到了，我那可愛、瘋癲、調皮的伊莎貝兒，以前在我肚子裡成長時，我體內的癌細胞也正在長大，於是我開始用不一樣的角度看事情。

　　我出院後，在比佛利山租了間連棟別墅，多住兩個禮拜，這樣更方便隨時到洛杉磯回診和休養，也順便和我平常沒什麼機會見面的家人朋友多相處。我父母的房子在東邊，沒那麼方便。這裡租金便宜，交通方便，但屋子又舊又髒，需要好好裝修。但不管屋子外觀怎樣，重點是裡面鬧鬼。

　　剛搬來的兩個晚上，車子經過奧林匹克大道回到租處時，貝兒用她的娃娃音表示：「媽咪，我怕黑。」我那口齒不清、還不到兩歲的孩子第一次說她怕黑。但說真的，我沒那麼震驚，因為她很多話都是受她三歲半的姊姊影響，米雅也是個很敏銳的孩子。「貝兒，我們會開燈啊。沒什麼好怕的。」我安慰她說。

　　然後那天晚上，女孩們堅持我要和她們一起睡，尤其是貝兒。於是我躺在床邊，米雅挨著貝兒，貝兒靠著我。沉默了幾分鐘，貝兒坐直身子，再次開口：「媽咪，我怕黑。」的確，這房間是很黑，但窗外微弱的路燈也足夠照亮這裡。「貝兒，媽咪在這裡。我會保護妳。沒什麼好怕的。現在躺好睡覺吧！」她乖乖躺下，幾秒後又筆直坐起，用那雙黑色銳利的眼睛環視房間，「但，媽咪，我看到鬼了。」這絕對是頭一回。米雅說她從沒和妹妹講過鬼的事，我也相信她沒有。過去幾個月，她們有玩過一種遊戲，用毯子蒙著頭，在大白天四處走動，還發出「嗚！」的

聲音。但貝兒會把鬼和黑暗聯想在一起，有點出乎我意料。我手臂寒毛豎起。

　　一個禮拜前，我手術完，意識到自己死期將近，不知道死亡天使是否跟著來到這屋子，不知道我女兒那純真孩童的眼睛是否能看到祂。

　　接下來十天，貝兒偶爾會在屋子裡停下手邊的事，盯著某個地方，彷彿像看到了我們看不到的東西。有一次，她對著她看到的東西問：「你為什麼要回來？」

　　還有一次，我們家長期雇用的保姆打來，我叫貝兒來聽電話，像以往一樣，她跟保姆的姊妹打招呼，在電話那頭還沒來得及說話前，貝兒就說：「我看到這房間裡有鬼。」我們離開那屋子後，貝兒沒有再把目光定格在某個地方，也沒再說鬼之類的事。但我一點都不懷疑我的孩子，在那屋子裡看到的。我不知道那是死亡天使、守護天使，還是其他什麼精神靈體，我不知道。我只知道我的女兒很特別，心裡有魔力。

　　我離開醫院後，貝兒對我的態度也發生變化。有一段時間，她變得異常黏人。我歸結是因為我長期住院，和她分開太久的緣故，對我的強烈思念終於得到了緩解。現在她會走到我背後，抱住我脖子十秒，這對一個兩歲的小孩來講算是很長的時間。有時會走到我面前，大大對我的嘴親了一下，然後再用力抱著我。在她跑開前一秒，我會看著她的眼睛問：「媽咪會沒事的，對吧，貝兒？」

　　「是啊。」她總是這麼回答。

　　貝兒太小，無法理解媽咪生病，但我相信她體內永恆的靈魂

知道發生了什麼事。現在，每當貝兒抱我的時候，我都覺得她好像在把能量分給我：她的希望、她的歡樂、她的生命。

貝兒說她看到鬼時，我想起我高中讀過的一首詩，浪漫主義詩人，威廉・華茲華斯的〈頌：永生之暗示〉，詩中表達了一種觀點，小孩子剛出生時是個「光榮的雲朵」，擁有來自老天爺的純真、純潔和知識。人在成長的過程、經歷社會和生活的腐蝕，會失去與生俱來像天使般的善良，這種良善就是他詩中的「璀璨之時，榮光之花」。

而我們這些成年人，是否已經不是光榮的雲朵，早就過了璀璨之時，榮光之花也不再盛開？我們這些帶著被殘夢所傷的永久又突兀疤痕的人，以及那些面對病痛和面臨未來必然損失，卻又得獨自吞下痛苦的人，又該怎麼辦？我們該怎麼辦？華茲華斯並非沒有給出建議：

曾經如此明亮，

如今不再出現，

已無法回去那璀璨之時，榮光之花；

我們不悲傷；我們去發現，

發現它曾留下來的痕跡；

就在那最原始的共鳴之中，

曾經存在的，必將會是永恆；

它在突如其來讓人慰藉的想法中，

它從人的苦難中浮現，

透過多年養成的哲學之心的信念，看透死亡。

確實，我們不會因為自己失去什麼而悲傷，而是從人類共同苦難所產生的同情紐帶裡找到力量，還有對那些超越我們理解事物的信念中，找到它曾經的痕跡，並找到力量。毫無疑問，這痕跡包括我那孩子內心強大的魔力和奇蹟，讓它們幫助我走過最黑暗的時刻。

5

戰事和武器

諷刺的是，在得知最糟的診斷之前，我的身形是這輩子最好的時候，每個禮拜運動五天。大約在手術後三個禮拜，我又在跑步機上待了二十分鐘。我在跑步的過程，對體內的癌症愈來愈憤怒。

開始對癌細胞大吼大叫：「你怎麼可以這樣背叛自己的身體！居然敢威脅要把我帶離我丈夫、小孩和所有愛我，需要我的人身邊？我會把你揪出來，摧毀掉你！」我縮小到癌細胞的大小，用我的雙手伸向它的DNA，捏死它們。然後我想像化療像給了我一把利劍，我用它把癌細胞砍成十億多塊，然後又得到一把槍。但沒有什麼比我想像用雙手把它們捏碎更過癮。

化療很快開始，愈早開始，效果愈好，不是嗎？我用一種名為FOLFOX的藥物組合，它由三種藥物組成，其中一種是歐力普注射劑，它十分強大。常見副作用：神經變性（麻木、刺痛、四肢寒冷和敏感）、噁心、腹瀉、疲勞、免疫系統減弱、口腔潰爛、掉髮。是的，掉髮。噁！所以我需要買一頂假髮。

我每兩個星期會去化療一次。歐力普從接口一端（另一端植

入我上胸）注入我體內。然後我會帶著一個輸液幫浦回家，接下來兩天，其他兩種藥會透過這幫浦注入我體內。

醫生還強烈建議我改變吃植物性飲食，禁止吃精緻醣類。他說沒有強烈的科學根據支持這種飲食能減緩癌症的說法，但我想這樣做也不會有什麼壞處。醫生也說，最重要的是，不要放棄希望。以我的年齡、身體狀況，還有所有可見的腫瘤已透過手術切除，再加上化療，都是對我有利的因素。在面對自我懷疑和不確定的情況下，擁有信心，絕對是對抗癌症最困難的部分。但我大腦一向不擅長心理調適。我的生活教會我成為一名冷酷無情的現實主義者。

6

和老天爺打交道

　　我沒有在明確的宗教環境中長大。最接近宗教儀式的經驗，是農曆的初一和十五，照我母親的儀式向我們中國村莊的佛教神靈和祖先進行供奉。我站在水果前（在中國新年的特殊場合會是雞、魚、米飯前），手持燃香，對神靈和祖先祈求一些事，像是得到全優成績、進入理想大學、家人身體健康發大財之類的。

　　在我十幾二十歲時，在我曾祖母和祖母的喪禮上，想也沒想地模仿我父母、叔叔、姑姑、叔公、叔婆在誦經、跪拜。他們都穿著白色長袍戴著頭飾。我不理解這儀式背後的涵義，我問過母親多次也沒有得到答案。除了中國新年，家裡沒有人會去廟裡拜拜，也沒閱讀任何宗教經典。我們這種半宗教的習俗，很大程度上是基於幾百年前古代農村神話的傳統而來。並不是什麼佛教經典和教義，這種可能更像是西方的猶太教、基督教那種習俗。在學校裡，我忍不住去查了這些宗教內容，因為聖經裡的故事幾乎出現在我英語課的每一首詩、劇本、短篇小說裡，就像我在歷史課裡所學到的那樣，猶太教和基督教塑造了西方文明的演變。

　　所以我慢慢增加了信念，發展自己神學精神。我相信我的祖

先，祂們的靈魂在保佑著我。我相信老天爺，也許不是《聖經》裡的形象，但仍是一個全知全能的存在。我認為老天爺超出我這小小的人類大腦能理解的範圍，但也許我體內那不滅的靈魂，在我曾經最純潔的時候知道過，佛陀用開悟來描述這個時候。所以為了簡化理解，我把所有看不到的力量統稱為老天爺。

在我成長過程中，經常和老天爺交談（或大吼大叫），尤其是睡不著的夜裡，我會憤怒地要求祂回應我的問題，這些問題說穿了就是一種「為什麼是我？」的問法。當然，我和所有活著的人，都問過這問題。但我們都視這個問題是只有自己才有，不是嗎？就我而言，我的是，為什麼我出生就患有先天性白內障？為什麼我被迫要過著在法律上被定義為失明的生活，永遠無法實現我全部潛力？也許說不定我本可以成為一名偉大的網球運動員、中情局的間諜，或是像雅克‧庫斯托那樣的傳奇潛水員。為什麼我所有表兄弟姊妹都能開車，而我卻不能？為什麼那些漂亮的蠢女孩，總是被最可愛的男生團團圍住，而我因為戴著厚厚的眼鏡而被人避開？是的，所有因為視力殘疾在成長過程受到的傷害，都成了我對老天爺咆哮的內容。老天爺有很多要回答的。

我會仔細聽著祂的回應。我用盡心思去想那問題的答案。經過多年的努力，我終於找到了。我逐漸接受了宇宙平衡的信念，中國人非常相信這一點，像是陰陽觀念（例如，男人和女人、天和地、太陽和月亮、善和惡）。在宇宙的因果關係中，所有東西都會回到平衡狀態，而且事實上，它也必定會平衡。

所以在這許多不成眠的夜裡，我和老天爺達成了協議，「好吧，如果祢要扔給我這些垃圾，我就要求得到補償。我希望我的

人生也能平衡。我受了那麼多苦，我相信祢一定知道，那我也希望會有好日子到來。所以我要說出我要的補償，這是祢應該要給我的，誰叫祢丟給我一個這麼爛的人生。我想在這世界上找到最偉大的愛。想找到毫不妥協，無可比擬的愛。能夠愛我愛到生命盡頭的人。」這是我不斷向老天爺確認過的單方面交易。

我想我就和其他大多數少女一樣，會看芭芭拉‧卡特蘭的浪漫喜劇小說，對愛情充滿幻想。但是我父親不許我看任何羅曼史，以他那破爛的英文說法就是那種「我愛你」的書。所以我用中國日曆的紙包住那破爛的封面。那他就不知道我在幹什麼了，我可以盡情夢想我的白馬王子。所以當你的父母不太懂英文，確實是有好處的。在我所有能要求的東西裡，我選擇了愛，因為愛是無法靠人為實現的。尋找愛情超出了我的控制範圍，完全取決於時間和命運。它不像一張滿分的成績單，能靠個人意志和努力就能得到。不過，最主要的是因為我覺得愛情太靠緣分，而我覺得自己不值得被愛。想想，誰會想要像我這樣有身體缺陷的人？誰會願意為了我處處受限？有哪個理想的男人，會被迫要開車帶著我到處走，還要幫我讀菜單、扶我下樓、也無法做兩人一組的運動，像是打網球之類的，然後還得介紹這個戴著厚厚眼鏡的女孩給自己家人。我覺得不會有人。

但老天爺接受了我的要求！

祂讓高大、黝黑（算是啦）、英俊、聰明的喬許走進了我人生。這是不太可能發生的事：一位南方來的中產階級乖乖牌，很大方地走到一個越南移民女孩的辦公室，這女孩的視力不好，辦公室在四十三樓，以曼哈頓來講算是很時髦的高樓層了。經過這

麼多年，這位神秘的存在（也就是老天爺），讓它發生了。我知道，很多人並不像我和喬許那樣，愛情初期便受到艱難挑戰，並從中得到淬鍊（而且還是那種一輩子的考驗，就像我們現在所面臨到的這種）。從一開始我就覺得喬許有世界上最善良、最慷慨的心（但我們都有各自的缺陷），我一直在努力保護好他的心，不讓它受到任何威脅。這是以我的能力所能做到最起碼的事，這個男人一直都愛著我，確保我水壺總是裝滿水，看到我在沙發上睡著會叫我上床睡的人，他總是為我讀菜單，好像這是世界上最自然的事一樣，他愛我的程度，就像我愛我自己一樣。

但我無法保護他，讓他免於因我罹癌而痛苦，這是我控制不了的糟糕事。他會害怕失去我，但我也無能為力。我不能消除他的無助感。不能向他保證我一定能打贏這場戰爭。我討厭自己罹癌後對他造成的影響。我討厭他因此哭泣、憤怒、絕望。我恨癌症，是因為它傷害了喬許，而不是因為它傷害了我。

自從確診以來，我身體每一個部分都在替喬許，以及所有我愛的人擔心害怕。為什麼他週末睡這麼久？他是不是也得了癌症？為什麼他會抱怨手腕痛和消化不良？同樣的擔心害怕也發生在我看待女兒時。貝兒上次沒站好失去平衡，她會不會有腦瘤？米雅前幾天排便不太正常，是不是也有癌症？癌是如此陰險，時時刻刻佔據你的思緒。曾經有過那一絲的安全感，已經灰飛煙滅。像癌症這樣的狗屁事件只要發生過一次，那它很可能還會捲土重來。我很清楚這點。

所以我晚上躺在床上，腦子裡都在想這些，想知道接下來我的家人會發生什麼可怕的事。然後我發現自己又在和老天爺做交

易，回到以為覺得善惡會有平衡的想法。面對我無法控制的世界，除了說話、尖叫、咆哮、乞求，我還能做什麼？我和祂說：「要是祢再對我這樣，不斷丟麻煩給我，行。我可以接招。祢知道我應付得了。但我丈夫、小孩、父母、兄弟姊妹、我愛的每一個人，不准動他們。該死！不准動他們！祢想對我做什麼都可以，但不能碰他們！」

互助團體裡的一個婦女跟我說，我和老天爺的交易，就是我祈禱的方式。我從來沒這樣想過，因為我總是和祂在對抗。但不管是交易還是祈禱，祂都給出回應，而且也遵守了以前的承諾。顯然，老天爺並不會什麼都聽我的，生命中明顯有些無法避免的事，像是生病和死亡，但老天爺知道我在說什麼，我希望祂這次也能信守承諾。

7

癌胚抗原（CEA）、正電子掃描（PET）、
核磁共振（MRI）

就像我之前所言，我的生活現在就是數字。機率、數據、期望值。當你腸子裡發現癌症，那麼你的幸福感就會被數字給支配，因為也只有它，才能從你血液檢查中反映出身體的健康程度。它被稱為CEA。它是癌胚抗原的縮寫，這是一種奇特的專有名詞，指的是結腸或直腸的腫瘤，所釋放出的特定蛋白質。

當你的CEA下降時，會有種「人生真美好」的衝動，讓你心情變好。當你CEA變高時，你會更神經兮兮地覺得生活正在偏離常軌。

確診後的四個月，我的CEA數值是19.8，在第一個月化療後，它的值下降了六點，而第二個月的化療裡，它數值下降不到一點。雖然結腸癌論壇和互助團體的人，都說如果要用CEA來判斷癌症病情，那它是一種公認不可靠的數據，而且它在化療期間的數值還會升高，但我還是很不安。我一部分的不安，是因為我是個追求高標準的人，我喜歡得到A+，喜歡100分滿分。以前患有妊娠糖尿病時，我堅持飲食控制、運動、注射胰島素，讓

我血糖達到最好的數值，還迎接了兩個非常健康，體重剛好的嬰兒來到這世界上。

但另一部分，我真正會感到不安的原因，是我覺得要是CEA數值降得不夠快，可能和癌細胞轉移有關。因此當我這樣想時，我去找了癌症專家面談。他隔了好幾個小時才回電。所以我傳了簡訊給加州大學洛杉磯分校健康中心的外科醫生（嚴格來講，他已經不是我的醫生了），他在幾分鐘內就回電。他表示，顯然我們都希望CEA的數值能降低，為了讓我和喬許不那麼擔心，應該去做正電子PET掃描。正電子放射斷層攝影（PET）會把有放射性的葡萄糖打入體內，當成追蹤劑。癌細胞會消耗葡萄糖，帶有放射性的追蹤劑會被偵測出來，看看是否有異常的癌細胞代謝。

為了其他癌症患者著想，我這裡先停一下，因為很多機構（比方說：史隆‧凱特林紀念癌症中心）並不相信PET掃描（至少對結腸癌是這樣），理論上電腦斷層掃描（CT）會更好，因為PET有時會有假陽性的情況。我去史隆‧凱特林紀念癌症中心尋求多方意見時，他們跟我說，他們只做電腦斷層掃描，而且只在治療結束後才做（除非有其他症狀，必須要提前掃描）。

後來我的腫瘤科醫生也同意加州大學外科醫生的意見。他叫我下禮拜來做一次CEA檢查，然後再依結果決定是否要做PET。

那一個星期，我一直在想著CEA的19.8，一點一點被它折磨著。這讓我心情很不好。我哭過幾次，這對我來講並不尋常。喬許播了我們的歌曲（約書亞‧卡迪森的〈Beautiful In My Eyes〉）。這是他曾在我們婚禮上唱給我聽的歌。我忍不住一直

抽泣，回想那時對未來美好的承諾，我曾發誓不管疾病還是痛苦，都要相守一起。那時他媽的根本不知道我們會發生什麼，也不知道真正碰到疾病後是什麼情況，雖然現在真的碰上了，也還是不完全知道怎麼回事，最多只是比起誓那天，多知道一點而已。我一直想著，喬許在照顧自己生病的妻子時，會不會投入另一個女人的懷抱。就像約翰・愛德華茲❶那樣。我不認為喬許會在這種時候偷吃，但這也很難說，一個悲傷的人會做出任何事來安慰自己。

我這裡先打斷，聊一下喬許和另一個女人。他很坦白地告訴我，要是我離開，他會再婚。我會很好心地稱這名假想的女人為「淫賤的第二任妻子」。我知道，要是我死了，喬許需要有人陪伴，女兒們也需要一個母親，這些我都可以接受。但為了剖白心聲，我得事先聲明，只要我還有一口氣在，任何在這時候介入的女人休想通過我這關。還有，我要對這女人以及淫賤的第二任妻子（如果她們不是同一個人的話）說，我保證，不管我是活是死，要是妳們想對喬許或是我小孩不利，或想透過什麼手段繞過我如鋼鐵城牆般的遺囑，並用妳的髒手碰一下我留給小孩的遺產，或是用任何方式傷害他們，我下輩子不會放過妳，絕對要妳好看。

對了，剛才說到哪了？哦對，要花一個禮拜時間等待CEA的檢查，那週非常難熬。那天到醫院後，我十一點半抽血。護士在三點半寄了封電子郵件給我，「好消息！妳的CEA數值是

---

❶ 民主黨二〇〇七年的總統候選人，與其女助手有婚外情，並育有一名私生女。

1.8。完全正常！」我簡直不敢相信。正常？有可能在一個禮拜這數值就大幅下降？有機會，但可能性不大，我對此很懷疑。那天我又去找醫生。他也對這結果抱持懷疑態度，正在對那血液樣本重新檢驗。反正我人也到了，就再多抽一些血，再測一次CEA。所以我四點半又抽了一次血。第一次血液重測的結果，CEA是17.8，這檢驗室是怎麼搞的？第二次的血液CEA數值是16.5。我跟醫生說，這數字是不錯，算低了，但同一個人的CEA怎麼會在五個小時內有這麼大變化？他沒有給出讓人滿意的答案，只說CEA並不可靠，我們不應該太過在意。

因為CEA的數值仍然很高，我在華盛頓參加完一個結腸癌的活動後，又安排了PET掃描。我得等到週末才會知道結果。至少星期六很忙，有很多事讓我們分心，喬許的父母來訪、米雅的生日派對。是的，不管是否罹癌，生活都在繼續。

PET掃描中，發現兩個亮亮的點，一個在脊椎左側腰部，另一個在右側骨盆。A.C.醫生認為腰部那個可能沒什麼。為了更進一步確認，他希望我做一個腹部和骨盆的MIR，核磁共振檢查。喬許和我提出了一堆問題：如果開刀的話，會看到那裡有腫瘤嗎？不一定。手術後再用電腦斷層掃描，仍會出現亮點嗎？不會。掃描結果很糟嗎？不會。她會不會有事？我的意思是……你知道的……是的，我認為她有機會痊癒。

我很佩服喬許有勇氣問出最後一個問題，我也很佩服醫生能給出那樣的回應。聽到後確實很高興，但老實說，這對我來說並不那麼重要。並不是我不敢問自己會不會痊癒，而是不管答案為何，那都不重要。癌細胞是活的。醫生也不是什麼都知道。今天

這樣回答，另一天的答案也可能會改變。

　　但不管回答什麼，都沒差。我仍然樂觀面對。腰部的亮點可能不需要擔心，要小心的是骨盆那裡，它有可能跑到淋巴結，需要做MRI才會知道。

　　出於某些原因，秘書幫我安排了MRI，喬許會陪我一起去。他急著想知道結果，而唯一排得上的時間，是第二天的晚上七點四十五，喬許立刻就答應了。我已完成第六輪化療。他陪著我走在第一大道，往核磁共振的機台前進。然後喬許回家接保姆，希望在小孩上床前接送保姆到家。核磁共振大約花了四十五分鐘，我躺在一根大大的管子裡，讓我聯想到了棺材，還有自己被埋到地底的感覺，這感覺比PET掃描的時候更強烈，因為MRI的機器更窄也更封閉。最不像墳墓的，是這機械會一直發出碰撞和叮噹聲，我躺在上面時，全身都會震動。還有長時間的吸氣和吐氣，以及閉氣。做完時已經超過九點了，我搭地鐵回家，到家已經十點多了。漫長又疲憊的一天。

　　第二天下午，核磁共振的結果出來了。那個醫生覺得，腰部那個不需要擔心的亮點，實際上很需要擔心。該處有兩個淋巴結，其中一個是壞死的組織（也可以說是死掉的癌細胞），而另一個是活著的。現在你明白我為什麼不太相信醫生的預言了吧。

　　我轉發核磁共振的報告給喬許。看過之後，他仍「理性樂觀」。可以看出，我的器官很乾淨，這是件好事，而且只牽扯了兩個淋巴結，似乎不是什麼大事。但從這裡可能看出來，這些檢查和預測有多荒謬。結果我們角色互換，我反而不樂觀了。首先，PET和MRI都不太能可靠地檢測出癌細胞在腹膜上的轉移。

就是那個我在結腸之外發現（並切除）的那個腫瘤，它是在膀胱上方一個水滴形狀的轉移腫瘤。而最新發現的癌細胞也在那附近。

在一開始的時候，就有人說我很適合HIPEC手術，這是一種高溫腹腔化療灌洗術的簡稱，這是個很痛苦的手術，需要切開一個大口子，往我腹腔裡注入加熱的化療藥物，泡九十分鐘。聽起來讓人絕望又殘忍，是的，它的確是這樣。這種手術在癌症患者之間，稱它是「把加熱的藥丟進去，然後搖一搖」，傷口很難看，也很難癒合。我覺得做這MRI讓我離HIPEC更近了，我很沮喪。

我跟喬許說過，只有在非不得已的情況下，我才會接受HIPEC。不管怎樣的掃描，要檢查腹膜的情況都有其侷限性，似乎診斷性內視鏡手術是難以避免的，也就是外科醫生要開刀進去看看。我本來覺得，我被診斷為第四期只是技術上的定義，一個小水滴狀的腫瘤轉移到腹膜上，它不見得入侵到人體循環系統，只是原發腫瘤的一個小轉移，而非淋巴系統的擴散。所以覺得自己更像是第三c期❷，而非第四期，但現在MRI的結果證實，我的確是第四期，而且已經擴散到全身。我知道，這些都只是數字，但無論我多麼想否認它的重要性，它在某個程度上的確重要。

因為一旦擴散了，就幾乎無法治癒。

---

❷ 第0期又稱為原位癌（Carcinoma In Situ, CIS），指有異常細胞存在，但尚未擴散至鄰近細胞組織。第1期、第2期、第3期為癌症，癌細胞的數量愈大、癌瘤愈大，擴散至鄰近細胞組織的程度也愈高。第4期指癌症已經擴散至身體遠處。在做癌症分期的分類時，醫師可能也會用「a、b、c」加以細分，像是「第3b期」。

8

一個人旅行的幸福

　　十月的某個禮拜，我進行了第五輪的化療，大部分時間我都是一個人，後來一位好朋友在結束後接我回家。通常，喬許會在化療注射開始前來癌症中心與我碰面，但上禮拜他簽署了一份一億美元的合約，無法離開辦公室。我告訴他不用擔心。我的世界，是在一間巨大法律公司裡討生活，我知道它是如何運作的。在那個世界裡，一億美元並不是什麼鉅款，但它代表顧客對這案子的重視和期望。為了撫平他不必要的自責和內疚，我提醒喬許，工作之所以重要，是它帶來的收入可以支付醫療保險以及其他不被保險涵蓋的治療費用，尤其在這時候，工作比什麼都重要。而且，這不過是十二輪化療的其中一次，也不是什麼手術，沒什麼大不了的。即使癌症的陰影持續籠罩我們，生活（就算是如今已經被扭曲了的生活也一樣）必須繼續，小孩子要上學、電話會議要進行，帳單得有人支付。

　　雖然我表現得沒什麼大不了，但心裡仍然難過，而喬許也看穿了我真實感受。我已經習慣化療的日子裡有喬許陪伴，就像我在醫院裡所有日日夜夜他都在我身邊一樣，現在我的身體正在恢

復，不斷面對生活中，新的現實的挑戰。

　　所以星期一那天，我獨自一人抽血，進行常態性檢驗。午餐是第三大道某間泰國菜料理，口味普普通通，我自己叫了點吃的，體內的歐力普和芙琳亞❸在血液裡奔流。護士跟我說CEA結果出來時，我也是獨自一人。我一個人坐在躺椅上，胃裡的不適感慢慢退去，自己一人看了報告，CEA的數值是19.8，比上個月下降了一點。「妳還好嗎？」護士擔心地問，我想臉上一定寫滿了失望和焦慮。「是……是的……我很好。」我虛弱地回，腦中有無數個念頭在盤旋。第一個月降了六點，但第二個月只有一點，這代表什麼？化療是不是愈來愈無效？是不是我飲食沒有節制，攝入太多的糖。還是我冥想或是運動做得不夠。我肝臟上的小亮點是不是已經成為癌細胞了。

　　喬許後來打電話給我，我跟他說了報告內容。也許我不該這麼做，因為幾分鐘後他要開一個大型電話會議，但我會想知道，我們看事情的角度是否互換了。「醫生怎麼說？給我他們的電話，我要他們立刻回應！」他命令道。十分鐘後，他又打來，跟我說他很快研究了一下，說我們不用這麼擔心，CEA的數值起伏並無法反映化療是否有效。

　　喬許沒和我在一起，我很難過，但我認為這其實是件好事。獨處會強化我的感受，不管是我一直以來都感受到的東西，或是我拒絕面對的事物。雖然很可怕，但與癌症戰鬥，是一個人的旅程，我必須接受這事情的必然是孤獨的。的確，我們每個人在自

---

❸ 都是抗癌藥物。

己的生命旅程都是孤獨的。當然，我們有父母、兄弟姊妹、表兄妹、朋友、愛人、小孩、同事，以及許多其他人，他們充斥在我們生活之中，有時他們會喋喋不休地吵鬧，忘了人生的旅程是十分個人的，可以按自己的意願前進。這是事實，我們都是孤身一人來到世上，孤身一人離開世界，出生和死亡的體會或是在這兩者之間的人生，一直都是孤獨的。雖然喬許可能在某種程度上理解，我對 CEA 的數據下降不夠快的擔心，但他無法體會我得知報告後的內心深刻感觸，也無法瞭解之後它對我的影響（同樣地，我也無法理解他真正的情緒）。幾個禮拜前，因為歐力普的關係發生了點小事故，那時我推著貝兒的幼兒車去學校，我突然呼吸困難，獨自承受這恐慌，並從內心召喚了平靜，安全送貝兒上學，然後我一個人再去就醫。當然，雖然我某種程度可以和其他同樣罹癌的年輕母親有所共鳴，但情緒上仍略有不同，因為彼此的生活經歷也相差甚鉅。我試圖用我最好的言詞，來轉述內心情緒的衝擊和其中細微差異的複雜，分享我的抗癌之旅，但言詞總有不及之處。無論我多麼想帶著喬許，或是其他支持我的人一起走到這條路上，但我沒辦法。我承認，我害怕這段路獨自一人走。

　　要我承認這點很困難。我一直因為能夠獨立處理自己身邊的事而自豪，覺得自己是少數（不受社會混亂打擾）能在獨處中找到快樂的人。我以為我透過在世界各地旅行，已經掌握了獨處的藝術。我現在正在回憶那些獨自一人的流浪，以平息我對這新的旅程的恐懼。

　　在我三十一歲前，足跡已經遍佈了七大洲。這樣說也許有點

取巧，因為我還沒去過澳大利亞這個國家，但我去過紐西蘭，我覺得紐西蘭是澳洲的一部分。紐西蘭／澳大利亞，是我旅行名單裡的最後項目。二〇〇六年十一月，我在南島徒步旅行了兩個星期，從一間小木屋走到另一間小木屋（紐西蘭有精緻的小木屋訂房系統，雖然很簡陋，仍需要搭帳篷露營，不過對我來講已經夠好了），我自己揹著包包（除了旅途中，有一些同情我的人幫我揹了幾磅重的行李）。那時我和喬許已經在一起六個月，之後不到三個月內我們就訂婚了。雖然我們關係很甜蜜，但喬許並沒有和我一起去紐西蘭。我沒有邀他，他也沒有說要來。

喬許知道我對獨自旅行有多執著，我很謹慎地守護這些獨自一人發現的體驗。我幾乎都是一個人（字面上來講，就是啟程時我還不認識什麼人），或是在自己身體限制下，盡可能一個人。我和一個名叫荒野基金會（Wilderness）的非營利組織一起去紐西蘭，該基金會鼓勵殘疾人士多往野外活動。二〇〇四年，去南非玩的時候，也是和那組織一起。二〇〇五年，我和康乃狄克州的一個團體去了南極洲，那個團體專門從事極地探險，沒有任何豪華舒適的設備。一九九五到二〇〇四年，我去了南美、亞洲、歐洲，通常是因出國留學計畫而前往，也有的是獨自當背包客的體驗，我有個值得信賴的夥伴：孤獨星球出版社出版的各種旅行指南，裡面有寫我可以去哪裡過夜、吃東西、去什麼地方，我還備了一只放大鏡，來閱讀地圖上的小字；帶了只雙筒望遠鏡，讓我看到我本來看不見的街道標誌、飛機和火車告示。

我知道有些人覺得我是瘋了，不顧自己視力有限，選擇單獨旅行；我知道喬許第一次認識我時是這麼想的。一人吃著陌生的

食物，早餐、午餐、晚餐。一人徘徊在世界上的巨大廢墟，在陌生城市尋找過夜處，然後在愈來愈黑的夜裡迷路，一個人搭船、公車、火車、飛機，不知道下一刻會遇到誰，也不知道前方會有什麼。看吧，一個人旅行是一種獨享的幸福。有的人會攝取神經性藥物來尋求刺激。有的人會跳傘。有的會玩火。也有人是製作精美的結婚蛋糕。我則是選擇環遊世界，來追求興奮感。看著我們這星球上的不同地形，美妙神聖的野生動物、美得讓人屏息的古文明，享受那些前人發明創造物帶來的幸福感。孤身前往七大洲旅行，代表是一個人深層的醒悟，能撫慰和強化我的靈魂，平息我的憤怒和自我懷疑，使我內心充滿力量和獨立感，這是其他任何事物都無法取代的。

　　我最後進了威廉斯學院，那是位於麻薩諸塞州西部，伯克夏郡的一所學校，它們秋季的落葉很有名，但冬天時候，實在不是人待的地方。威廉斯離陽光明媚的洛杉磯很遠，那是我所想到最溫暖的地方。在住宿的第一個晚上我哭了，我和母親跟姊姊含淚告別，但我仍渴望著出遠門。那晚我告訴自己，就算我很想家，但仍會克服它，然後大三時出國留學。後來在學校裡學了中文，我在哈爾濱（中國東北一個工業城市，是通往俄羅斯的西伯利亞鐵路第一站，也因此聞名）和北京度過了我的大三。那一年，學期期間會有固定的長達一週的假期，我跳上各種交通工具，前往遙遠的省份，沿著長江一直都聽到雞鳴聲，有次我和一群當地人，搭著小巴士穿過甘肅省的群山，結果車門直接鬆脫掉下來，我和其他人都嘖嘖稱奇。

　　那一年，我發現旅行，尤其是一個人的旅行，讓我有辦法面

對自己的視力障礙，這是其他事無法取代的。我很難解釋我是怎麼「看」這世界，有一部分原因是我也沒有其他看的方式。只能用臨床的術語來解釋我的視力。我右眼在配戴矯正鏡片的情況下，視力是20/200❹，左眼則是20/300。這代表著，一個視力為20/20的人，在200英尺或是300英尺能看清楚的東西，我需要在20英尺才看得到。除此之外，我左眼的肌肉非常虛弱，我幾乎沒用過它。這兩點測驗足以證明，我在法律上被認定是盲人，所以毫無疑問可以說，我身上的殘疾，必須依法給予照顧。這些測量數值，不能測量出我看近物的視力。字體小於十號時，閱讀會是個挑戰，就算是十號字體，若沒有放大鏡，我也會看很久。這是我四歲時「看」世界的方式。這些是我每天會遇到的限制，但沒有什麼比一個人旅行、到一個陌生地方、沒有人依靠、不會說當地語言、更真實直接體會那種無助感。

獨自旅行是我讓自己經歷最有效也最艱苦的考驗，能在情感上、精神上、身體上，自我證明我可以做到和其他人一樣的事。身處在中國古城的小巷、佛羅倫斯中世紀的蜿蜒街道、後共產主義的布達佩斯不友善的大馬路上，穿越其中，尋找青年旅社、茶館、博物館。我對自己無法看清建築物上的數字和看不懂店家的名字感到沮喪和憤怒，我學會了控制這沮喪，以及對自己殘疾的憤怒。我沒有選擇，只能靠自己尋路，因為沒有人幫助我。我挖

---

❹ 美國視力測試一次顯示兩個數字，這兩個數字要合在一起解讀，它分別代表「受測者在20英尺能辨認出來的字」以及「同樣大小的字，視力一般的人能在XXX英尺看清楚」，舉例：20/200：視力一般的人，在200英尺就能看到的字，受測者得要近到20英尺才看得到。而20/20相對台灣的視力標準，大約就是1.0。

掘內心的勇氣和機智，要不是我有意識並自願投入這如此艱難的環境裡，我永遠不會知道我內心裡有這樣的東西。我學會了自己很少用的語言、手勢、肢體動作來和陌生人交流。學會透過太陽位置來辨認四個方位。學會了保持冷靜、對自己有耐心、允許自己走錯路。但我最後還是會登上西斯汀教堂，站在古羅馬的廢墟，對自己所看到的一切表示讚嘆，也感謝自己有這能力可以辦到。知道自己透過努力達到目的地，這種成就感一直是我內心的體驗高峰，能面對我自己的情緒、找到自己解決問題的能力、並對身體能夠揹著三十磅（約十四公斤）的東西連續幾個小時上下樓梯和爬山感到自豪。長久以來，我一直苦思哲學抽象的問題；諷刺的是，反而是獨自旅行會讓我內心感到充實和完整，更有助治癒我痛苦的靈魂。

　　這種感覺有一部分來自於際遇，一路上遇到新朋友的喜悅。只有在一個人旅行時，才能真正敞開心扉去認識別人，學習他們要教給我關於他們世界的一切。也有認識陌生朋友的自由和樂趣。就像男人會向酒保吐露心聲一樣，我現在就在向陌生人傾訴我的病痛。在這些陌生人的眼中，我不再是個一直以來的殘疾人，可以重新塑造自己，變成一個勇敢、聰明、風趣、迷人的人。我永遠不會忘記在巴黎遇到的神秘瑞典女孩，她脊髓損傷，一個人坐在輪椅上旅行，我和她同住一間旅社；她告訴我我值得被愛，我知道這聽起來很一般，但當你自己一人在環遊世界時，這種感性時刻是很棒的。還有一個富有同情心的荷蘭人，他花了很多時間向我描述他的攝影師之眼，所看到的海景中的細節。又或是一個際遇悲慘的土耳其裔美國女孩，她拖著我到北京所有科

技酒吧，裡面發出砰砰砰的電子重低音音樂，淹沒了我們每個人心中的煩惱。所有這些人的生活方式都觸動了我，教會我不同的生活方式、思維，豐富了我的意識，觸動我的靈魂。

自從紐西蘭之行後，我就沒再獨自旅行。我說服喬許蜜月去埃及和約旦，甚至在米雅出生前拉他去中國。還懷著貝兒時，我們去了波多黎各，在一個度假村待了一個星期。現在我有了小孩，年紀也大了些，不確定還會不會為了省錢去冒不確定的風險，又或是在當下做一些瘋狂的事，然後在往後的幾年笑著談論回憶。獨自旅行，我已經很久沒這麼做了。已經習慣喬許代替我的眼睛。習慣在機場讓他幫忙導引指路，而我則處理孩子們的問題，信任地跟著他走。習慣了我和我的小家庭一起旅行，在小孩爆發之前搭完飛機，確保有足夠的零食安撫她們，然後找幾個對小孩友善的目的地，那個地方不會有什麼驚喜，也不太可能走錯路。從二〇〇六年十一月後，生活和優先事項的排序發生了變化。

這些年我變得軟弱無力，甚至覺得自己都還沒準備好面對我生命中這個新的階段，這是我生命最關鍵的旅程，比以前的我需要召喚出更多的力量、機智、冷靜和勇氣。這和我七大洲之旅不同，這次的抗癌之旅並不是為了證明價值而做出的選擇。它的發生讓我猝不及防。這一次，我沒有感受到年輕時的無畏和自由。這一次，我得考慮自己的丈夫和兩個小女孩的生活。這一次，所面對的風險要高得多更多。

然後，我的抗癌之旅帶來的幸福，和我曾周遊世界所感受到的祝福不會有太大區別。我在目前的行程中，已經開始遇到一些

很特別的人，也還有一些正等著我去認識。需要汲取教訓，培養紀律和機智，要做得漂亮，要有勇氣、力量、優雅、決心，還要為自己感到驕傲。我知道這是真的。以後我一個人去做PET掃描時、聽到醫生告知我結果時，會再提醒自己一次。在未來所有CEA檢測和化療的過程中，我都會這樣告訴自己。喬許沒有在化療現場真的沒關係，他的不在，提醒了我要獨自面對，以及獨立的重要性。這些都是我孤獨旅程的一部分，我全心全意地擁抱這旅程，並盡可能減少恐懼，因為我知道，我的流浪會再次找到同樣的幸福。

9

秘密

　　每個家庭都有秘密，而這是我的秘密。

　　這聽起來很奇怪，雖然我到了二十八歲才被告知，在我還是嬰兒時，我祖母曾下令要殺死我，但其實在我還是嬰兒時就已經知道了。它是我靈魂的一部分，它記得所有的創傷，就算當時大腦無法產生記憶，但它已經刻在靈魂之中。這個秘密對我的傷害，很少人能想像得出來。自從我確診後，我更努力從這秘密中找尋永久的平靜，認為這麼做會找出隱藏在背後的真理，能對這場戰爭有所幫助。

　　母親告訴我真相時，她哭了。在她的懺悔中，我長期以來背負的壓力被解除了。

　　那天我母親給我穿了一身髒衣服，因為那句「給她穿別件也太浪費了」。我祖母用生氣的表情瞪著她說。

　　我母親沒有回嘴，不需要也不期待她該回應什麼。她緊張地把我從床上抱起，把我緊緊貼在她身上，並把她那哭花的臉藏在這擁抱之中。幫我穿好衣服後，除了帶著我離開，也沒什麼可做的了。一手抓起錢包，從她婆婆身邊溜了出去，嘴裡小聲唸著

「媽，我們走了」。沒有和祖母對看，順著狹窄的水泥台階來到一樓。

　　外面，我父親盯著他的鞋子，踢著地上的土，等著我們一起出門，然後開始這趟「旅行」。這就像去峴港探望親戚的旅行一樣，只是這次沒有我的姊姊莉娜，也沒有我哥哥滋茂，而我則是必得出席的。這也是我第一次去其他地方。我父親送另外兩個孩子去他們的外公外婆家，他們要在那裡和外公外婆玩一整天。父母結婚七年，也曾多次開車去峴港，但這次不同，我們是搭公共汽車去的。公車具有一定的匿名性，我們很容易藏在人群之中，可以減少親戚朋友看到熟悉的汽車，然後問東問西。此行本不打算拜訪親戚朋友，和他們介紹葉家最新的成員。但會去那裡也是意料之事，畢竟，我在峴港的曾祖母兩個星期前，一直打電話，想要看看我。我父母只好假裝電話線路有問題，聽不清楚，這比直接告訴她，不打算讓她看到我容易得多。

　　我們在金屬柵門前看到了父親，那扇門打開的寬度只夠一個人通過。自從十一個月前，南越被北越「解放」之後，那門就再也沒大開過。我祖母從二樓的窗戶盯著我們，我父母默默地帶著我出了門。路邊蹲著一名賣米糕、春捲還有魚醬的婦女，經過時他們看都沒看一眼。他們轉進一條小巷，有間兩房一廳的屋子，那裡是產婆住的地方，她接生了兩代的葉家人到這世界，我父親、他兄弟，還有我的哥哥姊姊；我母親不到兩個月前，在那裡生下了我。接著，他們又拐到城裡另一條路上，開往峴港的公車發動著引擎在等乘客上車。

　　走到門口，司機和父親說：「到峴港，每人一百越南盾。」

那車門的鉸鏈看起來搖搖欲墜。父親給了他兩張鈔票，他又說：「這小傢伙要五十。」

「但她又不佔位置。」我父親抗議。

「都一樣，在車上很多人都沒位置，還不是照付全額票價。我讓她減半你就應該偷笑了。」司機說。

我父親沒心情反駁他，又補了些錢，然後上車去，我母親緊跟在後。他們很幸運地在後面找到了座位，因為再不久，走道上就會擠滿人潮，後面的窗戶還會有人掛著半身在外。當公車真的擠到再也載不下時，另一個人的腿還被擠到我父親的手臂上，公車才終於發車。

我母親很高興能坐著。她知道車子一路走走停停，要抱著孩子站兩個小時有多困難。三岐市到峴港之間只有一條路，只有兩條車道上面會被各種卡車、公車、轎車、機車、驢車堵住，尤其是中午時候。她不在乎會坐多久。如果公車壞了，永遠到不了目的地，她會更高興。

在我們前面的兩個人，各點了一根菸，談論著今天的行程。窗外的風把煙霧吹到我母親臉上。她把我按在她胸前，並往自己那邊的窗靠近一點。公車經過路邊一處市場，裡面的人對著吱吱喳喳待宰的雞隻討價還價，那裡還有火龍果、葡萄柚、椰子，以及其他七彩的各色蔬果。經過市場，後面是一片鬱鬱蔥蔥的綠，市場裡的蔬果來自於此。頭上炎熱太陽投下燦爛的光芒，讓這片剛下過雨的大地更為生動豔麗。母親不得不瞇起眼，抵擋強光和斑斕色彩的攻勢。在她的四周，各式各樣的人生正在發生。人們交談、抽菸、論價、買賣。世界像往常一樣持續轉動，一個再平

凡不過的日子。然而，對她來講，這世界像是個夢，夢裡所見的一切都不真實。她有一種感覺，要是她想抓起那香菸往窗外扔，她的手會像幽靈一樣直接穿過，抑或是她想下車摸摸那椰子表面的觸感，那椰子便會化作一縷煙，整個市場也隨之消散。自從上個月，我祖母發現我有問題後，她就陷入這種如夢境般的狀態。

她唯一的真實，只剩下她腦中不斷的爭論聲。時間過去，那爭吵愈來愈大聲，即使是在公車上，都震耳欲聾。

我不能這樣做！

妳必須這樣做，別無他法！

一定有別的方法，她這麼美麗可愛。看她的皮膚，多麼光滑健康。頭髮又厚又有光澤。摸一下吧！她其他地方都很完美，每個地方都是！

我們幫不了她。連妳自己父母也覺得不得不這麼做，不是只有她。妳說妳愛自己的小孩，不能讓自己小孩受這樣的苦。

她的人生真的會這麼苦嗎？我會照顧好她的。我發誓，會用一輩子。

妳不可能永遠在她身邊。然後她會怎樣？妳已經有個孩子看不清楚了。這樣還不夠嗎？

我寧死也不願這麼做。

自從我祖母下了命令後，這些對話一直在我母親腦中翻騰。

我母親期盼了很久才生下我。我是她夢想的一部分，她理想的家庭要有四個小孩。四是個不錯的偶數，很平均，不多不少。她一直覺得自己父母生六個小孩太多了，但她自己卻很樂於生長在一個完整又熱鬧的家庭。結婚後不到一年，莉娜成了她第一個

孩子，甜美又美麗，皮膚像父親一樣白。兩家人的第一個小孩和孫女，為了迎接新的一代，她被新衣服和芭比娃娃寵壞了。兩年後，滋茂出生了。兩家人的第一個男嬰和孫子，也受到大家的歡迎。每個人都說他頭大得像馬鈴薯，以後一定聰明絕頂。

我出生後四個禮拜，祖母抱我到她臥室窗邊。這是我第一次離開我父母房間，離開我母親視線。就中國的傳統和迷信，在四個禮拜前我得和母親一直關在她臥室裡，禁止洗澡，需要吸進萊姆葉和檸檬葉的蒸氣，就像其他傳統儀式，都是為了確保我們的「氣」能從生完小孩後恢復，那是我們生命力的來源，這樣可以減少日後器官老化或是其他疾病的風險。

我父母的臥室在中間，是一個沒有採光的房間，祖母窗戶射進來的光線，是我出生後，幾個小時被產婆帶回家來，照到的第一道自然光。祖母用一隻手抱著我，以她照顧許多新生兒的老練方式，在光線下觀察我，確定我遺傳像誰。很明顯，我的膚色像我母親，顏色較深，但我的眼睛是葉家人都有的特徵。她對我很滿意。雖然我不是男生，不像父親，更像我母親，但看起來白白胖胖的很健康。其實我在她四個孫子裡，無疑個頭最大，而且我又是戰後第一個孫子，她覺得這是個吉祥的兆頭。她視為的健康是一種象徵，在共產主義的統治之下，事情不會像大家擔心的那樣這麼糟。

突然，祖母眉頭一緊，目光盯著我並靠近窗戶。

「阿爹！」她大叫自己在樓下的丈夫。她養了五個小孩後，我祖母習慣用海南話（我們家主要的語言），並用和自己小孩一樣的稱呼來叫自己老公。

我的祖父也習慣他妻子對他的叫喚，過來了，只是沒有她需要的那麼快。他也站在我旁邊。

　　「她眼睛有點問題，看！」我祖母壓低聲音嚴厲地說。這種語氣是代表嚴肅的意思，不想讓牆外的其他人聽見。

　　我祖父依指示看了看，在我瞳孔中看到一種奇怪的乳白色，還想說是不是因為光線反射而看錯了。於是我祖父舉起手在我面前揮舞。我的眼睛沒有跟著他的手轉動；表情也沒有變化，沒有什麼反應能證明我看得到他的手。他愈揮愈近，愈揮愈快。

　　「她看不到。她沒有看到！」我祖母壓低的語氣像在尖叫。她也在我面前瘋狂揮動手。

　　「她和她姊姊一樣。不會錯的。」我祖父用一種篤定低調的口氣說。莉娜也有白內障，只是沒有我這麼嚴重。

　　「但莉娜在這麼小的時候沒有像她這樣。她本來好好的……」我祖母聲音慢慢變小，她試著理解她看到的東西，試著思考家裡出現的新狀況，並試著弄清楚該怎麼做。「我們該怎麼辦？」她問丈夫，絕望地看著他的雙眼。我祖父不是會向恐懼和驚慌屈服的人；他相信自己理性和清醒的頭腦，這也是他幾十年在這殖民和內戰中，能成功經營生意的應對方式。

　　「嗯，莉娜做完手術就好了。我們試著幫她找醫生。」他提出合理的建議。

　　「什麼醫生？三岐市沒有醫生。莉娜是在西貢做的手術，去西貢要好幾天。就算到了西貢，你覺得那裡還會有醫生嗎？莉娜的醫生，跟其他醫生一樣，不是去了歐洲就是美國，沒跑的都被抓去勞改。」我祖母語氣滿是痛苦、憤怒和絕望。

「還是可以試試。」我祖父抱著希望說。的確，許多受過教育的人，在西貢淪陷前幾天就逃離這個國家，沒辦法逃的人都被抓去農村，被迫勞動，個人資產和土地都被沒收，試圖對這些菁英以共產主義意識形態「再教育」。聽說這些勞改營裡的人，過度勞動，吃得也不夠。也不知道要勞改到什麼時候，被放出來後，又會是什麼樣子。

「就算找得到醫生，也沒什麼好處。西貢那裡的手術，沒有真的治好莉娜。雖然手術後是有改善，但又惡化了，雖然她現在戴著厚厚眼鏡走來走去，但你看她走得很小心，從她感受事情的方式看得出來。她遲早又會看不見。醫生都是庸醫，假裝懂些東西，然後騙我們的錢。而且你沒想過，這麼小的嬰兒要動手術有多危險？一定活不了。」我祖母說這些話，好像一切都是她丈夫的錯一樣。

我祖父氣憤地吁了口氣。他的妻子是個悲觀主義者，長久以來一直擔心這擔心那，她相信自己認定的所有壞事，最後一定會發生。但祖父往往都會屈服於她的意志。「我們沒有別的選擇。得做點什麼。」他說。

祖父母不知道我母親正靠在自己的房門口，好像怕自己會打破禁足生活一樣。她能聽到他們的低語，樓下在玩耍的莉娜和滋茂發出的聲音很大。但她已經知道他們在談什麼。幾天前她就看到我眼睛裡的白霧。她一直看著，很害怕，她知道這是什麼，因為幾年前曾在我姊姊的眼睛裡看過同樣的白霧。

以前在西貢生活時，莉娜視力出現問題，她試著把玩具放在桌上，結果失敗，經過門口沒有發現，還撞到東西。當地醫院診

斷她有白內障，一種白色的蛋白質增生物，擋住她的視線。醫生先對右眼做了手術，本來幾個月後要再做左眼，但共產黨贏了戰爭，之後就再也找不到醫生。第一次手術的預後控制得很好。醫生說手術會有效，但白內障仍有可能再長回來。左眼沒有開刀，白白一層清晰可見，就我母親看來，隨著時間過去，它也會愈來愈厚。

　　母親沒有把我白內障的事和任何人說，包括她的丈夫。那又怎樣呢？反正最後所有人都會知道，然後責怪她。我看不見，會是她的錯。她懷疑是自己懷孕期間吃過綠色藥丸的影響，那一次是她在煮飯時，一鍋開水不小心燙到她的腿，中醫師給她開的藥。她有想過不吃藥，但那腿上的傷像被鞭子狠狠抽打，被火灼燒。但現在，她對自己吃下那些藥感到後悔，她應該咬牙忍著疼痛。也可能是她在懷我的時候，吃了太多熱性的食物，太多柳丁、葡萄柚、芒果，沒有吃涼性的食物平衡，像是西瓜和生菜。這些熱性食物對她的小孩來講，太過了。也可能是她基因有缺陷，有兩個女兒都不幸繼承了她那有問題的基因。也許是老天爺對她曾做過的事生氣，這是對她的懲罰。不管原因是什麼，她不但沒有保護我，也沒保護好莉娜；沒有做到母親應盡的基本責任。聽到隔壁房間又在竊竊私語，我母親爬回床上，小心地不發出任何聲音，逃避面對這件事。

　　第二天晚上，在家中僕人和其他家人都睡了後，我祖父母叫我父母去他們房間。母親坐在父親旁邊的床上，試著哄我入睡。祖父母站在窗邊。祖母幾乎沒看我一眼，和她對看後，她是用瞪視的方式。不管我出生在這世上她曾經有多高興，現在都已經變

成了別的情緒，怨懟，甚至是仇恨。我母親感受到她的敵意，把我抱得更緊。

「怎麼回事？」我父親天真地問。我那髮際線已經往後退的可憐父親，他是最後一個知道的。他是一個好兒子、好丈夫、好兄弟，也是個好父親，但在好父親這個方面有點微妙。他總是照父母的要求去做。十六歲就開始在家裡幫忙生意，裝卸沉重的箱子和棧板，開車到全國各地幫客戶運送貨物。他喜歡上學，曾經想去西貢讀高中，也許以後能去台灣讀大學，可以看看世界。但他父母堅持家裡錢不夠，讀太多書是浪費時間和錢；他要學就該學怎麼接手家族生意。於是，身為長子的他，覺得這麼做也許是更穩定、更容易的路，他放棄自己想學習和看看世界的夢想。之後，他母親又跟他說，他年紀大了，該結婚成家了。他的祖母，也就是我曾祖母，也催促著他快點結婚，相信他為自己帶來的第一個曾孫，會帶來好運，讓她戰勝自己的病魔，身體康復。所以他做了他覺得自己應該做的事，娶了他母親為他選的妻子。他總是個孝順的兒子。他不知道這次被叫來是為了什麼。

「你的女兒是個瞎子。」我祖母嚴厲地低聲對我父母宣布。這個家的人都不善言詞。

父親沉默了一秒，然後又開口：「什麼？妳說她瞎了？她怎麼了嗎？」他轉頭不怎麼相信地看著我。黑暗的房間裡只有一盞燈泡，他看不出我有什麼問題。

「她和莉娜一樣有白內障，但她的更嚴重。莉娜至少能戴眼鏡看東西。而她根本什麼也看不到。」我祖母的口吻中，帶著鄙視著庸醫的權威。

我母親知道父親在想什麼，甚至感受得到他的恐懼：這是不是遺傳？那會是他的錯？還是她的？一個孩子有白內障也許是意外，那兩個呢？滋茂也會失明嗎？母親不敢看他。

　　祖母用手比了比，祖父轉身面向窗戶背對我們。「我和阿爹一直在想該怎麼辦，我們覺得她的眼睛不會好了。這個國家沒有醫生，就算有也是個庸醫。他們幫不了她。我們覺得對她最好的方式，就是讓她長眠不醒。最好讓她解脫，不必受不必要的痛苦。」

　　我父母一起倒抽一口氣，差點被我祖母嚇得暈倒，張大了嘴盯著她看，看看她是不是精神錯亂了。但祖母眼神堅定，就像她緊咬著的下巴一樣。她理智地說：「我知道這聽起來很殘忍，但你們得考慮怎樣才是對她最好，才是對這個家最好。」

　　我母親陷入了自責、內疚、悲痛之中，她以為自己會繼續照顧我，就像她照顧莉娜一樣，希望現在或是未來會有西醫、中醫之類的人能幫助她。這是她第一次開口頂撞她婆婆，她以前從沒這樣過。「我不能這樣對自己的孩子。她是我的血肉，我的責任。我可以一個人照顧她。」

　　我祖母不會給挑戰她的人好臉色看，尤其還是住在同一屋簷下的媳婦。「妳沒辦法一個人照顧她，妳不知道嗎？妳還有其他小孩要顧，而且其中一個眼睛已經出問題了。妳有沒有想過她未來人生會怎樣？妳有嗎？我有！妳想像得到看不見是什麼感覺嗎？她的人生會很慘。我寧可妳生的是聾子也不要是瞎子。她沒辦法自己一個人上街。連在家裡走動都會撞到東西。到她月經來潮的時候呢？血流得到處都是，像個野女人一樣到處滴。誰會想

娶個瞎子？誰會愛上失明的女人？誰會自願去照顧她？沒有人。妳死後，她就沒人照顧，就像妳看到街上那些斷手斷腳的人，在路邊乞討。妳想讓妳的女兒過那樣的日子嗎？妳想嗎？」

我母親抱著我的頭，下意識摀著我耳朵。

她在這些問題和話語的攻勢下，豆大的淚珠在眼眶裡打轉，像有把刀往她肚子裡捅。她緊閉雙唇，強忍淚水，因為她知道，要是哭出來會被認為是歇斯底里和軟弱。

我父親開口了：「當然，我們不希望她過這樣的日子，但妳難道不知道說不定什麼地方會有醫生能幫她嗎？她流著我們的血，這樣做是錯的。」他的聲音帶著絕望，是乞求。

我祖母背著他，「醫生？不會有醫生。別傻了！你和我一樣清楚，搞不好明天公安就找上門，你曾是他們敵方部隊，搞不好你會跟其他你所信任的醫生關在同一個勞改營。這對你失明的女兒有什麼好處？誰知道你能不能活著出來？說不定明天他們就來我們家，拿走我們的衣服。要是黃金也被他們搜出來的話，就全都完了，就像他們對其他有半毛錢的人家做的事一樣。我們很快就會被找上。我們一無所有的時候，要怎樣照顧這個瞎孩子？更糟的是，這小瞎子對這個家能有什麼幫助？連縫衣服打掃都辦不到。你有沒有想過，一旦別人知道我們家裡的狀況會怎麼說我們？我跟你說他們會怎麼講。會說我們運氣背，被詛咒了，會看不起我們，看不起你還有你兒子。這就是你想要的？」祖母氣得渾身發抖，她深信自己的判斷，她感到不可置信，居然有人會質疑她。

房裡鴉雀無聲。後來她再次開口，這次語氣平緩許多。「你

們需要一點時間思考，然後會發現我說的才是對的。現在先去睡吧。」

我父母照她的意思離開了。之後三個星期，我祖母用同樣的氣勢在打擊他們，削弱他們的意志，直到他們同意去找中醫，一位住在峴港的男人，他會調製一種藥水，讓我喝了後長眠不起。

———

我們來到那中醫居住的灰色水泥建築前，母親腦海裡的爭論已經停止，取而代之的是一種保護性的麻木，一種抵禦即將到來的痛苦的盔甲。我父親像自己的母親一樣，是個操心的悲觀主義者，自從他決定來峴港時，他已經穿上自己的盔甲。我母親跟在他身後上了陡峭的樓梯，來到四樓中醫師的家。他們沒有互動，各自退回了自己孤獨的悲傷裡。

父親敲了敲門，門開後出現一人，稀疏的白髮揭示了此人已步入中老年。父親沒有寒暄，只是叫他大叔，這是越南人對自己父親那一輩人的統稱。「大叔，我們是你妻子介紹來的。她說你能幫助我們。」

中醫師打開門，後退一步讓我們進去。裡面是單人公寓，只有一扇開著的窗，木頭桌上有一盞煤油燈提供照明。角落有張帆布床，另一個角落有個雙口瓦斯爐，下面和一桶瓦斯相連。靠牆的架子上，排列著各式各樣乾枯的藥草植物、香料、多節的根莖。最上面的架子放著一根長長的象牙，牙尖被磨鈍了，也許是中醫師磨碎它，混入藥茶中，釋放出大象神靈的藥效。房間裡瀰

漫著自然界所有的味道，樹木、樹葉、泥土裡的根、動物屍體的骨頭。聞起來有著腐朽的氣息，也有著生命的味道，這些就是中醫師用它來改善甚至是賦予人類生命力的秘藥。

這位中醫師的妻子，在三岐市賣菸草和手捲菸，她向我祖母推薦自己的丈夫。我祖母認識這賣菸婦女很多年，但不是因為我祖母向她買菸。這賣菸的女人有一口爛牙和油膩的頭髮，她最有名的是她和靈界有一定程度的聯繫。這名菸草婦女已故的祖父經常會來探望她，給她些指示，並幫助提供鄰里的人一些建議，有些人有幸能受到菸草婦女的指點。她祖父的靈魂，會附在附近村裡一位十幾歲男孩身上，走動和說話。當男孩被附身後，就自己騎自行車到那菸草婦女家，在那裡待上一兩天，幫助前來尋求建議的人。我祖母允許那名婦人利用我們家的店面出售菸草，但作為交換，當她祖父又出現時，她或是她的小孩得立刻派人知會。多年以來，我祖母會在一間被油燈照亮的小屋子裡聽取建議，通常是彩券該買什麼號碼。後來事實證明，這些號碼往往都說中了，於是我祖母對那菸草婦人以及她的祖父深信不疑。

此時，我祖母沒有把事情緣由跟那菸草婦女講，只向她詢問離三岐市很遠，不會問東問西傳八卦的中醫師有誰，那女人推薦了自己的丈夫，雖然已經不再共同生活，但她仍相信他是名醫術高超的醫生。

「我能怎麼幫你？」他在我父母坐到桌邊後問道，每個人手裡都端著茶。

父親擺弄著茶杯，「我希望能照顧我們的小女兒。她看不見。」

中醫師為了能看清我的眼睛，俯身靠近我母親低頭看我，並把油燈拉得更近。「嗯……看起來像白內障。很意外，這麼小就有白內障。我可以開一些增強她眼睛肌肉的藥，但說真的，我不知道有什麼方法可以治癒她。也許可以擠點檸檬汁到她眼睛裡，但我看她眼睛沒被感染，不過試試看也無妨。」

　　「其實……呃……我們不是來找你治療她，因為我們知道這不可能。我們希望你能開些藥，讓她不要受苦，讓她可以永遠安眠的藥，到一個她能看清世界的地方。」我父親澄清，他的話幾乎被下面街道機車的引擎和喇叭聲蓋過。

　　中醫師立刻從我母親和我身邊抽離，回到他的椅子上。「你真的要這樣做？」他問。

　　我父母沒有回應，只是低著頭看著堆著香料和藥草的水泥地面。

　　等中醫再次開口時，語氣低沉但很堅定。「你知道，有人找我是怕自己因癌症死去，或是血壓太高會爆血管，有的人找我是因為不孕。我盡力用我父親傳授給我的知識，幫助他們所有人。我不能參與你要求我做的那種骯髒事。我想會有其他人能幫你，但我辦不到。我理解你現在一定很痛苦，但我真的不做這種事。很抱歉。」

　　說完，我母親周身麻木的盔甲開始裂開，自己都沒發現淚水在臉上滾落，她緊抱著我，對中醫師說：「謝謝你，大叔！真的很感謝你！」她的淚水是解脫的淚水，是奇蹟的喜悅。她感覺身體更輕了，這是慶祝得到一次緩刑。那名中醫證明了這世界上仍然有理智的人，仍然有那些指出這樣做是錯的人、仍有覺得她婆

婆才是瘋子的人。看到他們帶著仍活著的我回來，我祖母會很生氣，但至少我父母可以老實交代已按吩咐辦事，是那中醫拒絕配合。

父親當場抓住我，那是我短暫生命中他對我的第一次擁抱。他快速起身往門口走，示意我母親跟上。他想在中醫師改變主意之前離開。我父親謝過那個人後，往外面走，母親緊隨其後。我們走後，中醫一定看著門外呆住，想弄清剛才到底發生什麼事，那對奇怪的夫婦來這裡向他要求一件事，但卻表現出完全不想要自己的要求被實現一樣。

回到三岐市的家裡，太陽已下山，祖母在門口等著。「發生什麼事？」她問。

「中醫不願意。」我父親抱著我從她身邊經過。

「為什麼不願意？你把我給你的金子拿給他看了嗎？」她語氣裡充滿責備。那天早上，我祖母給了我父親好幾盎司的金條，那是她珍藏在後面水溝裡的珍貴金子，她相信這些足以讓那可憐的中醫做出任何事來。

「沒有，我沒這機會。反正也不重要，他拒絕得非常果斷。」

「每個人都有個價格，得要知道他的價碼是多少！」我祖母很堅持。

「那妳應該自己去！」我父親生氣地轉身瞪著自己母親。這是漫長又疲憊的一天，他只希望這一天快點過去。

至少在那一刻，我父親的氣勢，足以讓我祖母退縮。她很瞭解自己的孩子，知道能給他們多大的壓力。但她控制不住自己；

最後還是補了一句：「沒關係，會有別的辦法。」

　　我父母沒有理會，逕自上樓，留下我祖母一人，改天再來操心她的威脅。

　　她也許會找到別的辦法殺我，但那時我的曾祖母已經知道她兒媳的惡毒計畫，並下令不准動我。「她出生是什麼樣，就是什麼樣！」我曾祖母這樣說。因為我曾祖母輩分最高，她的話就是法律，不再試圖終結我的生命。當然，我祖母仍在阻止我母親餵我奶水（母親試著偷餵，但她的奶水不多，一下就乾了），而且把真正的食物留給我哥哥姊姊（那是在共產黨政權下，盡可能取得的糧食），我能吃的只有粥。因為我失明，我被視為對我們家族的詛咒，註定要依賴別人，無法結婚，沒有小孩，換言之，沒有任何價值。想當然耳，我祖母也真的認為結束我生命是為我好。

　　而這個秘密有時會讓人羞愧，就像「秘密」本身就帶有不可告人的特性。於是我母親再也無法承受這羞愧，最後被迫對我說出一切。在我生命的二十八年裡，殺嬰未遂的事只有當事人知道。但在我探望父母的最後一個晚上，我坐在那裡錄下母親講述的家裡過往。我隱約知道她要講什麼。她要說的事，我早就知道了。聽到她的話，我在腦海可以看到那些場景；這就是為什麼我相信，在大腦能保留記憶之前，靈魂早已永遠記住了創傷。

　　那時已過了半夜；其他人都睡了，第二天早上我要飛回紐約。母親講完這事後很疲累，她會說出來，是因為那時我祖母已經去世。她還補充，我已經知道這個秘密，但不能跟任何人提起，特別是祖父、父親、我哥哥姊姊。不過後來過了幾年，我沒

聽我母親的話。不久前我告訴了哥哥姊姊；當然我也和喬許說過；也和我密友提起；現在我又告訴了全世界。

很快，我希望自己能有勇氣問自己父親一些問題，不是出於憤怒，而是原諒，想要更能理解當時參與其中的人的動機，並告訴他，我原諒他和母親當年要對我做的事。只是我現在還沒準備好。從那天晚上起，我沒再和母親提這秘密，再提到時，是我結腸手術後，已經知道患有癌症後五天，我知道她仍沒放下這心結，她很生氣、害怕、內疚。我在病房裡和她談話，姊姊在那裡為我提供精神上支援。「媽，妳必須告訴人們我得了癌症。要跟別人講，他們才能幫忙度過難關。」她沒回應。意料中之事。我母親向來是個情緒壓抑的人。「媽，妳比誰都清楚我有多堅強。比誰都清楚，我能走到今天這樣有多麼不容易。想想我出生時的『那件事』，妳就知道我連活下來都困難，更別說是我現在的生活了。」

「的確。」我母親在那次簡短對話中說的唯一一句話，她坐得筆直，板著一張臉。

10

幸福時刻

我第一次被診斷出癌症後，以為自己再也不會感受到最真實、無雜質的幸福。我很確定，在米雅學會太陽系是什麼，或是貝兒勇敢踏進學校的第一天，那時哪怕是多小的幸福，都會被癌症污染，而且它帶來的不祥之兆會無情地侵蝕我此後的每一天、每一刻。就很多方面來說，我覺得它已經在這麼做了。看著我小女兒在另一個孩子的生日派對裡，在閃光燈下舞動身子，我感到高興的同時，腦子裡會想著，以後會有很多這樣的時候，我將無法參與。

在音樂和喧鬧的尖叫聲裡，我哭了，所有這一切我可能永遠不會再看到。

就算沒有癌症的陰霾，這種幸福出現得也毫無徵兆，用一種無法被記起的感動一閃而過。任何父母都懂，日復一日的常規生活有多乏味，每天早上要忍著睡意起床，催小孩上學，還得扛得住工作時理應要承受的壓力，烹煮營養的晚餐。但通常小孩子會挑食；然後板起臉來和她們談判，要她們刷牙、決定第二天要穿什麼，或是明天能吃完午餐，會有什麼樣的獎勵。在罹癌之前，我偶爾會閃過那種大家都說育兒帶來的純粹幸福感。當米雅說了一些機智的話，或是貝兒用她的小手臂摟著我，把我當成世界上

最重要的人時，那幸福的片刻就出現了。我要和喬許一起度過漫長的週末，或是難得在一個沒有小孩干擾的夜晚和朋友出去，那種幸福感也會出現。除此之外，罹癌之前的生活主要都在工作和撫養孩子，反覆操勞又吃力不討好。

不要誤會我的意思，我一直很珍惜自己擁有的一切，女兒們的健康和我們幸福舒適的家。我不需要有癌症來提醒自己要心存感激。身為窮苦移民和法律上定義的盲人，我的成長已經教會我有關感恩和珍惜的所有知識，真的。相對來講，罹癌前的生活可說是進入一種已經接受現狀，日常生活也進入軌道之中的日子，並非處於幸福滿溢的生活之中。幸福是一種滿溢的快樂、喜悅和興奮。確診後，我單純覺得，不管那種幸福的瞬間會來臨多少次，它們都會被破壞，從此之後再也感受不到純粹的幸福。

但我這單純的假設錯了。

秋天第一個星期四，我坐在婦科醫生C的桌子對面，我們在一家位於曼哈頓下城，燈光昏暗的餐廳裡，那餐館有點難以歸類。我們一起吃了午餐：菠菜、糙米、烤綜合蔬菜。順帶一提，它們是完全符合抗癌和糖尿病患的餐點。我們聊了兩個小時。一開始我是在健身房大廳，和醫生C碰面後開始聊天，後來穿過唐人街後又繼續聊了兩個小時。天南地北什麼都聊。先講了我的癌症診斷，它是怎麼形成的，潛在可能原因，我的CEA數值，未來可能會面臨的手術，去紐約市以外的地方接受醫療服務的好處，她相信我有能力戰勝癌症，以她的說法來講，就是沒在我身上看到任何罹癌的典型特徵。也聊到了醫生C自己的近況。她去了烏干達，回來後感受到了「逆」文化衝擊❺，還有她對未來的

計畫。

在談話中，我不由自主脫口而出：「妳知道嗎？此時此刻我感到非常高興。」

會說出這樣的話，我自己都很吃驚。為什麼一個患有第四期結腸癌的人，會在下午時段，感受到沒有任何煩惱的時刻，哪怕是只有一秒，並讓自己做出這樣的聲明？

這很大原因和醫生Ｃ有關。其實，醫生Ｃ自己也沒有醫生的典型特徵。她在烏干達工作了六個月，兩天前才回來，她在一家有五百五十張病床的醫院當志願醫生，那裡的人去醫院得走好幾天，病人會賣牛來支付手術費用。她給我看了醫院裡的「托兒室」的照片，所謂的「托兒室」其實只是一張桌子，照片裡的母親用毯子包著嬰兒，那一定就是她的小孩；同時這照片也是這母子關係的唯一證明（因為沒有能辨明身分的手環）。也和我講了一些瘋狂的故事，說她怎麼鋸掉一名孕婦被公牛弄傷並產生壞疽的手臂，還有在一次失敗生產中，取出死胎和子宮裡的殘餘物，而這些都是在缺乏麻醉、電力、醫療資源和專業不足的惡劣環境下進行的。醫生Ｃ關閉了她開業二十五年的診所，以前開業時，她幾乎接生了紐約曼哈頓運河街以南的三角地區所有嬰兒，目的就是存夠去烏干達的錢，這是她醫學院畢業時做出的承諾，到其他醫療資源不足的國家服務。

她診所歇業，前往烏干達前，我懷疑過自己是否還能再見到

---

❺ 到了異鄉會受到文化衝擊，但習慣異鄉文化後，回到母國，反而不適應，就是「逆」文化衝擊。

她，因為很明顯她沒有要回紐約的打算。我幾個禮拜前寫了電子郵件給她，跟她說了我的診斷，而且並不指望她會回信。她回到美國才看到我的消息，馬上和我聯絡，並表達她的震驚。我跟她說我想見她，事實上，我想她想得不得了。

　　自從第一天看到醫生C以來，她總是讓我很安定。兩次懷孕期間，她診斷我有妊娠型糖尿病，強迫我利用電子郵件，寄給她看我每天的飲食紀錄和特定時間的血糖數值。生產時，我一到醫院她就在那裡等我，她對待所有病患都是這樣（不像其他許多婦產科醫生，在陣痛結束後才出現）。麻醉師施行硬膜外麻醉時，握著我手的人是她，不是護士。她教我怎麼度過分娩時的痛苦，米雅和貝兒能健康來到這世界上，也多虧了她。身為一名獨立的醫生，她在結束診所前的二十五年裡，沒有休過一次假，為了回報她，她的病人們也給出了對她的忠誠。

　　我知道我朋友們也是她曾經的服務對象，她們也會很高興能和醫生C一起度過一個下午。但其實醫生C在紐約的時間有限，會空出下午時間和我聊天唯一的原因，可能是因為我罹癌的關係，當然也可能是我多心了。如果她還在行醫，而我又沒有生病，那我們就不會如此敞開心胸地談論彼此生活，發展出我一直希望出現的友誼。能得到醫生C的照顧是我的榮幸。能認識這麼善良又勇敢的人，並從她身上得到啟發，讓我更覺光榮。她希望能改善每一位接觸到自己的人的生活，而她也真的做到了。和醫生C相處的過程，我很開心，而且我沒料到會是這種感覺。因為癌症才有機會發展這種新的關係，我很高興；她在這之前對我和我的家人來說已經是很重要的人，現在我對她又有了新的認識。

和她交談，在那時刻我感覺她豐富了我的靈魂，我很幸福。

面臨生命將要結束，死亡快速逼近，才有辦法做到這一點。加速關係發展，讓一個熟人在一個下午的時間裡，變成密友。因為沒有時間好浪費，有什麼比彼此之間的親密性更重要？

我一直在思考，我一生中最幸福的時刻是什麼。你可能以為是和喬許結婚的那一刻，或是我第一次抱著還在扭動的女兒。啊，不是，對不起了，喬許、米雅，還有貝兒。我得誠實承認，結婚和生子雖然充滿喜悅，但也充滿焦慮，無法成為純粹幸福的時刻。我穿著漂亮婚紗站在喬許旁邊時，我下意識地在擔心，我們的關係是否能持續下去。當我學會怎麼抱起我第一個孩子，用身體幫忙撐住她的時候，我擔心自己是否會太用力傷害到她，或是辜負身為她母親的責任。要是我心裡沒有這些擔心，那我就是太天真又自大了。

這些都不是純粹幸福的時刻。我生命裡最幸福快樂，沒有一絲煩惱的時候，我想到的是自己十九歲時，和三個藏族僧人坐在中國甘肅省的山坡上，聽著下面寺院傳來的誦經聲。我想到的是二〇〇五年感恩節，我坐在橡皮艇上，在我此生見過最明亮的天空和陽光下，穿越白色、綠色、藍色的海水，前往南極洲的岸邊，去看數百隻野生企鵝的時候。我又想到的是，在孟加拉的鄉下道路騎著三輪車，因為路太窄，開不了車。那時天空滿是星斗，一路上身邊一直圍繞著數百隻螢火蟲。這些是我生命中最快樂又平靜的時刻，不管它多麼短暫，我不會去擔心我的過去和未來，我獨自走了很長很長的路，到了我的目的地，在我感嘆今生有幸能看到如此美景並心懷感激的時候，我感覺我的靈魂正在擴

展，它包含了人類經驗中一個神聖的部分，能看到並感受到如此非凡的自然奇景，老天爺一定觸摸過這些地方。

　　雖然這聽起來不可思議，但癌症也為我帶來了這幸福時刻。我和醫生Ｃ在一起的幸福，和罹癌前曾在旅行中體會過的幸福時刻，並無太大區別。雖然癌症有辦法污染我和孩子相處的快樂時光，我對未來感到不安；但癌症也有一種難以置信的能力，能撇開那些醜陋和不重要的小事，把所有事攤放在像南極天空一樣明亮的地方檢視著。和醫生Ｃ在一起，我忘了那家餐館有多昏暗。我忘了自己對未來有多忐忑。相對地，癌症反而給了我一種力量，讓我能專注在當下，真正去瞭解醫生Ｃ所講的一切，並對她的故事感到驚訝，也驚嘆我們人與人之間所建立起的關係。因為癌症，迫使我和其他人重新看待重要的事，我發現，就像醫生Ｃ一樣，人們會主動加強舊關係，或是建立新友誼：以前的醫生、高中同學、同齡為人父人母的朋友、遠方友人，還有一些我從來沒見過的人。這些人正是我生命裡的關係，我的人生不管曾經是好是壞，但現在都已經被癌症給決定了；現在這些關係對我而言才是重要的，我感受到了真正的幸福。正是在這關係中，我重新發現了只屬於我獨自一人的流浪，那驚人的美、平靜以及神聖。

11

尋找中醫師的冒險之旅

　　十月初，一位朋友強烈建議我去看醫生G.W.。她自己的母親正面臨一種罕見又致命的乳腺癌。醫生G.W.在中醫的行醫過程，用草藥治療癌症和其他疾病。我一開始是抱持懷疑態度，我所信賴的內科醫生反對用草藥當成輔助，他自己的醫學教科書裡有一整個章節在說，服用草藥會帶來很多風險。雖然我們從沒談過這類話題，但我覺得他會反對把中藥當成一種輔助治療手段（好像大多數腫瘤醫生都是如此）。當然，會讓人在意的是，因為沒有進一步的臨床研究，說不定草藥可能會干擾化療而有負面影響，進而讓癌細胞更活躍之類的不好結果。

　　但我朋友很堅持也很熱情地推薦，所以我查了一下G.W.的資料。他資歷很不錯，大約三十五年前從哈佛大學得到博士學位，在著名機構擔任教授，也在史隆・凱特林紀念癌症中心從事多年癌症研究，發表過不少相關論文和中醫研究及講習。加上網路上乳腺癌社群對G.W.醫生讚譽有加。乳腺癌是他的專長，不過就他自己的網站上來看，對其他癌症也有涉略，包括結腸癌。但最重要的是，我朋友母親的醫生也說他很好。我自己的腫瘤醫

生不認識 G.W.，但只要我事先把要服用的草藥給他看過，他便放心地讓我使用中醫治療。而且，我一直有進行血液檢查，這也讓他跟我都較為放心，倘若草藥有什麼不良影響，一定會反映在血液檢查上。

還有更大膽的事，我讀過辛達塔・穆克吉所寫的《萬病之王》，這本很棒的書，記載了癌症的歷史，還有勇敢的醫生、研究人員及患者做的努力。很多人都很英勇，但這種英勇也都曾被人視為是種愚蠢，他們冒著職業和生命的風險，開發革命性的藥物，來對抗這種自古以來就困擾著人類的疾病。要是這些勇敢的人，可以用這種大膽、未經測試的化學品來冒險，我也可以試試傳統的中醫來賭一賭，畢竟它存在了幾千年，是我們高貴中國文化的一部分。

我寄了封電子郵件給醫生 G.W.，他看了後回電給我。他和我約在皇后區，阿斯托里亞第四十七街，和百老匯的交會拐角處，在來愛德❻的門口和他見面。約在皇后區有點奇怪，但也不是不可能。除非你自己是住在紐約皇后區，不然不會有什麼人想去這地方。看看《大明星小跟班》裡的文斯、艾瑞克、德拉瑪、烏龜。影片讓皇后區被眾人所知，因為他們就是為了追求名聲和人氣，所以離開沒有任何機會的皇后區，跑到洛杉磯。再想想《慾望城市》裡的凱莉、莎曼珊、夏綠蒂，她們一想到要去布魯克林找米蘭達，就會怕得像驚弓之鳥（媽呀），布魯克林對這些土生土長的曼哈頓人已經夠糟的了，更別提皇后區；凱莉・布

❻ Rite Aid，美國最大的藥店連鎖公司之一。

雷蕭絕不會讓自己珍藏的MANOLO BLAHNIK鞋子觸碰到皇后區的人行道。布魯克林至少還有十九世紀留下的棕色建築房屋，和風景宜人的展望公園（其他非曼哈頓地區少數能和中央公園一較高下的地方）。但皇后區在美學上乏善可陳，街道特色就是低矮的紅磚建築。我只去過皇后區幾次，我姊姊住在阿斯托里亞，裡面有一些很有特色的異國料理，那個口味我在其他地方從沒嚐過。

但這次我去皇后區，是要在某個陌生的街角和一位中醫見面，這真是一次冒險。我的父母（他們從洛杉磯來訪）堅持要同行，還拉我姊姊來。我們四個人站在四十七街和百老匯的拐角，那裡有一間一層樓的建築，而且是來愛德的店面。這還真有趣，可惜我哥哥沒來。我打電話給G.W.，跟他說我已經到了約定的地點，他說他再五分鐘會到。我父母不停問我：「我們怎麼不是去他辦公室見面？怎麼會站在這裡？」我無法回答他們的問題，因為我也開始懷疑這傢伙是不是非法執業的黑醫。我和其他與我同行的人在那裡等，我和我姊姊對這當下情況有說有笑，癌細胞在我體內四處遊竄，在等著一個似乎是醫生的人，帶給我神秘的秘藥。我覺得穿著風衣戴墨鏡會很應景。我父母不覺得這情況好笑。我要他們放輕鬆點。

在等待途中，想起以前在中國的奇怪經歷。中國人（就像世界上大多數的非西方人一樣），有一種非正常又有點粗線條的做事方式，特別是以西方人的角度來看更是如此，因為對西方人來說，秩序和法治才是一切的依據。在北京有名的秀水街附近，用很便宜價格就能買到各種美國和歐洲的名牌高仿A貨。我在那

裡，對一名男子點頭示意，壓低口吻，「CD？DVD？」然後他就會領著我到一棟廢棄大樓，我只要給一點錢，就能買到很多盜版CD和DVD。在一九九〇年代中期，像這種用很「划算」的小錢買到什麼高價值的貨品的劇情，都會有個男人或女人，從大街上把你帶到一棟廢棄建築後面或樓梯間，那裡可以買到機票、酒店預訂、兌換外國貨幣；有種非法黑市的氣氛。我覺得好刺激！冒險、未知陌生，讓我心跳狂飆，血流因興奮而加速，那是對生命的真正喜悅。

我在等醫生G.W.的時候就是這種感覺。在來愛德醫藥店的門口買非法秘藥？

我覺得很好奇也很興奮，但也有些謹慎。我父親看到一名穿花襯衫、揹著黑色小包包的瘦小男人，從四十七街那慢慢走來，他帶著諷刺的口吻：「一定就是他。一看就像個哈佛大學畢業的醫生。」果不其然，他真的是G.W.。他帶著疑惑問我：「這些人是？」我們向他彼此介紹確認身分。他聽了後，允許我和同行人一起跟上。

我們沿著百老匯走到一家小咖啡廳。我幫自己和父母點了三明治，這樣就能在店裡聊天。上了二樓，那裡沒有其他客人。我和G.W.坐在一起，我父母和姊姊坐另一張桌子，在旁邊聽我們談話。在那裡我們聊了一個多小時。

雖然一切都很奇怪，但我覺得我很喜歡G.W.，而且他是位合法醫生。他說本來是可以約在曼哈頓一家有名的醫院辦公室，但這樣子他得把我登記在訪客系統，而且他能給出的建議也會受到不少限制。就G.W.的說法，醫療體系並不信任中藥。雖然也

有支持者（像是他任職的醫院裡的人），但往往會保持沉默，因為害怕承擔責任。中藥有數千種草藥，組合起來更是無窮無盡，不管是為了治療癌症還是其他疾病，很少有人會投資研究這些療效，所以一談到中醫和中藥，就會讓醫療體系的人噤聲。就G.W.的說法，有著巨大資金和資源的史隆・凱特林紀念癌症中心更是糟糕地裹足不前。

　　他看了我最近的血液檢測報告，量了我的脈搏，看了看我舌頭，觀察我的氣色。醫生G.W.覺得我被診斷為第四期只是一種「技術問題」，因為我身體強壯，化療的副作用也很小。他那種篤定充滿希望的態度，讓人放心，我很感謝他，我很需要這種正面能量。我接受治療的目的，就是最大程度減少化療副作用、把毒素從我體內排除、增強我免疫系統（也就是保持我血液裡的血小板在正常水準，這樣就不用打其他讓人難受的針）。一旦治療有成（如果能成功的話），之後重點會放在預防復發上面。

　　我還在想他會不會從他黑色小包包裡掏出一束草藥，就像《歡樂滿人間》裡的瑪麗・包萍；但可惜他沒這麼做。他叫我去唐人街一家中藥店鋪抓藥（這是他唯一信任的藥鋪，那家店已經存在四十年了，裡面的中藥品質值得信賴）。我小時候母親曾用肉色的紙包著神秘的棕色藥草回家，倒在鍋裡熬上幾個小時。然後她會喝下那像茶一樣的苦澀液體。好險，三十年後的今天，現在中藥煮藥都靠泡茶機，然後再用真空袋封好，喝起來很方便。很感激可以不用像我母親那樣熬煮個幾小時，不然的話，我真的一點都不想試。

　　在我見面後的第二天，G.W.把藥單寄給我：

茯苓

薯蕷

白朮

黨參

黃芪

肉桂枝

桑葉枝

紫蘇葉

麥冬

五味子

芍藥

冬青子

土牛膝

杜仲皮

山茱萸

枸杞子

止咳散❼

厚朴皮

羅漢果

橙皮

---

❼ 一種成藥。

我轉發藥單給我的腫瘤科醫生。他批准了。我回覆G.W.向中藥鋪預訂，然後我就去拿藥了。露天市場裡賣著水果、蔬菜和醃漬魚類；餐館窗戶上掛著烤鴨和烤雞，在它們當中坐落著一家沒什麼客人的中藥藥鋪。店內情況像紐約唐人街的普通店面一樣乾淨，日光燈下的玻璃櫃裡，放滿了藥膏、軟膏、油；貨架上擺放著數百個巨大玻璃罐，裡面裝著黑棗、蜜棗、羅漢果，以及其他各式果實、樹皮、樹葉、真菌、根，還有各種動植物衍生出來的藥材。櫃檯後一名少年到裡面的房間去取我預訂泡好的中藥茶，它被整齊地封在四盎司的透明塑膠袋裡。才剛煮好，熱得不太能用手拿。我用信用卡刷了十六天的藥量，然後離開（唐人街能刷卡，也讓人有種「合法」的感覺）。G.W.會在我服完藥後重新評估，確定是否需要重新調整配藥。我要做的事，就是每天喝兩次這種東西，然後用電子郵件向他回報我身體的反應。

　　乾杯！

二〇一四

12

物理世界的束縛

　　生病有一種奇特的現象，就是一旦你被診斷罹患某種疾病，那身邊的朋友也會陸續得到一樣的病。這代表很快你有朋友會開始邁向死亡。

　　二〇一四年的第一個星期，這樣的現象也活生生出現在我眼前。我慶祝自己三十八歲生日，也慶祝自己罹癌六個月紀念日，同時也得知有兩個人因癌症而死亡，還有另一個人也即將離世。其中一名是結腸癌界，名副其實的名人，另一個是我在確診後，才認識不久，一起共事過的人。

　　約翰是我律師事務所一名合夥人，他五十幾歲，長得不錯，雖然在世界各地提供法律服務，但一直帶著他中西部出身的濃濃口音。我對他的瞭解不像對公司其他同事那麼深。去年六月我第一次身體出現症狀時，我曾指派和他合作過一起案子。在那件案子上，他是從頭到尾都認真參與的合夥人之一，會確實地閱讀文件，並一一打電話確認案件各方面的狀況。不過我七月要去洛杉磯度假，所以約翰決定找另一個人代替我。

　　那時我們兩人都不知道自己體內的腫瘤正在成長。十二月

初，我得知約翰剛被診斷出有腦癌，預後情況很糟。兩個月後，他過世了。我確診後，花了兩個月時間才著手面對罹癌的事實。而他連反應的機會都沒。

另一位是葛蘿莉，她因結腸癌併發症去世，她離世後兩天就換約翰了。我並不認識葛蘿莉，但我看了她部落格裡的所有貼文，裡面記述她確定罹癌後的三年半裡個人抗癌過程。她在結腸癌社群裡的名聲響亮，因為她自己成立了非營利組織，並開始籌募資金尋找治療方法。她在二十八歲被診斷出是第四期，而且擴散得非常快，身體各部分都有癌細胞，本來預測只有一年的生命，最多是兩年。她以鬥士的姿態，不屈不撓積極面對。並以抗癌熱情而聞名，她看起來如此無畏、積極、熱情。她從沒寫下心裡的恐懼或悲傷，而是覺得在對抗癌症的過程，為她生命帶來了「機會」，並為此感到高興。這對我來說近乎於不可能的事。

對於我們這些關心她進展的人而言，直到她去世那一天，她好像仍相信自己會戰勝癌症，相信癌細胞選錯人了，用她的話來說就是：「癌症，受死吧。」

她面對公開場合，對自己身體的衰退絕口不提，一部分是因為，她以這種不屈服的兇狠態度，面對這種致死疾病，讓大家都相信她會以某種方式取得勝利。要是她在別人面前示弱，那受她鼓舞的人們可能會驚愕，要是連像她那麼積極的「神奇小葛」（她自己替自己取的外號）都無法克服，那一般人又怎麼辦得到？

第三位是可愛又高挑的凱薩琳，五十幾歲，來自明尼蘇達，她已經活過超過醫生預言的生命了。她一直致力為其他人提供有

用資訊，也是結腸癌社區忠誠建設者。是她找到了我，並邀我加入「結腸小鎮」（臉書裡一個相互支持的社群）。我見過凱薩琳，但對她認識不深，除了看她在結腸小鎮裡真情流露的文章外。我很欽佩她幾個月前停止所有化療的勇敢決定，佩服她選擇怎麼在這地球上度過的方法，在家接受臨終關懷，和家人跟朋友在一起。就算她的身體正慢慢被餓死，因為一個腫瘤大到堵住胃部進食的通道。喝一點水都會吐出來，她像往常一樣，努力向大家報告自己的病情細節和精神狀態，她的精神是平靜的，優雅地接受即將到來的死亡。用這種方式，揭開死亡的神秘面紗，讓總有一天也會面對死亡的所有人減少恐懼。

她這麼做，也是給所有我們這些愛她的人一個機會，能向她道別，說出我們的想法。

我們這些面對癌症的人，不管是哪一種癌，都傾向用戰爭的比喻來描述我們面對疾病的方式；我自己也曾將化療描述為我武器庫中最強大的武器，要是有不好的消息，就是在這場戰役中一次的失敗，將所有支持我的人視為我的軍隊。就各方面來說，這種比喻是恰當的，因為讓這漫長的過程得到一種視覺化的形象，這個過程的結果通往哪裡很不確定，這期間身心都會受到折磨；這種比喻能刺激動力，讓腎上腺素流動，讓人能咬牙繼續忍受。但，當身體受不了更進一步的治療時，會發生什麼事？這場戰爭的結果，如果是死亡而不是重生，那會發生什麼事？人們不願意把凱薩琳、葛蘿莉、約翰視為「輸掉」他們自己的抗癌戰爭，但不可否認的是；約翰和葛蘿莉已經離開了，而凱薩琳也即將步上後塵。

正如我以前說過的，和癌症戰鬥，不是只有在物理層面，非物理的精神層面也有，在那裡，想法和精神會受到挑戰，要找到繼續戰鬥的意志，在悲傷中感受快樂，在黑暗裡尋找光芒，在恐懼中歡笑，在死亡的陰影下放肆地快樂生活。無論物質戰爭對我來說有多困難，不管在精神上怎樣對抗，我希望自己都能表現出凱薩琳那樣的勇氣、誠實、優雅和接受迎面而來的疾病，她對自己的病和所使用治療方法有很深的知識，不管是現有的醫學內容還是實驗性的結果都有；她把自己知道的一切與人分享，意識到化療在她所剩不多的日子中影響了生活品質；她選擇有尊嚴地接受癌症在她體內肆虐。

　　癌症是一種自然之力，只是它發生在人體內，就像颶風在地球上帶來的是風雨一樣。這樣的自然之力一旦釋放出來，就算有現代醫學的奇蹟和保護，也仍然顯示人類是多麼地微不足道和無能為力。總有一天，人們必須承認自己的無能為力，在颶風來臨之前撤離，而不是留在原地，擺出某種空洞的姿態，對著自然比出「去你的」手勢。同樣地，人也總有一天會發現，對抗自己體內的癌症也是徒勞的，會發現有一天化療將不再有用，總有一天要道別，那時候便會理解，死亡並不是敵人，而是生命的下一個階段。決定「那一天」何時到來，是我們每個人都需要全心意去思考的問題。這就是凱薩琳所做的事；她尊重身體裡的大自然之力，沒有妄想能以某種方式克服；她做出有具有說服力的決定，要在颶風來臨之前撤離。對我來說，她在精神層面已經英勇地贏得這場抗癌戰爭。

　　另一名快要面臨死亡的朋友C，才在「四的角落」（結腸小

13

世界的十字路口

十字路口是許多道路交匯處,是一個人需要在旅途中,決定該走哪一條路的地方。

一月十三日,化療最後一天,我覺得我像站在十字路口,一個需要做決策的點,掃描結果很快就會出現,喬許、我的醫生,和我,得決定下一步該做什麼。某種程度上,我好像應該去一下時代廣場,因為它被世人稱為世界的十字路口(有點浮誇的稱呼)。

一月十三日感覺是個重要的日子,我的表姊N前一天從洛杉磯飛來,我和她情同親姊妹,她陪我參加最後一次的療程,一起共度一週。表姊C住在康乃狄克,對我來說她就是我姊姊,前一天晚上,她離開自己的小孩滿二十四小時了(這是她四年來從未做過的事),為的是在這裡過夜,陪我一起化療。我親姊姊,莉娜(住在紐約)也過來一起,她和表姊N睡在大型氣墊床上,而表姊C則睡沙發。

我們經常半開玩笑地相互提醒(特別是當有人被身邊舒適的生活寵壞時),不管我們多適應美國生活,我們永遠不會忘記是

從越南坐著快沉下去的船來到這裡的，睡沙發、氣墊床，還是睡地板，都是小事一樁；我們小時候經常在鋪著地毯的地上睡覺，用一塊平整的棉布當地毯，那時連睡袋的墊子都沒有——一群越南難民哪懂什麼叫睡袋？

那天晚上，喬許、米雅、貝兒待在家裡，我們四個葉家女孩在南坡（South Slope）一家餐廳吃了一頓亞洲各種美食的料理，那家餐廳是《頂尖主廚大對決 Top Chef》節目裡的優勝者開的。我們像小時候一樣，邊吃邊開玩笑，只不過現在聊天的內容，是在抱怨自己年邁的中國父母、自己的丈夫、小孩、錢、工作（或是突然沒工作），還有即將到來的中年生活。熟悉得讓人舒適，又感到心酸；在我接受癌症末期的化療之前，沒有男友、丈夫、小孩，就只有我們姊妹齊聚，那是多久前的事了？可悲，我們已經有二十幾年沒好好聚聚了。

我們坐在計程車去餐廳的路上，看到路上那些衣著暴露的女孩咯咯地笑，正要趕去聽 Jay-Z 的演唱會，我有一種奇怪的感覺，好像自己離開了身體，觀察自己目前的生活場景，好像在看一齣劇，看看我扮演的角色是否在最後會有個悲劇性的結局。我想知道，是否會有那一天（我想那天並不會太遠），我的姊妹們在沒有我的情況下，再次重聚，她們是否會記得那天，那個特殊時刻的歡笑聲。而那時候的我，又會在哪裡？

癌症讓我把生命中這些珍貴的場景記在心頭，就像對待自己的小孩一樣刻在心頭；我就是這麼珍惜這些時刻的。雖然這些場景讓我知道自己內心原來是這麼地渴求它們，但同時也讓我感到無比喜悅和感激。

晚餐期間，表姊Ｎ隨口提到，她得在第二天早上十點半，到時代廣場和一位「代表」見面。Ｎ從事廣告業；替一家大型製片廠購買和規劃行銷媒體，像是要決定購買哪些媒體，媒體的內容要呈現什麼（例如：電視廣告、廣播廣告、雜誌廣告、地鐵站的海報等），裡面會放一些主打強片，或是該製片廠發行的其他影片。她現在可是個了不起的臭屁Ａ咖人物，手下一大堆年輕助手對她唯命是從。「沒問題。」我說，「要做什麼就去做。」化療時間是十二點半，時間很充裕。

　　第二天早上，表姊Ｎ和表姊Ｃ陪我送米雅去學校後，她很快就去上班了。我們後來去了四十七街和百老匯那裡，站在知名的音樂劇售票亭旁，那裡排隊買百老匯演出票的人排了好幾個小時。時代廣場通常是我避之唯恐不及的地方，擠滿遊客，慢悠悠地走著，拿著相機不停拍照；在這裡，只需幾秒時間就會被人群淹沒。但那是星期一早上，所以相對來說還算可以，不會像平常人滿為患時，會出現不斷找路人拍照，並索取五塊錢費用的超大朵拉人偶和《芝麻街》艾蒙人偶。也沒有什麼瘋狂的裸體牛仔（就算在冬天，他也光著身子，只穿著牛仔靴、內褲、牛仔帽，然後揹著吉他到處跑）。表姊Ｎ和她口中的「代表」喬爾在幾英尺外的距離外交談。我和表姊Ｃ正熱烈談論，該怎麼讓自己小孩適當地接觸中國文化遺產。

　　然後，我的好朋友Ｓ.Ｊ.突然出現。也太巧了！約紐真是個小地方，但其實它是個有八百萬人口的城市。又在這時候，我看到喬許往我這裡走來，看到他的時候我也同樣驚訝，「我的天！」我喊道，「看來時代廣場真的是世界的十字路口！」結果我看到

我姊姊走過來了。還來不及開口問怎麼回事，表姊Ｎ就要我轉身，「快看！」她說。

　　提醒一下，如果你要告訴一個盲人，或是至少在法律上是盲人的人「快看！」是會引起某種程度恐慌的。尤其這裡是時代廣場，那裡能看的東西太多了，只會讓恐懼加劇，因為你會不知道對方要你看什麼。但就算是我，轉身後也絕對不會沒看到上面那個巨型螢幕，我的照片正在上面。

　　就在那巨大螢幕上，寫著大大的字：恭喜莉菁，做完最後一次化療。我們愛妳！我的照片在上面非常久，大約有四分多鐘。然後我表姊又說：「等等，還有！」還有？我不確定我能不能應付得了這麼多事！喬爾對上面某個我看不到的人豎起大拇指，照片消失了，變成現場攝影機的Live鏡頭，我出現在數位廣告看板上，喬許就在我身邊，還有表姊Ｎ、Ｃ、莉娜、Ｓ.Ｊ.，當然喬爾也在。然後在時代廣場上無法抗拒出現在Live鏡頭裡的人，立刻蜂擁而至，就像飛蛾撲火一樣。鏡頭鎖定在我和喬許身上，我尷尬地摀住了臉。喬許在鏡頭底下看起來像政治家，一頭光鮮亮麗的捲髮，但我不是政治家的妻子，面對人群重重關注之下，我感到有點不舒服。

　　表姊Ｎ和喬爾策劃了這整件事。喬爾和他所代表的公司，出售時代廣場的數位廣告看板的播放時間。Ｎ把我的事和他說後，他顯然非常感動，堅持要為我做些什麼。我只能想像喬爾的公司為此犧牲了多少廣告收入，就為了刊登一位癌症病患做完最後一天的化療。我擁抱他，但不知為何，在他的羊毛大衣下我不由自主地哭了出來。

看吧，我還沒有老到記性不好，以前那種被拋棄的感覺已深植在我心深處，所以現在我不知道該怎麼回應這樣的友善之舉。我的表姊和她朋友這一舉動已經夠讓人感動，這是一種視覺上看得到的舉動，而且「可見」的規模非常巨大，讓我膝蓋發軟。

　　我母親讓我的兄弟姊妹在一般學校畢業後，去中文學校學中文，但沒讓我去。她跟我說，我又看不見字。五叔帶著我堂兄弟姊妹去劇院看《星際大戰：絕地大反攻》，就是不帶我。「為什麼我不能去？」我問我姊姊。她跟我說，我可能會看不到銀幕（這句話的意思是：沒有人會想在妳身上浪費錢）。我九歲時還有一次，我表姊N和C跟我姊姊都去舊金山探望四叔，而我沒有。為什麼？我問我母親。她回答說，因為我沒辦法像其他人一樣看到東西，去那裡沒人能照顧我。我從小就被邊緣化；一直意識到自身的缺陷，總是有人用行動和言語告訴我，我是殘缺的。

　　所以我花了很多年時間，證明我的視力夠好到有辦法去看電影，可以一個人環遊世界，可以學中文（我大學三年級時住在中國，而且中文非常流利）。我這麼做有很多原因，但主要是為了向自己和家人證明，我是有價值的，我覺得我每天都必須證明自己的存在，因為我是否應該「存在」，是自小就需要面對的課題。在某種程度上來說，我完成了我所有夢想，結婚生子，做過所有人認為我做不到的事，我開始由內而外感受到自己的價值，知道自己值得被愛。而在很大程度上，我永遠不會忘掉那些被丟下和不被愛的感覺，這些感覺從小就在我體內扎根。

　　我很確定這種「不安全感」是很多人都有的。我在我自己的孩子身上也看到了不安全感，雖然她們受到學校老師的良好教育

（我想應該是）和父母關愛。但這其實很奇怪，美麗聰明的人總覺得自己不夠漂亮或聰明，人們總苦惱著自己太胖或是不迷人。所有這些美貌、智慧、身材，或是其他人們用來評量自己的數百種標準……這些都是人們選擇，以決定自己是否受到喜愛或嚮往的特色。

說到底，我們在這世界上不斷被人接受、被人愛，感受自己和這些社會網路是相連著的，諸如家庭、朋友、同事、教會、周圍群體……有歸屬感、對某人很重要、感覺舒適。幾乎可以說「害怕不被人愛」是我們基因裡的一部分，或者說，比基因還要深刻；對宇宙來講，地球不過是滄海一粟，而我們自從出生在這微不足道的地球上開始，這種「害怕不被人愛」，就已經成為人類所特有的恐懼。就算是最缺乏自我意識的人，也對事物的意義、還有自己扮演怎樣的角色，而感到不安。諷刺又出乎意料的是，癌症已經很有效地消除我這種不安全感了，幾乎讓我擺脫以前那些痛苦、難以承受的感覺。

很有趣，我生命中兩個最大的挑戰。一是我視力的殘缺，讓我覺得自己不被愛；另一個是癌症，它消除了前一個挑戰的恐懼。

我只是一介凡人，那個不受歡迎，沒有人要的小女孩，現在被他們「愛我的行為」給弄得不知所措。

14

希望

　　三月，我在做HIPEC手術前一晚，我想寫下有關希望的文章。當你罹患癌症，有個東西會不斷被提起：「不能放棄希望。」喬許說過很多次了。也不止一位癌症倖存者對我說：「總是有希望。」人們向我推薦一本書（我已經看過了），叫《希望：戰勝病痛的故事》，一位腫瘤學家告訴我們，現實中的希望有多重要，書中寫了許多患者戰勝癌症的故事。「希望」給人模模糊糊的感覺，好像它可以讓理想實現。它在癌症社群的世界更是很常聽到，人們接受它就像接受信仰一樣，它具有某種神聖性。比如：如果你抱著它，那它會支撐你度過最黑暗的時光，甚至可能治癒你。因為這個東西很常被提起：「希望」。它有時感覺像個謊言。畢竟，怎麼可能永遠都有希望，顯然有些時候死亡就迫在眉睫，那時希望在哪裡？

　　過去的八個月，我審視「希望」的價值，我經常回想母親在越南的生活和我們逃亡的故事。從她身上，我看到了「希望」有多難以捉摸；它就像我們靈魂裡的一團火，有時像夜裡燭火一樣，微弱地搖曳著；有時又猛烈燃燒，投射出無限可能的溫暖和

燦爛的光芒。

　　當年我母親三十歲，和身邊許多人一樣經歷過內戰，也像許多人一樣對某些人懷著嫉妒。她看過一些越南人，結識美國人當朋友，自己也有足夠的勇氣、運氣、錢，或是各種有利條件集於一身，他們靠著這些優勢能夠逃離這國家。在南方的最後幾天，我母親坐在父親的摩托車後面，穿過西貢繁忙的街道，親眼看到一些幸運的人。

　　她記憶中最生動的一幕是這樣的：一個美國大兵拉著一位漂亮越南女孩的手臂，顯然是拉著她要一起走；而另一隻手也被拉著，一看就知道是那女孩年邁的母親，看來是要求她留下來。這是一場拔河比賽，象徵各種對立，美國和越南、新與舊、光明與黑暗、成功與失敗、生存與死亡。士兵終於厭倦這比賽，輕鬆一抱，把兩個女人都抱上了吉普車，駛向落日。

　　我母親渴望追隨他們，她想一起去到瑪麗蓮·夢露和賈桂琳·甘迺迪所居住的世界。那是個迷人又精采的地方，我母親時常在電影裡看到那樣的地方。重要的是，她想離開越南，為了替視力也有問題的姊姊找到更好的醫療資源。但具體該怎麼辦，她也不知道。光想逃跑就是癡人說夢，更別說是逃到美國，更是不可能實現的希望。所以我母親把這想法丟到腦後，專心在新的政權下生存。然而，就算日子黯淡無光，但看到美國大兵把那些女人扔進車上的那天起，我母親對美好生活的希望，那就是「跟我一起走」的希望。

　　當然了，我母親那遙不可及的希望實現了。人們愈來愈窮，以至於有數十萬的人寧可冒著生命危險，也要在深夜出海逃亡。

許多逃離的人會寄信件和照片回來，從法國、澳大利亞、美國寄出，向還沒出來的人證明，尋找新生活是可能的。但這種不被當局批准的逃亡，只限於單身的年輕人，他們手腳敏捷，方便在夜裡行動，能夠在要開走的漁船上搶佔一兩個位置。雖然我母親心裡偷偷燃起了希望，但沒辦法帶著我七十九歲的曾祖母或是整個家族一起逃亡。最後，因為地緣政治的風向對我們有利，越南和中國之間的關係降溫，新的越南政府「請」所有華人離開，這算是一種溫和的種族清洗方式，當然了，你還得付出夠多的黃金，並留下所有財產。在一九七九年二月，我們家族——至少有五十人——陸續登上了漁船，前往香港和澳門。

我乘坐的船搖搖晃晃，大約是五十四乘十二英尺，有三百人擠在上面。航行至香港花了一個月，其中包括在公海上度過的十一天，水和食物都很少。我們很幸運，至少這艘船沒有像其他人搭的一樣沉沒。我們很幸運，沒有像別的船一樣，傳出人吃人的事件。在香港待了不到一年，美國天主教教會資助我的直系親屬，移民到美國，並提供泛美航空的機票，讓我們從香港飛到舊金山。一九七九年十一月三十日，我們踏上美國的土地，我母親長期以來的希望實現了。我當時只有三歲。

我曾問過母親，她坐在那要沉不沉的漁船上，把自己和家人的命運交給海神或是其他無數不知名的神靈時，她是否會感到害怕？我曾問過她，在船上那些日子，眺望無邊大海時，心裡在想什麼？還有在危急時刻，船上不少人暈船嚴重，沒有食物，也不知何時能上岸的時候，她抱著怎樣的希望？她會想到賈桂琳·甘迺迪嗎？還是想像著美國的街道都是遍地黃金的圖像？這樣的圖

像代表的希望，有沒有帶著她度過最黑暗的時刻，繼續往前進？

　　「我沒有什麼恐懼的，因為我當時沒抱任何希望。」她說，「我腦袋一片空白。要說未來，不管是第二天的、下個月的，還是明年的，我都是一片空白。我所想的只有這一刻、這一秒，其他都沒有了。」為了度過眼前困難，我母親基本上在她的意識裡就禁止希望的出現，這樣她就不會感到恐懼而什麼都做不了。她停止思考，本能地移動，好好活在這一秒裡。我想這就是人們口中的「生存模式」。

　　在與癌症對抗的過程中，我也需要進入這種「生存模式」，讓未來變成一片空白。每次在這場戰役失利時，我內心都會處於一種原始的自我保護，向自己發誓，再也不要感受到會吸乾精神的沮喪、荒蕪、痛苦。我跟自己說，不然一定會受不了。正是在對抗癌症最黑暗的時刻，還有當我從失敗中再次站起來的時候，我都會說「去他媽的希望」，然後禁止讓那種完全不可能的未來，在我心中或腦子裡產生虛假的快樂幻想。我不敢抱持希望。所以，我不會像許多人口中那樣，在最困難的時候，要緊緊抓著「希望」用來支撐自己；我反而會拒絕它。

　　但「希望」是個有意思的東西。它好像有自己的生命和意志；它無法被控制，它的存在和我們的精神密不可分，它的火焰不管多麼微弱，就是不會熄滅。在看到讓人失望的CEA報告後，感覺一切對抗都是徒勞，面對這樣的挫折，我把注意力放在現實中的未來，想想未來的一天、一週，然後是一個月。很快，我看到自己還有八年可活，可以合理預見八年後，我的小孩會是十歲和十二歲，我專注所有的生活，在這八年中，不管這八年會

是什麼模樣，都會包裹著糖衣。

但我不再夢想能和喬許一起退休；不會想像自己能抱孫子。從現在起，我要建立一個具體、明確、完全可以實現的目標，要是我實現了它，那再考慮下一個可以實現的目標。

我不要去管希望，不讓它再次玩弄我。

喬許和其他人覺得我反應過度，就一個CEA的結果，就讓我放棄希望。但這正是我的應對機制。我需要堅強，要是我想度過未來不可避免的挫折，我需要改變期望；不然我情緒上會受不了。

這就是我，我體內會奪走生命的力量，我要正視它，看清楚它。我的日子已經很艱辛，已經無法假裝它不存在，看不到。「拒絕承認」是「希望」的近親。但，所有美好的事物，像是我跟喬許一起創造美麗的生活、或是瘋狂過日子，這樣的事物，都得有意識地克服嚴酷的現實才能達成。這樣的現實主義惠我良多，儘管夢想很美好誘人，但現在不是屈服於誘惑的時候。

然後我去見了醫生D.L.，他是HIPEC的外科醫生，喬許問了一個我永遠無法問出口的問題：HIPEC能不能治好我？

而且一聽到他這麼說，我感覺體內的希望之火被撩起，一點一點在變亮，雖然我沒忘記自己發過的誓。但自從那時候起，八年過後的美好日子，時不時就會爬進我腦子裡。人們跟我說，他們知道HIPEC會治好我，我會是其中一個幸運兒。我不想相信他們，我不能忍受更多的心碎，但心裡一小部分希望他們說的是對的。

是因為癌症的關係，我才明白「希望」是多麼變化無常；我

以前未能理解它所帶來的快樂、恐懼、絕望；我也不知道原來它是這麼有彈性多變。對於那些不是癌症患者的人來說，我能做到最好的比喻，就是愛情。「希望」就像是人不斷在追求的浪漫愛情，就像是人類普遍的現象。在喬許之前，我人生中有過幾段關係。有一兩個人真的傷了我的心，讓我哭花了臉，極度難過，現在回想起來都感到尷尬。

沒有什麼比年輕時候的戀愛經驗更痛苦的，那時我整個自我價值感都和對方連在一起，一旦他們殘酷地拒絕了我，我就覺得自己不被愛了。每傷一次心，我都發誓再也不碰男人，不想再讓自己傷心，我不需要男人來讓我快樂。但每一次，時間都會讓我忘記那痛苦。時間和經驗教會我新的力量和勇氣，讓我一次又一次犯蠢、心痛，直到我最後遇到喬許。

否則，我會一直在「擁抱希望」和「拒絕希望」之間搖擺不定。我覺得我會永遠在「今天」、「八年後」、「四十年後」搖擺不定。但我知道「希望」，是我精神中永不會熄滅的一部分，就算是在最絕望的時刻，它也在那裡，一團永恆的火焰。就算是在最黑暗的時刻，也會感受到它微弱的溫暖，就算我刻意壓抑它也一樣。我知道只要我還活著，不管它是微弱還是旺盛，那火焰會一直燒下去。在我生命快結束的時候，在我清楚意識到很多事情已經是不可能的時候，我的「希望」會轉變成其他東西，變成我對孩子的希望，我對人類的希望，我對自己靈魂的希望。

15

我迷失了

　　我很會做飯。二〇一四年春末，我在臉書貼了我自己烹飪的照片，裡面有小肋排千層麵捲、雞肉派，還有其他大量的蔬菜。這些照片象徵著回到了「正常」軌道，因為在癌症前，我喜歡做飯，除了會買太多廚房用品外，這沒什麼不好。有的人喜歡買衣服和鞋子；我則是喜歡買高檔廚具、料理用品、烹飪食譜。喬許送我最好的聖誕禮物，是我那7.25夸脫（容量約7公升）的Le Creuset琺瑯鍋，還有一個價值九十五美元的電子即時顯示溫度計。但確診後的幾個月，我不再下廚。

　　第一次化療帶來的神經病變讓下廚變得不可能，甚至很痛苦。更重要的是，我已經失去對食物的所有興趣，陷入非理性的想法，覺得不管我吃什麼，都會讓癌細胞長大。諷刺的是，我最近一次住院，有四天半不能吃任何東西，為了讓我腸子休息，排淨腸道。我飢餓地躺在床上，在iPad上呆呆看著英國公共廣播的料理節目，對張錫鎬❸的花式拉麵流口水。我對自己發誓，我不

---

❸ 美國餐廳經營者、作家、播客和電視名人。

再逃避料理了。

除了烹飪外，臉書上我還貼了一張我們家新車的照片，一輛小型的SUV，這也是回到「正常」軌道的一個小小嘗試。對於一個月只會用到一兩次的東西來講，這筆錢花得可不便宜，但我們都決定讓它成為生活中必不可少的一部分，可以去遠足、在秋天摘蘋果、在週末探索可愛的城鎮。

但在這些照片和繁忙的活動背後，並不如大家所以為的那樣充滿歡笑，以為我不用住院，沒有疼痛，能出去踏青，開心生活；其實我情緒已經崩潰，比以往任何時候都還要崩潰。很多時候，選擇什麼布料、研究汽車、烹飪新料理，這些表面上生活的行為，就像我在汪洋中抓住的一根浮木，我身在絕望之中，暫時推延那些不可避免的事，而且它十分駭人。那就是，我得了癌症，而且最後會死於癌症。

五月，溫暖的週末，我帶著女兒參加兩個生日聚會。第一個是貝兒自己的，另一個是她學校的朋友。貝兒同學的父母都不知道我身體的狀況。我在派對裡當一個稱職的小壽星母親，是個高挑美麗的女人，而且還住在展望公園旁邊漂亮的玻璃帷幕大廈裡，明媚的春天，湛藍美麗的天空。我站在那裡，很想對眾人大喊：「我他媽的得了第四期的腸癌！你們他媽的看不出來嗎？」第二個派對，是在布魯克林大橋公園裡坐旋轉木馬，替米雅三個同學裡的其中一個過生日，背後可以看到曼哈頓高聳的現代都市大樓。米雅班上的同學父母都知道我罹癌，所以我不得不回答他們一些尷尬的問題，有些人不見得真的關心，只是很慶幸自己仍活在完美無瑕的生活中；又或者他們真的很關心，但是不敢窺

探。「哦，很好。那先這樣吧。」我打著馬虎眼回應。很想對他們所有人大喊：「這他媽的太不公平了！這不是我應得的。我的小孩沒犯什麼錯！」但我把那些數以百計的痛苦、憤怒、不友善的想法藏在心裡。我不想破壞社交禮儀，臉上始終掛著應付的微笑。

不知不覺，我用這些想法在周圍砌成了一堵牆，把這個世界上最愛我的人，我那可憐、進退不得、受傷、疲累、擔心害怕的喬許擋在外面。我憤怒地抨擊他，推開他，沒有告訴他我在想什麼，這些想法太糾結、太壓抑、太悲傷、太內疚。我因為嫁給喬許，並毀了他生活而感到內疚。不管在喬許十歲、十五歲、十八歲，或是二十五歲時，他的家人都不會希望他和我這樣一個女子結婚。老實說吧。他是徹頭徹尾的南方人，在南卡羅萊納州，那裡的州政府仍飄揚著美利堅聯盟國❾的旗幟。他幼稚園到小學，讀的是聖公會的教會學校，然後大學讀南卡羅萊納的大學和法學院。就算天塌下來，都不會有人想到他會娶一個出生於越南、在洛杉磯長大、混合有佛教儀式傳統的行為、在美國東北那個噁心自由派的北方佬學校裡接受正規教育的失明華裔女子。我忍不住會想，要是他娶了一個金髮碧眼，信基督教的南方乖乖女，那我和我身上的疾病就不會毀了他的生活。我也知道，要是我沒遇見喬許，那貝兒和米雅也不會在這裡，她們是我最大的快樂泉源，內疚讓我失去理性。

喬許也很生氣，比我更生氣。他也猛烈抨擊我，雖然他之所

---

❾ 美國分裂成南北時，南方國名稱為「美利堅聯盟國」，北方是「美利堅合眾國」。

以生氣，是怨恨我們生活背後那看不見的存在，並覺得這一切都不公平。他想知道為什麼這一切要發生在我們身上？他也感到一種非理性的內疚。覺得自己應該做些什麼來拯救我，他應該早點發現我體內有癌症。那罪惡感像寄生蟲一樣在體內吞噬他。他過著自己的生活，像正常日子那樣，長時間工作，在複雜商業結構中，想著怎麼配合美國國內稅法來投資，並穿上帥氣筆挺的西裝去見客戶、完成交易，用工作來逃避，這也是一種病態、扭曲的方式。對他來說，最困難的是，回想我們在癌症之前的生活記憶，尤其是現在，診斷過後一週年。今年的 NBA 季後賽，讓他回想起了去年的季後賽，不知道為什麼我們會如此失魂落魄。我重新開始做飯，讓他想起我們曾經歲月靜好的日子，癌症之前的天真，那時無憂無慮的幸福。但就我看來，他真正困難的，是努力恢復「正常」的努力，並在那個壓力下工作。

他同意買輛車是好主意，他和賣我們車的推銷員萊尼坐在一起閒聊，他很想知道，要是他大喊：「我妻子他媽的要死了！」不知道會怎樣。然後他笑了，開車離開經銷商，留下一頭霧水的萊尼。

16

惡夢

　　今天，二〇一四年，七月七日，我癌症確診後滿一週年。我已不會在半夜尖叫著醒來，但記憶會不由自主浮現，有時是因為身處特定地點，有時是因為在和某人談話，也或是經由任何事情觸發了回憶；有時，它們就像是醒著在做惡夢。它們在我腦海裡上演，就像希臘悲劇。在劇中，我抱著恐懼看自己，知道身為劇中主角的自己將會遭遇可怕的命運，就算一年前劇裡的我，還天真的以為，我的肚子痛只是個腸躁症或是其他什麼腸道毛病，但不會是癌症。身為劇中悲劇角色的我，會被自己致命的缺陷擊倒——我的傲慢。這種傲慢讓我以為，我自己年輕健康（每週運動五次），癌症不可能找上我。至於另一個身為戲劇觀眾的我，知道接下來會發生什麼事，我想對另一個我大叫，警告她，讓她的命運可以有所不同。

　　我記得六月第一個星期五，我吃了最喜歡的優酪乳，突然想吐，然後接下來四個星期都在腹脹、打嗝、抽筋、噁心、胃裡發出咕嚕咕嚕的聲音，還有精神和身體上的無力，這種無力的頻率和強度不斷增加。還記得，接下來的一週，我要求喬許下班後，

照醫生講的買個GAS-X⑩給我，這說不定只是腸躁症。我記得有好幾次，保姆離開後，我躺在床上犯睏，喬許下班回來，看到孩子們瘋狂跑來跑去，因為我根本沒力氣哄她們上床。

我當時剛看完《法國爸媽這樣教，孩子健康不挑食》，然後想讓自己小孩也什麼都吃，其中一個方法就是晚上坐下來和他們一起吃飯；我記得我當時癱坐在沙發上，因為我就是吃不下。我也記得，去洛杉磯參加婚禮和家庭聚會前一週的星期二晚上，我在浴缸裡，希望熱水能緩解自己的疼痛。然後我嘔吐，沒有力氣完成當時的工作——一份有關德拉瓦州法院一項極為重要的裁決備忘錄。後來，我的內科醫生說我應該早點打給他，我應該早點去急診……一大堆「應該早點」。我還記得，兩天過後回診，他非常擔心，和十天前去的狀態相比，我症狀變得更嚴重，得知我第二天晚上要去度假，他很反對，便立刻找了胃腸科專家為我做血液測試，還安排第二天早上做超音波檢查，當天下午報告出來，醫生跟我說血液檢查沒事，超音波看來也沒什麼問題，他才讓我去旅行。但如果我回來後仍不舒服，他只好進行結腸內視鏡檢查。

我記得那天晚上我們開車去哈德遜河谷，尋找週末要住的地方，但那整個週末我都很不舒服，因為我開始嚴重便秘。我記得之後的星期二，七月二日，我像個喪屍一樣，成功帶著我兩個年幼的孩子搭飛機前往洛杉磯，還穿過下午三點多的車流，到了蒙特利公園市，那裡是我父母的家（蒙特利公園市位於洛杉磯東

---

⑩ 美國胃腸藥的牌子。

部，華人居民眾多），然後吃了我爸做的醬燒肋排（我最喜歡的菜之一），雖然我已經很久沒正常排便（誰會去記這個「很久」具體是多久），然後全身無力躺在床上，痛苦不堪。我記得那天晚上，母親下班回家，看到我的臉色大吃一驚。「臉色難看，」她用越南話說道，然後又叨唸著，才兩個月不見，我竟瘦了這麼多；不知道母親對自己小孩是不是有什麼神秘的第六感。我還記得……第二天七月三日星期三，喬許帶我去隔壁鎮的史泰博⑪公司，要傳一些文件給我們房仲，我們看上一間房子，對方也接受我們的出價，準備要簽約。正當喬許還在研究傳真機要怎麼操作時，我向店員要了個塑膠袋，然後躲在沒人看到的地方，之後那袋子裡裝滿溫熱的黃色液體。到了晚上，我連水都吐。我打電話給紐約的醫生們，包括了內科和胃腸科的（畢竟那是週末）；他們都叫我去掛急診。喬許開車送我去嘉惠爾醫院，離我父母家只有幾個街區，到了後看到一大堆等著看病的中國老人。「我不想等。」我和喬許說，「過一會兒就沒事了。」我們便繞著街區散步，希望能緩解痛苦。只有一個禮拜不到的時間，我想要撐到回紐約再說。那天晚上我應該要堅持等下去的，但我內心一小部分知道，要是我進了急診室，會有一段時間走不開。我不想錯過第二天，七月四日我哥哥在家裡舉行的大型家庭聚會，我們所有人會聚集在他那地中海風格的房子，位於帕洛斯弗迪斯莊園，從後院可以看到太平洋。看到我女兒和她的大表姊二表姊在充氣泳池裡玩耍，我覺得很高興。這正是我期望的。很高興看到我父母、

---

⑪ 美國最大辦公用品零售商。

離開前，媽媽還有好多話想說　107

哥哥姊姊、堂兄弟姊妹、叔叔阿姨齊聚一堂，用我小時候的母語愉快交談。在那短暫的時刻，我可以重溫童年最快樂的時光。

到了婚禮那天凌晨四點，我再也受不了了。喚醒我七十幾歲的父親，請他開車送我去醫院。我沒有叫醒喬許，想讓他多睡幾個小時，出於某種原因，我直覺知道他需要睡眠來應付未來幾天內，正在那等著我們的事情。

這次嘉惠爾醫院急診沒什麼人，很幸運，分診處的護士在評估我狀況時，我痛苦到無法坐直身體。我永遠不會忘記嗎啡進入我身體的感覺，不可置信地解除一切痛苦；我終於能理解，為什麼會有人為了毒品搶劫殺人。急診室主治醫生跟我說，他在電腦斷層掃描上看到有東西阻塞，所以他打算安排我住院。我記得當時我心裡還在想：好吧，至少知道有什麼毛病。但就算是那時候，也從沒想過會是腫瘤。

如果我有想過是腫瘤，就不會去嘉惠爾醫院，那裡服務對象大多是貧困和保險不足的移民，裡面醫生教育程度低、受的訓練也很有問題。負責我這病患的外科醫生是個白痴，他英文的腔調很重，我很難理解他在說什麼，你知道，聽不懂中國腔的英文對我來說是件很糟的事，而他說話的方式和動作讓我覺得像個醉漢，他看了我的X光片，說他什麼都沒看到，只需要休息一下，腸道裡的堵塞物就會自行排出。後來我被分診到的胃腸科陳醫生，是那裡唯一稱職的醫生，他不同意這種說法；而且他一心想弄清楚那堵住的東西到底是什麼。為了得到更清楚的圖像，他當晚就做了電腦斷層掃描的對比，打算在第二天早上九點做結腸鏡檢查，也就是在七月七日。

喬許和我姊姊在電腦斷層掃描完後來看我，探病時間已經結束很久，他們還是偷溜進來，告訴我婚禮情況，還錄下女孩們跳舞的影片給我看，並讓我知道大家都很關心我。然後喬許說他愛我，要我好好休息，明天早上在做結腸鏡之前再來看我。這是我度過天真舊時光的最後一天。

　　第二天早上，我被帶到一個房間，陳醫生在那裡等著替我做檢查。就在我麻醉失去意識之前，仍模模糊糊看到陳醫生的臉，聽到他說「我在電腦斷層裡看到一個腫瘤」。然後我就知道怎麼回事了。

　　我被推回病房，從麻醉中醒來。喬許在那裡等我。從他臉上「一切都完了」的表情，證實了我心中知道的事情。他極力想保持平靜，不哭出來，但那消息的破壞力還是很明顯。然後他說了些什麼，把結腸鏡檢查報告的副本給我看。「他們發現了一個疑似癌症的腫瘤……橫結腸有百分之七十五到九十九被堵塞。」當然，陳醫生說，在活體檢驗出來之前，還無法確定是不是，但喬許和我知道，沒必要等活體檢驗，「疑似」在醫學用詞裡，已經夠有分量的了。我們在困惑、震驚、恐懼中都哭了。

　　我父親和姊姊也突然出現。什麼都沒說，但從表情也能感受到不對勁。我媽在家裡照顧小孩，我的天，我可愛美麗的女兒怎麼辦？然後我哥哥一聽到消息，放下手邊的事，花了四十五分鐘開車到蒙特利公園市，在我床邊抱著我哭。我可以感受到他靠在我身上的頭髮，那粗糙的直髮已經灰白。我握他手的時候，我淚水已經止住，我不記得我是否有握過他的手。他是什麼時候長大的？變成了一個男人，一個父親？我又什麼時候長大，變成一個

女人，一個母親？我們怎麼已經在處理生離死別的問題？更精準一點來說，是我的死別。這個人就是從小教我怎麼拿棒球棍，試著把我當成弟弟，而他並沒有真正的小弟。還有我姊，她一直照顧我，不管是年輕時開車帶我去買衣服，還是多次旅行中，帶著我們一起行經某條外國的街道。以及我父親，他總是不害臊地說，我是他最小最寶貝的孩子，他是唯一可以合法和喬許爭「誰比較愛我」的人。當然了，還有喬許，我的愛人、我的摯友、靈魂伴侶、我孩子的父親。

在那病房裡，除了媽媽和我女兒不在外，裡面都是這世界上我最愛的人。這是一個超現實的場景，像是我最糟的惡夢，只是我從來沒真的做過這樣的惡夢，我這輩子最親近的人聚在一起為我哭泣，好像我已經死了。我想把自己掐醒，提醒自己該回到紐約，過著我熟悉並熱愛的舊生活，但我那堅硬和鼓脹的肚子，痛得提醒我這不是夢，一切都太真實了，這個惡夢是活著的，沒有能預見的結局。

17

老天爺的手

我不信制度化的宗教，也沒耐心聽人傳教，但不管如何，絕大多數時候我確實相信有更高一層的力量。那是一種很難理解的神聖時刻，當時我獨自一人靜靜待著時，不需要用言語表達或證明信仰的時候，老天爺的手曾觸碰過我的生命，我確信那是存在的，只是永遠無法解釋。

就算那確診過程的記憶讓我痛苦，但我也懷著某種愛在回憶那段時光。那是一個很神奇的時刻，充滿了美麗和無上的愛，正是這種奇妙感覺，讓我覺得自己和老天產生了共鳴。

我和我直系親人在七月七日星期天早上，我在病房裡的一隅，思考罹癌的事實，並克制自己不要被嚇到癱瘓。我不認為那時候我們有人真的有辦法靜下來思考接下來會如何。因為，就在喬許把結腸鏡檢查報告給我幾分鐘後，我哥哥仍坐在我床邊。我手機響了。紐約打來的，號碼有點熟悉。我反射性地回應，「喂？」

「我是醫生F.，我們幾天前通過電話，我那時建議妳掛急診。」我聽見對方又繼續說，「我只是打來想確認一下，瞭解現

在情況怎麼了。」他是接替我內科醫生N.L.看病的醫生，N.L.七月四日星期日國慶日放假，醫生F.在我收到罹癌這毀滅性消息後沒多久打來。他是不是有什麼第六感？

我很高興能聽到「家鄉」來的聲音，至少是我成年後的家鄉，是我生活的地方，我信任的醫生也在那裡。我當下反應只是有點慌亂和流淚。「我很高興你打來，醫生F.，我剛才得知結腸鏡的檢查結果。橫結腸有百分之七十五到九十九被腫瘤堵塞，疑似癌症！」

短暫沉默，然後醫生F.開口，「我等一下會再回電。」不久後，我電話又響。「我剛才和N.L.談過，我們都覺得妳應該離開那家醫院，去洛杉磯找一家信譽良好的醫院，妳急需一位結腸直腸外科醫生。」

結腸直腸外科？什麼是結腸直腸外科？我沒聽過「結腸直腸外科」。我到底要去哪裡找到這位結腸直腸外科醫生？去哪找信譽良好的醫院？我手上吊著點滴，幫我注射身體所需養分、止痛、止吐的藥物，我肚子很不舒服，看起來像懷孕四個月，不可能直接這樣走出醫院。我腦子裡一下子蹦出上面各種想法。但我知道有一件事是確定的，就算我現在不太能思考，但嘉惠爾醫院那個說話讓人聽不懂的外科醫生，他休想碰我。他跟我說他在我X光片上什麼也沒看到，堵塞物會自己排出來。我討厭這家醫院還有他，我想立刻走人，但不是去洛杉磯一家信譽良好的機構，我想回紐約，去找我認識的醫生。「回紐約才做手術不是個好主意。」我跟醫生F.說了我想回家，醫生F.很堅定地反對。醫生F.和N.L.不認識洛杉磯的結腸直腸外科醫生。我得自己去找。

是的，我是在洛杉磯長大的，但那已是二十幾年前的事了。我知道的大醫院是西奈山伊坎醫學院，那是很多名人會去的地方，還有加州大學洛杉磯分校的健康中心，但這兩家醫院我都沒有認識的醫生。於是喬許和我哥哥姊姊聯絡我其他親戚，先告訴他們發生什麼事，再問問他們知不知道什麼結腸直腸外科醫生。很明顯，我那忠於中國傳統價值觀的母親，對我們打電話把自己診斷狀況公告出去的行為感到可恥和驚恐，但我們這樣做是件好事，因為不到一小時，我表姊 C 就打電話給我，她也回洛杉磯參加婚禮。

　　表姊 C 從小和我一起長大，就像我親姊妹，她沒有浪費時間在哭哭啼啼，以後有的是時間這麼做。我跟她都一本正經地在電話裡談。我們都是中國人。我們都是移民。我們的祖先逃到越南，躲避貧窮和戰爭，我們和我們的父母逃到美國，也在躲避貧窮和戰爭，就像我表姊 N 很喜歡提的事情，「搭著一艘要沉不沉的船來。」務實主義流在我們的血液裡。表姊 C 目前住在康乃狄克州，但曾很長一段時間住在紐澤西的梅普爾伍德，鄰居就是有名的胃腸科醫生，他的醫院在曼哈頓。已經很多年沒和他聯絡，但她會發電子郵件問問他有沒有推薦人選。他的名字叫保羅。我從來不知道他姓什麼。保羅很快回覆表姊 C 的電子郵件，雖然他們很久沒聯絡，而且那天是七月四日星期日。

　　他信中提到，是有一位，他一位當演員的病患，去年在加州大學洛杉磯分校那裡，接受醫生詹姆士 Y. 的手術，他對手術結果相當滿意。問 C 能不能給他喬許的電話，他好轉達給醫生 Y.？

幾個小時後，喬許和我哥哥開車正要去買午餐，並煩惱著去哪裡找外科醫生時，喬許的電話響了。「你好，喬許，我是吉姆®，保羅跟我說了你那裡的情況。我能幫你什麼嗎？」加州大學洛杉磯分校裡一位頂級外科醫生，在星期天的週末假期打電話給喬許，他非常友好，樂於助人，我推翻了我們對外科醫生都是傲慢冷漠的刻板印象。醫生 Y. 告訴喬許，在看到活體檢驗之前就要動手術，因為不管檢驗結果是什麼，像這樣的東西就是癌症。他也和喬許說，很樂意接受我這位病人，並在轉院過程擔任我的主治醫生。喬許和我都鬆了一口氣，高興得很。這是我走出這家地獄般醫院的第一步。

堵塞愈久，疼痛和噁心的感覺也加劇，再加上知道自己體內有惡性腫瘤，更是絕望。幾個小時的時間，像過了幾天、幾個星期。所以，我們快速（或是至少盡可能快）進入下一階段，跑完醫院和保險公司那些繁文縟節的行政流程，讓轉院可以快點動起來。我說的「我們」，實際上指的是喬許，因為他是當時唯一能處理這類問題的人。喬許不是那種喜歡安排生活細節的人（像是付帳單、買日用品、規劃假期、安排人來修理電器……）。他也討厭打電話，不管是訂購食品或是電線有問題。如果是我，有什麼狀況我都會打電話客訴，並要求改善。等待轉院的二十四小時內，我見證到我丈夫新的一面，他突破自己，去做他平常不喜歡做的事。我們一直等待又等待，等著嘉惠爾醫院、等著加州大學洛杉磯分校，還有等保險公司，因為加州大學洛杉磯分校要確保

® 吉姆 Jim 是詹姆士 James 的簡稱。

我的保險公司（一份不太熟悉的西海岸醫療保險）會支付帳單。這等待的過程，喬許不斷打電話催促並騷擾他們。

週日傍晚，我一個人躺在床上，意識到，要是我保險公司不回應，那麼要當天轉院的希望就愈來愈不可能。此時我電話響了。有人從加州大學洛杉磯分校打來。電話裡的人要跟我核對身分。「葉－威廉斯女士，根據我們紀錄顯示，您的社會保險上面的名字是『莉菁‧葉』，而地址是加利福尼亞，洛杉磯西學院街991號……電話是（213）2500580。」我名字在某個時候確實是叫莉菁‧葉，地址和電話三十三年都沒改，和裡面人說的完全一模一樣。三十三年前，我在加州大學洛杉磯分校接受了眼科手術，才得以恢復視力。這是唯一電話裡的人會知道這些資訊的可能。然而，不知怎麼地，我意識到我要回到第一次動手術的地方。那手術在某個程度上救了我一命，在這些年後，我感覺自己經歷了一個完整的循環。過去已經發生的事，和現在即將發生的事，這兩者之間有一種巧合，讓我感到放心，就像老天爺的手輕輕推了一下。

第二天早上，當地時間是凌晨五點的時候，喬許和保險公司通了電話，十分了不起地想加速推動這無謂過程。因為週末假期結束，所有人正常上班，保險公司的動作變快了。中午前，就收到消息，加州大學洛杉磯分校在帳務上的問題已經處理完了。但，仍有另一個問題。

他們說，加州大學洛杉磯分校目前沒有可用的床位，可能要等到星期三或星期四。我嚇傻了，星期三、四？我肚子愈來愈痛，我確信，等到星期三或四的時候，我已經死了。我腦子裡閃

過，直接拔下手上的點滴，讓喬許開車載我去加州大學洛杉磯分校掛急診，這樣一定會有床位。不過理智佔據上風，因為這種做法有一定的醫療風險和不確定性，更別說我無法控制疼痛和想吐。我帶著絕望，打電話給醫生Y.請他幫忙。Y.替我們打了幾通電話，並告訴我說，加州大學洛杉磯分校的隆納雷根醫學中心有二十八人在排隊等床位，雖然我狀況很緊急，但他也無能為力，不能優先安排我。但加州大學洛杉磯分校的聖塔莫尼卡醫學中心，可以「喬」出一個位置；但醫生Y.不在聖塔莫尼卡❸做手術，不過他會送我到聖塔莫尼卡最好的醫生手裡。只要開銷方面沒問題，這對加州大學洛杉磯分校也是好消息，因此在這方面將不會再有阻擾。喬許和我十分渴望能快點，是的，不管怎樣我們都必須離開這裡！

　　每待在嘉惠爾醫院多一分鐘，我就覺得自己離死亡愈來愈近；就算給出希望的只是一位我們素未謀面（也可能永遠沒機會見面）的無名外科醫生，我們也沒有他任何資料（除了透過Google找到一些有限的訊息）。

　　一個小時後，為了離開病房透透氣，我拖著腳走在沉悶的走廊上，喬許陪在我身邊。有人來通知，接我的救護車已經來了。幾分鐘後，兩名急救人員推著輪床來到我病房，我高興又笨拙地爬上床。皮帶把我固定在床中間，我小心挪了挪不讓它壓在我鼓

---

❸ 加州大學洛杉磯分校（UCLA）的健康照護體系（Health System）包括四家醫院：(1)Ronald Reagan UCLA medical center, (2)UCLA medical center in Santa monica, (3)Resnick Neuropsychiatric Hospital at UCLA, (4)Mattel Children's Hospital UCLA，一個臨床職業群體（Faculty practice group）及David Geffen醫學院。

脹的肚子上，免得加劇痛苦和不適。他們抬起輪床，推到走廊，上了電梯，出了雙扇門，推進在外等候的救護車。我從沒搭過輪床和救護車。也因為離開那裡的關係，體內血管充滿腎上腺素，但我仍躺在輪床上。能夠從一個全新的角度看這世界，讓我覺得十分興奮。

一九九九年我上法學院的那個夏季，在塞維亞學了五個星期的西班牙語，然後又花了五個星期獨自揹背包穿越大半個歐洲。對獨自旅行感到緊張，大多數人都會這樣，但我有視力上的問題，我會比一般人更緊張。但這是我必須做的事之一，向世界（主要是向自己）證明我辦得到。我沒有提前預訂住宿。到了一個新的城鎮下車，拿出我那可靠的旅行指南，翻到該城鎮的章節，然後拿出任何我所能取得的地圖，尋找青年旅社。一個溫暖的夏夜，我旅行的行程還有幾個禮拜之久，我躺在法國南部某個地方的火車月台，用我心愛的紫色背包當枕頭，等待下一班駛往羅馬的火車。我身邊還有其他背包客，並不是只有我一個。我永遠不會忘記，當我仰望星空的時候，還不知道第二天或是第三天的晚上我會睡在哪裡。雖然有點害怕，但對未來仍感到無比興奮。在不確定的未來裡，有一種無憂無慮的快樂，不需要趕著去特定地方，或要考慮到和誰在一起，一種毫無限制的自由。然後我感受到前所未有的平靜感，它趕走我所有的恐懼，因為我知道一切都會沒事，我會找到自己的路。

當我躺在被抬起的輪床上，看到喬許走在我身邊，低頭看我，我也有同樣的感覺。是的，一百九十公分高的喬許低頭看我，這也是一種新的體驗。我不知道第二天、第三天、第四天後

會發生什麼事。那一刻很是奇怪，我居然帶著期望在笑，很興奮、很平靜，要去參加我生命中的下一個冒險。我連珠炮似的在問急救人員問題，問他們是從哪來，會不會為我鳴警笛，問他們最痛苦救援的經驗。

　　救護車駛上十號高速公路，往西對著大海開去，我睜開眼，惡夢正在散去，正從黑暗駛向光明。於是，開啟了我治療故事中，最神奇的一刻。

18

一個愛的故事

前往洛杉磯車速很快，高速公路上幸運地沒有碰到午後的交通堵塞。二十五分鐘時間，我聞到了海的味道，並凝視清澈的藍天（這對洛杉磯來說是個罕見的現象）。急救人員推著我穿越這裡我所見過最漂亮、嶄新的醫院，走道寬闊又明亮，好像永遠也走不完，行經的護士和醫生，都對我親切微笑，所有東西和人都沐浴在柔和的金色光線中。

我本以為會停在一張辦公桌前，被官僚主義的行政作業卡住，但並沒有。急救人員直接推我進病房，那裡抬頭可以看到聖塔莫尼卡山脈，低頭可以俯瞰一座安靜的綠色庭院（在未來的日子裡，我的孩子經常會在那裡玩耍），還有一台平板電視，跟三位身穿深藍色衣服的護士照顧我。我已經從地獄的醫院，進入了天堂的醫院。

幾位護士幫我秤重，幫我換上長袍，注入新的點滴、抽血，還給了我一個盆子，我頭垂在上面，一邊求他們給我止吐的藥。我到達後，不到半小時，喬許就從門口走了進來。他是開自己的車過來的。又過二十分鐘，下午五點剛過，我的結腸直腸外科醫

生D.C.就和住院醫生O.站在一起，他們兩人都穿著乾淨的白色長袍，威風凜凜，很有信心的樣子，來告訴我接下來要做些什麼。啊，真是讓人放心。當天晚上八點半，一位胃腸科醫生把我塞住的結腸裡插入一根支架，讓被擠在裡頭的糞便能夠流出，這是為我手術做的重要準備工作，提高手術可見度，和減少術後感染風險。要是胃腸科醫生無法放支架，那麼D.C.就會和他的團隊立刻手術。要是支架安裝成功，那我會花一天半的時間跑廁所，讓我大便可以清除，以便手術。我邊聽邊看醫生D.C.在我床邊白板上，畫出結腸圖，我心想，這才是醫生該有的樣子：敬業，立即到場，隨時準備，在深夜替一名四小時前還不認識的病人動手術。

我的不適和反胃折磨著我，我忍住盡量不吐出來，因為有人跟我說，要是我吐了，就會有一根管子從我鼻子裡插到胃裡，把胃裡的東西吸出來，我不希望這種情況發生。所以我全心意專注在支架和手術過程；這是我唯一能讓身體感到舒緩的手段。

但我丈夫已經在想別的事了；他在思考癌症和未來。我幾乎沒有注意到喬許向醫生D.C.問了什麼，大致上是說從嘉惠爾醫院照的斷層掃描，看不看得出來癌症是否轉移。醫生D.C.說看不出來。在實際手術前，無法確定，但他猜我可能是第二或第三期。我對這樣的對話很不耐煩，因為我只想快點動手術，這意味著去談這些癌細胞是否擴散、未來怎麼治療、癌症的分期、如果這樣、如果那樣……都是在浪費時間；我現在就需要做點什麼來緩解噁心和疼痛。

最後，醫生D.C.離開了。醫生O.向我出示了一張同意書，

告知我手術風險，像是我腸子可能無法順利塞回我體內之類的，要是這情況發生，就會用人工造管術或是結腸造口術，這些「造」字輩的單詞，我點頭表示理解，但其實我根本不知道他在說什麼，只是很快在同意書上簽了名字。但現在我知道他在講的是什麼，但好在那時候的我聽不下去。很快地，一個穿著綠色襯衫，個性開朗的俄羅斯人過來推我進手術室。他看起來很開心，就像這醫院裡的每個人一樣，我相信加州大學洛杉磯分校裡，每個人的薪水都很高。

當天晚上，支架成功放置。我從長達一個小時的手術中醒來，立刻就感覺不一樣。壓力和痛苦被釋放，那真是讓人愉快。那天晚上，我不斷高興地從床上起來，跑向廁所，把點滴桿拖在身後。那晚喬許也睡得不多，一部分原因是我一直在上廁所，另一部分原因是日後他要用來當床睡的躺椅不是那麼舒服。他跟我說，六年前結婚的時候，怎麼也料想不到，他會在離廁所不到五英尺遠的地方，這麼高興地聽到我大解，我笑了。

到了早上，我的肚子恢復正常大小和柔軟度，我感覺自己恢復正常，可以做伸展和瑜伽，好像有辦法跑個一英里，或兩三英里一樣，畢竟在我出現身體不適之前，我應該一直處於生命中最好的狀態。喬許發現我皮膚再次煥發出昔日容光；但也只有在恢復後，我們才意識到，原來過去幾週，我臉色之所以難看，變得蠟黃黯淡，是因為體內糞便在毒害我身體，一個這麼明顯卻被忽略的現象。隨著腸道功能的正常和復原，很難想像我體內還有著致命的癌細胞。但它確實是有。那天早上，沒有結腸鏡檢查確定的活體檢驗，但醫生C.跑來告訴我們，我的CEA數值是53，而

正常人的CEA會是小於5。如果我們之中有任何人希望癌症只是誤診，那這個消息可說是徹底粉碎了這希望。

我的手術是第二天下午，也就是七月十日星期三進行的。預計是兩個半小時，但最後花了四個小時。醫生D.C.發現我結腸已經脹得像足球這麼大了，而且已經開始破裂，事實上，那不自然膨脹的部分已經擠壓到我的胃了，它還試圖保持不要破裂；醫生D.C.驚訝我身體在這種情況下還有辦法適應，並讓結腸保持完整，要是真的破裂，那後果不堪設想，糞便、結腸細胞、癌細胞會弄得到處都是。手術很成功，整個腫瘤（3.5×3.9公分）和六十八個淋巴結（其中有十二個被癌細胞攻佔），還有我腹膜上一個水滴狀的轉移，都被切除。手術是在內視鏡下進行，恢復過程像在公園裡散步一樣輕鬆，三十六小時後腸功能恢復，也不怎麼痛。

一旦手術結束，緊急狀況得到緩解，我便有時間可以四處走走，看看周圍的世界，但我無心去看、去聽。我太專注了，還在努力理解這整個過程是怎麼回事，那些已經發生、正在發生，還有未來會發生在我身上的事。

手術前一天，七月九日，我們終於定下心來，知道接下來該怎麼面對，喬許有時間和精力寫封主題為「莉菁」的電子郵件，寄給親友，有的人我們已有多年沒聯絡。不管是透過電話還是電子郵件，他們接到訊息的震驚反應幾乎是立即的。我有點病態地想知道，人們得知這消息後有哪些反應，但我沒問。會從椅子上摔下來嗎？會開始哭嗎？他們會想什麼？會為我和喬許難過嗎？還是會因為這件事沒發生在他們身上，而暗自鬆一口氣？他們會

害怕這樣的事嗎？

　　確實，要慢慢接受自己的情緒，在這過程中，有一部分是承擔和應付親朋好友的反應，有時候允許他們宣洩，但更多時候是導正他們的懷疑、恐懼、悲傷、希望；有時候允許他們成為我的力量和安慰，有時候也會成為他們的力量和安慰。

　　我最關心的是喬許。無論對錯，我覺得喬許在處理生活挑戰方面，不如我堅強；我習慣了，我是個女人，我覺得女人在情感上通常更有韌性。平心而論，我覺得這癌症對喬許的影響比我更多，因為他得在沒有我的情況下繼續撫養我們的孩子，在我跳入人生下一階段冒險時，在後面收拾殘局。被留下來的人才是艱難的。但在手術後的日子裡，我無法成為他的力量，當然了，能給的也遠不及能幫上他的程度。當他難過地想從第四期結腸癌的統計數據找出漏洞，想從最樂觀的角度來解釋這客觀數據（也就是我相對年輕、強壯、能得到世界上最好的醫療資源等）時，我會很受不了。我會把他趕出我病房。時髦現代化的聖塔莫尼卡有很多小餐館，我會趕他去吃早餐。我會求他打電話回紐約，給他在南卡羅萊納州的家人和朋友聯絡，他們是他的支持系統。會強迫他和我哥哥出去喝啤酒，或是帶小孩去玩。命令他晚上出去，讓他去散散步，運動很重要的。

　　某天晚上，他一個人走到了碼頭，那裡有一台街上型遊樂機，那是他童年最喜歡的遊戲之一：「小精靈」。他一直玩到只剩最後一枚硬幣。然後他自己和老天爺打了一個賭，賭未來。他在心裡跟自己說，要是這最後一枚他能打破遊戲紀錄（紀錄保持人是別人的名字），那莉菁就會戰勝癌症。後來他破了紀錄，

興奮地回到我身邊。他對統計數字的信念就到此為止了⋯⋯手術後的第二天，也就是我們得知我罹患第四期結腸癌的第二天，我姊姊（她也從紐約飛到洛杉磯參加家庭聚會和婚禮）前來探望。她跟我說，前一天她一直睡不好，然後突然在黑暗中坐起，有一種絕對的信念浮現，那就是我能戰勝癌症。她告訴我，她知道我會。我希望自己能有像她一樣的信心。隔天她又來看我，這一次她一進來就哭了。我這從來不哭的姊姊抱著我，跟我說我是多麼堅強的一個人，我不該生病。她在我父母和女兒面前一直忍耐，現在他們都不在這裡，她再也壓抑不住。我姊姊在一開始的時候，是我女兒的代理母親。在我父母家中，我母親負責女兒們三餐和洗澡，喬許睡在醫院陪我，米雅和貝兒就找我姊姊尋求溫暖，每天晚上抱著她，因為她是她們最親近的人。我可憐的姊姊，承受著沉重的負擔。我拍著她背，告訴她我確實很堅強，我以前就這樣，以後也會是。

表姊N下班後來看我。她在我們家是出了名的愛哭鬼，什麼事都要哭，但奇怪的是，自從我確診後，她一直很堅強。我對她說，看到她沒為我掉一滴淚感到驚訝，一度懷疑她是不是沒有我想的那樣關心我。她說不是，當天她其實哭了很久；就在她和表姊C講完電話後哭了，之後也在辦公桌前哭了，在她同事面前哭了，在車裡哭了，一直哭到醫院。現在淚水已經哭乾，暫時沒事。她閃過一絲勉強的笑容，掩蓋她眼角閃爍著的淚光。我想，在當時，我比任何時候都還要愛表姊N。

雖然經常有人來探望我，有很多電話，有很多的愛，但當他們都在忙碌或玩樂時，我一個人在病房裡單獨度過了很多時間。

獨自面對我的想法、悲傷、恐懼、震驚。好在，加州大學洛杉磯分校是醫院裡的天堂，到處都是天使。在我生下孩子，做完HIPEC手術前後，都曾在其他醫院待過，但那裡沒有天使，照顧我的護士也沒有特別突出或讓人難忘的部分。對我來講，加州大學洛杉磯分校裡有一些很特別的東西，我之前一直都沒發現。也許是老天爺的手，在推動我生命的另一個跡象。

凱倫、諾琳、雷、羅珊妮、科斯塔、曼努埃爾、金潔、安妮塔、達米安，這些名字對你來說可能毫無意義，但對我來說，這讓我回想起來舒適、慰藉、雙手、擁抱，還有在我生命最黑暗的時刻安慰我的話語。這些名字所代表的人，正是我力量的支柱，似乎在這個時候，所有愛我的人都無法承受我波動情緒的重量，所以大多數時候，我會在我愛的人前面，藏起自己的情緒，然後對這些天使釋放。他們傾聽、安撫、微笑、樂觀面對恐懼的能力，這些是他們每天都要面對的。我很佩服並也鼓舞著我。

某天下午，科斯塔在我女兒離開房間後，握住我的手，用我聽不懂的語言，很莊嚴地在向老天祈禱。她虔誠的禱告，讓我熱淚盈眶。然後她就去幫我換床單了。

凱倫，這位二十六歲的美國華裔女性，其實她還是個小女孩，真的。她讓我想起我一位好朋友Y。凱倫多次陪我下床走走，告訴我她看到我名字時，嚇了一跳，因為「葉」也是她母親的姓，凱倫在兩歲時，她三十八歲的母親因為結腸癌去世，留下崩潰的父親和三個傷心的小孩，她是家裡最小的。我可以感覺到凱倫在我身上得到了安慰，就像我在她身上也找到安慰一樣。當我看著她那張陌生的臉，卻有一種熟悉感，我又一次感覺老天爺

的手在我生命中。

　　還有一個我從不知道名字的人，那個人一句英語都不會說，要是在其他地方，我可能會誤認為他是什麼幫派分子的小混混，因為他留著深棕色頭髮，在腦後綁成馬尾，前臂上有著線條分明的肌肉，只要他想，隨時可以引發暴力事件。那天晚上，我發生了一件丟臉的事情，他默默幫我清洗。他溫柔地觸碰，不帶厭惡和批評，讓我覺得震驚和自己的渺小，徹底推翻我先前對他先入為主的負面刻板印象。我曾懷疑自己能不能為一個陌生人，做到像他為我做的事。但這個事件後，我會想要像他那樣幫助人。從他身上，我看到了憐憫的力量，一個人光用行動就能對另一個人表達愛，不是因為對方是自己的誰，只因為我們同樣都是人。

　　還有大衛，我的結腸直腸外科醫生，他靈巧的雙手切除了六十八個淋巴結。這是個驚人的數目；證明了他非凡的毅力和醫術。我還沒見過有人能在內視鏡下切除六十八個淋巴結過。就像別人常說的，想要提高存活率，得要有一位好的外科醫生，而我想我可能已經有了最好的外科醫生。他和我同齡，他的妻子也是華裔，也有兩個孩子，他們和米雅以及貝兒的年齡也相仿。大衛花了幾個小時回答我們的問題，為我和喬許解釋那很難看得懂的彩色圖片、病理檢查、掃描報告，裝訂那些讓人不安的報告，然後提醒喬許，不要用那些「病患克服一切難關」的故事來給我洗腦。

　　我確信大衛為我們感到難過，一個和他一樣的年輕家庭，來到洛杉磯度假，卻意外被診斷出末期癌症。要是我，也會替自己感到難過。他和我們成了朋友（或是說，以醫生病人關係的前提

上，盡可能結交的友誼）。他聽說我們在找短期租屋，讓我能在裡面休養，他提出可以讓我住他們家的空房間。一開始我們覺得他只是隨口說說，所以沒有考慮這個提議。

後來我們在洛杉磯待了一個月，要回紐約前一天晚上，他邀請我們去他位於峽谷邊，一座設計錯落有致的房子，讓小孩一起吃晚飯。就在那時，我們才意識到他當初的提議並不是隨口說說。小孩子們在玩瓢蟲玩具和以人體部位為主題的拼圖，大人們則喝酒吃起司、淡菜、義大利麵和冰淇淋。這是個愉快的夜晚，讓我更加確信，要是不是以醫病關係認識，我們會成為真正的朋友。晚上結束，要道別時我站在那裡，面對讓人害怕的未來，也面對著大衛，這位看到並切除我體內致命毒瘤的人。想用言語表達出自己的感謝。但你要怎麼對看透你並救你一命的人說謝謝？有這可能嗎？我找不到言詞。我手比了個無助的動作，它本來應該要是「謝謝」的意思，然後我哭了。我們擁抱一下，他也哭了。然後他看著我說：「妳會好起來的，沒事的。」

我中文姓氏的意思是「葉子」的意思。中國喜歡用四個字的成語，四個音節能承載很深的涵義。在洛杉磯的時光，無論是在醫院還是出了醫院，我想到了一句成語：「落葉歸根」。不可否認，我就是那片葉子，我回到了我成長的地方，有許多家人和朋友都在那裡，也結識了新的朋友，他們用愛和守護包圍著我、喬許、我的女兒，在那裡我開始人生的新一個循環。我父母會在家、醫院、租房之間往來，帶著食物、換洗衣物、充電器、盥洗用具，或是我們需要的任何日常物品。表姊N和她丈夫住附近，借喬許一張床和淋浴間梳洗，那裡比我病房浴室更舒適。

家人和朋友輪流陪我女兒玩，讓小孩當玩伴，來分散她們的注意力。三姨媽和三姨爹來看我，在進我病房前，戴上防毒面具般的口罩和長袍（因為我還在受「困難梭狀芽孢桿菌⓮」的檢測，必須要有預防措施，防止細菌傳播）。五姨媽和五姨爹，下班後從東區開車來看我。其他多年未見的叔叔阿姨也都來了，出現在我面前，告訴我他們愛我。是的，中國人居然會表達愛；這幾乎和被宣告罹癌一樣讓人震驚。為了證明，他們做了一頓又一頓的飯，想養肥我，這是一種愛的表現。我們家人和朋友舉辦一圈盛大的派對，為貝兒慶祝兩歲生日，也為我沖沖喜，家族裡各行各業的親友都來了，有的人不辭千里地趕到。

　　從某方面來說，我的診斷故事是個惡夢，但我認為它最後會是我和所有支持我的人之間一個愛的故事。在我忘卻信仰的時刻，我相信是老天爺把我帶到了洛杉磯，讓我體會這種神奇又特別的愛，一種我未曾經歷過的愛，我敢說，就算是那些活得比我更久的人都不曾有過，也不會體會。可悲的是，這種愛，只有在生命受到威脅時才會表現出來，用幾分鐘、幾秒鐘、幾天、幾個禮拜，讓每個人都意識並理解到真正重要的東西。然而，儘管愛是短暫的，但它的魔力、強度、力量，可以讓最憤世嫉俗的人也感受到溫暖，只要我們允許自己讓它留在記憶的光輝中。得這種

⓮ 困難梭狀芽孢桿菌（Clostridium difficile）是一種革蘭氏陽性、會產生內孢子的人類致病菌，通常與抗生素所造成的腹瀉相關。困難梭狀芽孢桿菌感染症（CDI）的症狀包括腹瀉（diarrhea）、偽膜性腸炎（pseudomembranous colitis）和巨結腸症（megacolon）等，通常是服用廣效性抗生素（broad-spectrum anti-microbialagent）而破壞了正常菌叢（indigenous microbiota）所提供的定殖抗性（colonization resistance）所導致。

病可能會讓我們覺得自己就要不久人世，但得到癌症一事，每天都在提醒我，雖然它會奪走我過去天真幸福的人生，但它也帶給我禮物：人類的愛，它現在已經成為我靈魂的一部分，我將永遠帶著它。

19

命中註定

　　當我得知我父母和祖母想殺我時，除了讓我體內有一千種快爆炸的情緒外，也讓我思考那些更宏觀的思想，事不關己般提出一些神學家和哲學家幾千年來一直在思考和提出的問題。好在，這些思想和問題，和我體內的原始衝動情緒不一樣；因為它本質上的智慧特性，相較起來更是平靜，我也更熟悉，因為我從小就以某種形式在思考類似的問題和想法。

　　自從我有能力往前邁進一步思考，並意識到自己與眾不同的一刻起，我就開始羅列一份問題清單，隨著我的成長，這清單上的問題愈來愈長、愈來愈複雜，這是一份對我童年所認識的佛教裡的神、當地中國民俗信仰的聖人，也可能算是神明的自家祖先，還有美國人信仰的基督教上帝，祂似乎也是神，至少電視裡是這麼告訴我的，還有其他另一個世界更高等的存在。我應該是六、七歲時開始列這份清單。許多年，每當我失眠或失意的夜裡，都會抬頭對著天花板，問出我清單上的問題。

　　佛陀、海神、祖先、老天爺、全能全知的神，如果祢們中有誰有時間，可以回答我的問題嗎？我想知道。

為什麼我一出生就看不到？

為什麼我不能在這國家婚嫁、成家？能彈一彈指就把我治好的醫生在哪裡？

為什麼我們不能早一點到美國，因為早點去就代表更能拓展視野。

在這世界上所有出生的人當中，為什麼是我得有這副身體、爛掉的眼睛？

我會出生在一個貧窮國家、在動盪時代，是否是有原因的？為了一個更偉大的目的？因為，祢知道，要是有的話，我對這糟糕的視力和孱弱的身體，會比較能接受。

那個更偉大的目的會是什麼？

我的人生將會面臨什麼？我的未來是什麼？我該怎麼做？

在我母親告訴我他們以前想要對我做的事情後，我重新問了這些問題，並在列表裡又添加了另一個。

每次問完問題，我都會停頓下來，仔細聆聽答案，或是任何可能是答案的跡象。沒有答案，八歲的時候沒有，十八歲的時候沒有，二十八歲時也沒有。沒有任何回答，我心裡一直在思考這些問題，經過多年已經在我腦中變成一種哲學式的討論。結果沒有得到答案，而是產生了更多的問題。

嗯，好吧，如果一切都是巧合。也許這一切都沒有理由，我應該高興和感激，因為天道以它自己的方式在運行。

但這一切，這整個世界，我們錯綜複雜的人生，怎麼可能是一個巨大的巧合？人們為什麼會患上致命疾病，然後無緣無故死去？痛苦和死亡怎麼可能只是純粹運氣不好？

不，這一切一定是有意義的。對我，對每個人，都一定有個計畫，被一位或多位神、我們的祖先、宇宙、某人或某事所掌控。也許最後，我們能做的事就是活著，並做出自己所能做出的最好選擇，一切都會好起來的……難道我們所有人，只是能在世界四處飄蕩，然後希望上天對自己有所安排，不管我們做了什麼選擇，最後人生都會善終？我的意思是說，如果真是如此，我該怎麼知道，怎樣才能做出最好選擇？還是沒有差別？我怎麼知道上天的安排是什麼？要是這世界發生在我們身上每一件不幸的事，都是安排好的，也都有理由，一切早已命中註定，那我做什麼選擇都沒有意義，自我意志和自由選擇也都沒有意義。為什麼我們要努力，為了讓可怕的事不那麼可怕？

　　我開始在其他地方尋找我的答案。當我哥哥和姊姊訂閱《時代》雜誌時，得到一本附贈的《未知之謎》。《未知之謎》是一本探討奇怪、無法解釋事件的刊物，UFO、鬼魂和巫術等等，但我們的那一本談的是通靈能力。有幾頁介紹看手相的方法，裡面有不同形狀的手和各種手紋的線條。一個人的個性和未來可以從他手上的線條辨認出來，這種想法讓我著迷和安慰，這意味著一切早已命中註定，我們不用在這有無限可能又可怕的宇宙中漂泊。當時很多自稱是靈媒的人，出現在唐納修、傑拉爾多、范莉・潔西・拉斐爾的脫口秀節目。他們透過看手相、塔羅牌、茶葉得以窺知未來、觀人氣色、和死者靈魂交談，我看得十分入迷。現在，這些人也許能回答我所有問題，或是能替我找到能回答我問題的人。

　　雖然我知道有很多是神棍，助長了懷疑論者的質疑，但要相

信有人具有千里眼，對我來說並不困難。因為我的家庭本來就是接受佛教和許多流行宗教觀點的文化，裡面包含了對身體有益的草藥、對祖先靈魂的崇拜信仰。我生活在南加州時，算命師、靈魂，鬼的世界，以及所有那些在某種超自然界不可見的事物，都是真實存在。這是我聽我母親講述古老國家傳說，和我們日常生活中儀式所體驗到的一部分。所有人都知道，我們以前在三岐市的家，會有靈魂在那裡遊蕩，在半夜洗碗和擦地板。在三岐市賣菸草的那女人（峴港中醫師的老婆），她已故祖父的靈魂會附在一個小男孩身上回到這世界，給在世的人幫助，這些都是我們家族故事裡的知名人物。畢竟，是祂告訴我們要盡快離開越南的。「妳的船一旦出航，後面將不會再有船能離開。要是妳錯過這艘船，會有很長一段時間無法離開，搞不好是永遠。」他警告我祖母的時候，小男孩的身體不自然地在顫抖。後來，我外祖父母和他們的同胞本來要乘坐我們的下一艘船，但在我們和祖母兩艘船離開後，之後就沒有船能出航了。我外祖父母又回去問那個靈魂，他們什麼時候才能出去。「十年」，祂是這麼回答的。整整十年過後，我在洛杉磯國際機場見到我外祖父母和他們的同胞姊妹。

我們家族的福分沒那麼大，能讓我們自己祖先的靈魂以人類的形式回到我們身邊，但我們仍會向祂們尋求幫助。在農曆的初一十五、中國農曆年、清明節，我母親都會在家門前擺一張桌子，點著蠟燭，上面放著水果、魚、雞肉、豬肉、米飯、茶和酒。還有一束點燃的香，透過裊裊上升的青煙，邀請佛祖諸神和我們的祖先前來赴宴，聆聽我們的祈禱。還會試圖滿足祖先在世

時沒有滿足的財富和物質欲望。那些我們最親近的祖先，我們的曾祖母和後來的祖母，在去世一年後的祭日，會把一疊金色的紙扔進金屬火盆裡，還有紅色紙製樓房、賓士車、幾個健壯的僕人、訂製的衣服，這些都是紙紮的。不到幾秒，火焰會把這些東西化為黑色灰燼，釋放出烏雲般的黑煙，飄向天空，將財富帶給我們所愛的人。

「妳想求什麼就求什麼，要是妳尊敬神靈和我們的祖先的話，那祂們就會實現妳的願望。」我母親這樣教我。在她的帶領下，我站在供桌後面，拿著一或三或五支燻香（從來沒有雙數，因為那不吉利），閉上雙眼，感謝神靈和祖先對我們的恩惠，然後向祂們祈求各種大小事：家人的身體健康、明年春節會拿很多紅包、考試得滿分、視力正常……大多時候，我所求的都應驗了。

神靈和祖先是我們家裡的常客。我從佛祖和祖先的眼神中得到安慰，我們有個黑白相片的相框來保留祂們的形象，有一些是從以前中國的老家那裡傳下來的，會安置在壁爐上，或是牆上神龕裡，我們住哪祂們跟到哪。裡面會有一直亮著的紅紅尖尖的燈炮，那應該是用來模擬真正的蠟燭。還有一炷常年燃著的香，把頂端天花板燻得黑黑的。祖母去世後，到了夜晚能感受到屋子裡每一個微小的嘎吱聲，每一次非人為的移動都感覺得到祂，像是燭火的搖曳之類。「奶奶來了。」我們會說。祖母去世六個月裡，她的靈魂還沒去到另一個世界，在找到列祖列宗裡的位置之前，我們會在飯桌上留一張空的椅子，讓她和我們一起吃飯。那座位前會放一碗白飯，一雙筷子筆直地插在圓圓的小白丘中間。

剛去世不久，家中悲傷仍在，我們會記得不要坐到她座位上，但時間一久，另一個世界對祂的呼喚愈來愈大聲，我們會漸漸淡忘，有人在晚餐時不小心坐到祂的位置，我或是莉娜或是某個堂兄弟會大叫：「不要坐在奶奶身上！」而不小心忘記的人，會內疚地立刻從椅子上跳下來。

雖然我們盡力讓祖先高興，和祂們說話，希望能聽到我們的聲音，但祂們好像從未以我們希望的方式來引導我們，就像多年前賣菸婦女的祖父那樣。不知道祂們對我的回應在哪裡？我也希望我的問題有人回答。

隨著年紀愈來愈大，尤其在我離家上大學後，對兒時的神靈、聖人、靈魂的疑問愈來愈多。在我剛上大學時，仍會想念祂們，那些看不到，沒有生命但已經一起生活十七年的存在。我在西方文化世界的環境裡，有時會感到失落，渴望家裡的舒適，這其中也包含一直視為理所當然的供奉和祈禱儀式。麻薩諸塞州西部，一座靜謐的大學城座落在群山之中。大學裡面有一座兩百多年殖民時代建立的白色公理會教堂，還有另一座聖公會的教堂，它是更古老的高大哥德式的白色建築，旁邊陪襯著紅、橙、黃的秋葉，或是襯著新英格蘭的冬雪。我在裡面感到不自在。沒有一雙筷子和一尊佛像，但就佛像來說，可能在有著一千萬藏書的圖書館裡，在東亞區的圖書中，說不定會有圖像。

一開始，我會試著在宿舍做一些家裡日常的儀式，只是規模要小得多，也不怎麼顯眼。用一個小罐子裝滿生米，放在窗台上，俯瞰著被常春藤爬滿的紅磚樓。那罐子旁有一本附帶農曆的桌曆，上面中文漢字的日期提醒我要在哪一天和祖先和神靈對

話。到了那一天，我會趁室友不在，便像在家一樣，點上一、三或五支香，祈禱、然後插香在米罐裡。後來我發現我母親從來沒教我一個人怎麼進行儀式，如果不靠她就建立起溝通管道。我該說些什麼才能從另一個世界把祂們召來？我該呼喚誰的名號？我覺得自己像個騙子，可悲地假扮一個「佛教徒」、「祖先信仰者」、假的「民俗信仰的信眾」，或任何一種我本來應該是的那種人。

我沒想過要問我母親這些哲學問題，為什麼我們要費盡心思供奉和祈禱，她對這些無形神靈的信仰是從哪來的，可能我覺得她自己也不知道這問題的答案。她比我更不瞭解佛教教義。她舉行這儀式，只是因為她看到自己母親這樣做，而她的母親也看她自己的母親這樣做，這都是祖先代代相傳的家庭傳統，在老家裡每個家庭都這麼做。在這自由主義興盛的文科大學校園裡，從一開始的陌生，到後來愈來愈熟。我對這些傳統信仰的追隨更顯空洞，雖然只是小程度的空洞。在這學校，我被鼓勵去思考、去質疑，拒絕太過情緒化。第一學期結束後，我不再定期舉行儀式，雖然我沒有停止向任何可能在聆聽的神靈提出我清單裡的問題。

有著大學生活帶來的全新自由和各種可能，更別說透過半工半讀存了不少錢，也辦了一張信用卡。我在大二時一個秋夜，開始尋找類似祖先那樣的神祕宗教體驗。在大學裡，星期六晚上除了喝酒外也沒什麼事可做，我朋友蘇和我多年來一直受到一個深夜廣告誘惑，感覺自己都被洗腦了，我們打電話給靈媒熱線。「來吧，蘇，會很有趣的。」我催促我那有點害怕的朋友。蘇和我都知道那可能是假的，但我私心覺得說不定真的有什麼，我猜

蘇也是，因為最後她同意了。

我們撥了976這個號碼，按下藍色塑膠手機上的白色小按鍵，這手機像我小表弟會玩的玩具，實在不怎麼像是能連通未知宇宙的媒介。裡面出現機械音，要求我輸入信用卡卡號。我用力按了下去。然後再按下「送出」。

「靈媒熱線感謝您來電，在這裡，您所有的未來都將被揭示。」他聽起來像是剛睡醒，不然就是嗑藥嗑出毛病了。我當下就知道不會有什麼好體驗。他說他感受我的氣場，如果我現在沒有身孕的話，未來一年也會懷孕，我翻翻白眼，把電話拿給蘇。然後他跟蘇說她的子宮是歪的，這也是為什麼她每個月都會嚴重抽痛，之後她就掛上電話。至今我們都為那浪費掉的二十美元感到愚蠢和丟臉。

但靈媒熱線的經驗並沒讓我們退縮。那年，我們在洛杉磯度過春假，梅爾羅斯大街上有間閃著粉紅色霓虹燈的小店，上面寫著：手相／五美元。穿著像吉普賽的女人，操著外西凡尼亞（位於羅馬尼亞中西部）的口音，透過水晶球預言我會在六個月內找到真愛（並沒有）；蘇會以某種方式在工作上取得成就，但她無法明說具體成就是什麼。那次之後，蘇不再和我一起找所謂的靈媒一類的人，後來我自己一個人去找。

在靈媒熱線後，我在梅爾羅斯大街看過手相，然後是藏傳佛教看手相的僧侶，我大三時在中國西部遇到他；他跟我說我很聰明。再之後，在長江邊有一位看手相的漁夫，他預言我會有一個長壽、成功的人生。然後是台北的占星術師，他沒說什麼會讓我記得的內容。還有一位是從加州馬德雷來的，土耳其的茶葉占

卜，他說我下一個假期會過得很愉快。還有紐約的千里眼馬克·愛德華；那時公司節日在彩虹餐廳辦酒會派對，他在那裡，也說我很聰明。

然而，在一連串不怎麼了不起（如果不是完全糟糕的話）占卜中，有一個女人讓我非常難忘，不是因為她預測了我的未來，而是她能洞察我的過去。

她是看手相的。我認識她的時候，我母親還沒跟我說，我小時候他們曾試著對我做過什麼事，是給她算命後的五年我母親才說。一想到這點，這女人的話對我產生更大的影響；好像她比我更知道那段過去的事一樣。

我們相遇是在曼哈頓中城東側的高樓層公寓。陽光射入面向第三大道的窗戶上。這公寓裡的樣子和我所以為的不同。沒有蠟燭，沒有覆著紅色絲絨的椅子或沙發，沒有掛在客廳和裡面房間的塑膠珠簾，沒有金色流蘇的桌布墊子，沒有水晶球。取而代之的是，公寓裡都是柔和的大地色系，沙發上的抱枕和豪華地毯精心搭配著各種寫意的色彩。我不介意住在這樣的空間裡。這女人就像公寓的一部分。中年女性，穿米色褲子和白色毛衣，一張乾淨、幾乎沒有任何妝容的素顏，就我看來她並不像能夠看到我們其他人看不到東西的人。

我跑去那公寓裡是為了雇用她，因為我跟我的室友將舉辦一場盛大的聚會，它即將在下個週末舉行。一部分原因是因為，我們曾經承諾，要在紐約體驗一生一次最後幾年的大學生涯，我們決定邀請所有我們能想到的人，來到我們位於上東區七百平方英尺（約二十坪），三間臥室的公寓，參加一場難以忘懷的派對。

我曾建議，一個占卜師將會讓這派對更讓人難以忘懷。室友熱情地接受我的建議，所以我擔任了找占卜師的任務。這個女人在電話裡跟我報的價格不錯。去她公寓找她是為了當面洽談，確保她是合法的，或者至少不會殺了我們所有人。我想，也許我可以自己當小小白老鼠，雖然機會不大，但想看看她是不是真材實料。

就在我們討論完派對要如何進行的細節工作內容後，她同意幫我看手相，半小時二十五美元，這是一個合理的價格，沒有那種令人討厭的催促、讓人感覺很想賺錢的業務感。我喜歡這樣。我既期待又怕受傷害。

我們面對面坐在一張小小的霧面玻璃桌旁。她打開了旁邊的燈，這個亮度足以解開最黑暗的謎團，我心裡是這樣想的。她把那無框的老花眼鏡推到鼻子上，快速「啪」一聲關上眼鏡盒。她對我伸出雙手。

「兩隻手掌我都要看。」她說。

我還沒伸直就已碰到她，伸出雙臂，手掌攤在我們中間，掌上無數的紋路正凝視著我們。

「就女人來講，右掌會告訴我們她目前為止的生活真相，而左掌代表她未來命運的線索。」

好吧，我還沒聽過這樣的說法，如果是真的話，這還滿有趣的。

她冰冷的手和我的對比，顯得更為雪白，淺綠色靜脈格外突出，指甲整齊呈現橢圓形。塗著透明的指甲油。她的指甲劃過一隻手的掌紋，然後往後拗我兩隻手的手指，比我想像中的用力，頭又低了幾英寸，仔細觀察細微的紋路。這幾分鐘的沉默像是永

恆，最後被我的呼吸聲打斷，她抬頭看著我。

「嗯，妳的掌紋很有趣。」她故意小聲說道。

是啊，我打賭她只是為了拖延時間，讓自己能去編出一個好故事。我希望編出來的東西能夠有創意一點，否則我真的會覺得自己像個白痴（又一次地），因為這也是要錢的。

「妳左右手掌紋落差很大。」她繼續說，「右手掌紋，我看到妳會很長壽。有看妳的生命線，延伸到這裡，而且很深。」她右手食指沿著掌紋在劃。

當然，我猜也是。

她沒等我回應，又繼續說：「但看妳左手的生命線，它很短，而且有很多短的紋路從中切斷。這個手掌告訴我，在妳另一個生命中，妳飽受疾病、挫折、不幸和早逝。」

好吧，這倒新鮮。

她再次抬起頭，「妳生命一定發生過重大改變。改變了妳的人生道路。」她說，看來對我手掌告訴她的故事感到好奇。

我曾給自己定一條規則，不透露自己訊息給算命師，但有時他們會需要一點具體的內容引導。

「嗯，我幾年前離開家，決定遠離家人生活。」我主動開口。這不錯，很含糊，但在某程度上也算是給了點暗示。

她很快搖頭，「不、不，這可能是其中一部分，但不是這個。還有一件是妳小時候發生的。」這婦人好像真的很疑惑和困擾。我決定放個水，跟她說，在她提到疾病和挫折時我腦中浮現的內容。

「嗯，我是在越南出生，差不多四歲時來到這裡。這對我人

生應該有巨大改變。」

她目光越過眼鏡框的上面，瞟了我一眼，這看的方式讓我有點不安。「是，這樣說得通，但我覺得不止……這和妳眼睛有關，對吧？」她聲音愈來愈小，好像是在沉思，而不是在跟我說話。

有的人會覺得，我只是鏡片厚了些。雖然我視力差，但我到處移動不是問題，就像個正常視力的人一樣。不過有些善於觀察的人，也許會注意到我瞳孔一直顫抖試圖對焦，可能會猜我除了眼睛不好外，背後還有故事。但不管怎樣，沒有人敢真的提，更別說直接問我，因為覺得這問題有點冒犯。所以我被這女人的直率嚇一跳。不過我喜歡，這的確很不一樣。我不得不承認，她能把我眼睛問題和掌紋之間的關係連起來，真的很厲害。我回答了她的問題。

「我在越南出生時就看不見，後來到美國才做手術解決這問題，但那時候治療已經相當晚了，所以能恢復多少算多少。如果我沒有來這個國家，我想我的生活會相當不同。」我解釋說。

「那妳是個幸運的女孩。」那算命師說。語氣很有自信，像是描述一個客觀事實，就像二加二等於四一樣。

「我想是啊，說真的，我並不覺得自己幸運。生活很難，不能像世界上其他人一樣看東西，而且還得專心去做自己做不到的事。妳知道，這很糟糕。」我吃了一驚，因為發現自己在哽咽。意識到我在陌生人面前這樣，便立刻制止自己。有時候會這樣，藏在瓶子裡的內心真實情緒有可能會鑽出來，暴露我自己。

不過很有趣的是，跟一個陌生人聊聊私事，居然這麼舒坦。

有時候你只是需要有人聽你說話。知道以後不會再和這陌生人見面，而對方對自己也沒成見，會讓我莫名感到輕鬆。

　　她很有耐心，也很善良。「要是妳也看得懂掌紋的話，妳會得到跟我一樣的訊息，妳的手掌跟我說：妳該專注目前為止妳的人生走了多遠，並感到喜悅。很多人沒有注意到，一個人的掌紋是會改變的，而且也確實一直在變。未來也是。先天有很多事我們無法控制，像是出生在哪裡，父母是誰，我們如何來到這個世界，眼睛耳朵或是腿是否健康，但出生之後我們可以決定自己要做什麼，這都是我們自己的選擇。」

　　我經常在想，在另一個平行宇宙中的我是什麼樣子，生命中有很多關鍵時刻，即便有的關鍵時刻看起來沒那麼關鍵，我想像那些我無法控制的關鍵時刻會是什麼。要是我母親從來沒有在懷孕期間，服用那些有可能導致我失明的綠色藥丸呢？如果我們的船再晚個幾週離開越南，又或者我的父母親決定要跟我外祖母一起離開，那會怎樣？要是我的母親決定不嫁給我父親會如何？如果那位中醫師答應我父母要求怎麼辦？這些關鍵時刻延伸出各種岔路，組成了無限宇宙。但我只關心其中兩個，後來又多加了一個，也是我最困擾的那一個。

　　第一個情況，我出生時是個正常小孩，或者我出生在美國，也或者出生後六個月內就來美國，我的眼睛被這裡的醫生給治好，這些醫生對世界上大多數人來說幾乎就是奇蹟的創造者。這樣我就可以看得到了。可以做任何我想做的事、打網球、開車、爬山。我會很漂亮，很受歡迎，因為我不喜歡我那可樂瓶瓶底一般的厚眼鏡、放大字體的印刷書本，還有一大堆的放大鏡。我會

像正常小孩一樣長大。這些的「另一種可能性」，讓我感到痛苦和悲傷。這些是我渴求的東西，令我憤怒、沮喪、自憐。我母親和我一樣渴望有個完美的世界。我之所以會知道，是因為當我學科成績的平均績點低於4.0時❶，或是她看到我下樓梯時，就會無法克制自己脫口而出：「太糟糕了。想像一下，要是妳看得到，就不會這樣了，要是醫生能真的把妳治到好就好了……」我什麼也說不出來，因為她是對的。我想像得出來。

　　第二個場景，我是孤獨的，被困在白內障的白霧籠罩之下。我們從來沒離開過越南。我總是穿著褪色的舊衣服，上面都是我母親的補丁。披掛在我瘦弱、營養不良的身體上。我會緊緊靠在母親身邊，因為沒有白色的盲人枴杖。我會一直待在三岐市的房子不出門，因為我家人擔心我出門會被車撞。我也不可能上學，在越南沒有盲人學校。想到第二個場景的宇宙，讓我感到謙卑。每當我試圖克服內心的憤怒、沮喪、自憐時，我就會想像這個場景。雖然我母親從來沒有談過這個可能性。也沒有必要這樣做，因為我知道這種可能非常的真實，這也是她迫切想要離開越南的主要原因，比起經濟、政治上的自由，這一點更為重要。她總是說：「我們離開越南，是想要治療妳的眼睛。」

　　我遇見這個算命師之後五年，我母親才告訴我小時候發生了什麼事，於是我想像出的第三個場景：我兩個月大就死了。第三

---

❶ GPA，Grade Point Average，就是學科成績的平均績點。GPA愈高即表示學術成就愈高，GPA滿分通常為4.0，但對於申請大學的高中生來說，若把高中11、12年級的AP成績列入計算（AP滿分為五分），則經常會出現GPA超過4.0的情形。

個宇宙的場景讓我感到痛苦、悲傷、謙卑。它藏在我靈魂深處。除了母親向我透露真相之外，沒有人談起過這個情況，也許覺得過去已成定局，沒什麼好談。

自從我和那位占卜師相遇後，在生活中、在學習中、工作中、度假中、與朋友共進晚餐時、在電話和我親朋好友閒聊生活八卦、在健身房訓練、在南極划橡皮艇、在戀愛和結婚的過程中、那個人的話開始慢慢滲透進入我頑固的大腦和內心。我之所以會知道，因為差不多那時候起，我愈來愈少向神明詢問我清單上的問題。也許另一個平行宇宙的我，並不是那麼美麗、完美，但依然會是我不可得而渴求的夢想，我時常想起時會為之哀悼。更有可能是，悲慘的場景二和場景三，那裡面的我已經無法逃脫命運。疾病、挫折、悲傷、早逝……這個是占卜師跟我說的，另一種我人生的可能。「很幸運。」她曾說過我的命運能走到現在是一種幸運。我們自己決定如何面對先天所擁有的資源；這就是我們的選擇，這是她告訴過我的話。長久以來，我一直過分專注，想弄清楚為什麼我會生在這可怕的環境，背後的目的和原因又是什麼，老天爺對我有什麼計畫，接下來會發生什麼事，以至於我忽略了自由選擇的重要。

算命師讓我知道，只要我願意聽、願意看，我的掌紋就在告訴自己，我的人生故事，從開始的地方走到現在走了多遠，一路上充滿了無法控制的不幸，但我人生會走到哪裡又能走多遠，有很多是無法控制的歷史和家庭力量影響，但也更多是我自己做出的選擇。如果我看著這個掌紋，尋找自己過去的故事，找到自己做出正確選擇的教訓，從中得到安慰，那就不會對未來感到迷

茫，不知所措。這麼多年來，我一直向外界和另一個世界尋找答案，但都沒成功，難道我真的可以低頭看這個掌紋，找到自己的內心，看到自己過去和未來的解答嗎？

那個時候，我完全沒意識到，自己未來要做的選擇，以及面對更艱難的課程和挑戰。

20

數字，重新評估

　　就某些地方來說，所有的一切都是已知的；從宏觀到微觀，包括我們渺小的生命。數字，只是我們試圖計算未來的方式。

　　從我罹患癌症開始，一出現讓人警惕的統計數字，我會為了保護自己，本能地避開它。面對喬許、面對我自己，總表現得不畏艱難，而這次也不會例外。我知道自己不是一個數字。

　　自那個時候起，我就把喬許形容成是一個科學、研究、統計學的堅定追隨者；而我則是自我、信仰、無法量化東西的堅定信仰者。又一個秋天到來，我仍活著，在我確診十六個月後，意識到這兩個極端，並不是那麼的對立，或者一成不變，事實上，數字並非代表不了什麼，它們具有豐富的訊息和價值。但必須在一個很細微的前提下去解讀，像是「我不是一個數字」的陳述，就太過簡單，無法體現。

　　二〇一四年，十月的某個星期二，是我們結婚七週年紀念日，我似乎應該寫些東西來紀念我的婚姻。我很高興地向各位說，我們的關係十分強大而且穩固，爭吵變少了，溝通更順暢了，可以說比一年前更愛對方，當然也比我們結婚那一天更愛對

方一千倍。如果就情書來說，這會是個有趣的題目，但我想用「解決我們面對統計優缺點長期以來的分歧」，來紀念這一週年。

在我做診斷性腹腔鏡的前一個晚上，苦惱著對明天的檢查還有未來的日子，我一如既往地想起第四期結腸癌治癒的機率，然後再想到我們結婚週年紀念日，我腦海浮現著這個問題，我問喬許：「從我們出生，到後來能夠結婚的機率有多大？」

他做了個假設，「零。」

因為我和喬許來自不同的世界，並不光是地理上的距離，還有文化、戰爭、政治、教育，甚至是我的眼睛，我經常驚訝於我們是怎麼找到彼此並相愛的。常在想，在各自生命中的「關鍵時刻」，我們都在幹嘛。

他出生在南卡羅萊納的格林維爾，是一個相對舒適又豪華的地方，在一個充滿南方之美和知書達禮的封閉優雅環境；十個月大的我卻生活在地球的另一邊，生活在一個充滿季節性風災和稻田的亞熱帶世界，處於極端貧困和種族、經濟迫害的痛苦之中，因為共產黨員在清算那些在戰爭期間反抗他們的人，以進行報復。這些政治上的惡棍幾乎佔領了我們家，沒收了所有的私人財產，獻給了社會主義的理想。在喬許的祖母向別人炫耀，自己的三歲小孩這麼小就有驚人的閱讀能力時，我連文字都沒見過，而且我花了一年的時間，好不容易才到了美國。一年前的夜晚，我們都乘坐著開往港口的卡車，搭上一艘不安全的漁船，等三百名乘客都上船後便會離開。

我第一次手術後，母親幫我拆掉了臉上的繃帶，十歲的我第一次看到了這個相對清楚的世界；那天晚上，喬許一定在三千英

里外的床上，安穩舒適地睡著，他有獨特的智慧和潛力，這些是我身上所沒有的。每年到了一月或二月，我都會蹺一天課來慶祝中國新年，收集裝滿錢的紅包袋，聽了至少三百次的鞭炮聲，我們每年都會去佛寺祈禱，而喬許會在他的教會學校度過正常的一天，我猜他去了教堂然後快速閱讀當天分配的功課，學業上的進步比在洛杉磯讀公立大學的我要快得多。當他在吃感恩節火雞、在聖誕節打開禮物時，我則是在看電視、看書、和表兄弟姊妹一起玩，就像放學後的平常日一樣。當我思考到，喬許和我所擁有的世界是如此不同，我想他是對的，三十八年前我們結婚的機率，就算實際上不是零，那也非常接近零。

但是，我們確實相遇並且結婚了。在這個有如此多人組成的混亂宇宙中，有無數條道路和短暫的隨機交會，讓我們的生命，彼此碰觸並交融。如果正如喬許和我所相信的那樣，在我們嬰兒時期相遇並結婚的機率為零，那我們在現實中，又是怎麼相遇、相知並且結婚的呢？這種不可能發生的事情怎麼用數字解釋呢？難道就這麼簡單，我們能結合的案例，是否就說明了數字代表不了什麼、證明了數據統計毫無意義？如果我以前是這樣認為的，現在不這麼想了。

要是我不相信數字，那我也不會相信自己能平安出門的機率、飛機平安起落的機率，也不相信瘋子入侵校園用槍掃射的機率；那我永遠不會讓我和我的孩子離開家門半步。每天晚上睡前期待隔天太陽會升起，因為根據機率顯示，這就是每天會發生的事。我為了孩子的大學教育還有自己退休生活所存的錢，也是因為機率。我們希望孩子能夠健康成長並且上大學，也希望自己能

夠活到老，享受退休生活。我們生活中所做的一切事，都是基於可能性而做的；這就叫做計畫。

　　雖然我們這些末期癌症患者，會希望忽略掉有關癌症死亡的數據，並且說數字代表不了什麼，但這樣做是虛偽的，就算我們患有疾病，實際上仍然繼續生活，那麼必然需要訂立計畫。我必須相信數字；否則，我就不會也不可能做任何事情；我不會過馬路、不會接受這些耗盡心力的治療，這些治療在統計學上被證明有一定的效果，我也不會會計畫怎麼過生日和度假。之所以會這麼做，是因為我仍希望地球繼續自轉，宇宙仍依據某些規律運行，還有數據統計的預測仍然具有實際效果；儘管一開始我得結腸癌的機率就低至微乎其微。不能因為我不喜歡預測的結果，就選擇哪些數據要相信，哪些不要信。

　　但機率並不是預言，預測發生的事情也可能不會發生。計畫也會失敗。儘管父母盡了最大的努力，讓孩子長大，但孩子可能根本對上大學沒興趣。成年人也會死亡，存下來的錢也沒辦法留到退休後的生活。瘋子會入侵學校，濫殺無辜。多年後，癌症一期的患者，在診斷初期，數據對他們來說非常有利，但之後也仍可能復發並且死於擴散。而癌症末期的患者，壽命也會不知為何比預期的要長。說不定哪天，小行星衝撞地球，我們大家都死光了。當這些不太可能發生的事情發生時，那它發生的機率就是百分之百。

　　喬許對搭飛機的恐懼並沒有完全消除。就算這樣，他仍對空難節目有著病態的癡迷，因此他（還有我）在《國家地理頻道》和《史密森尼頻道》看了數小時的空難節目，這些節目請了一些

不知名的小演員，重現當時商業客機在墜入山裡、海洋、城市街道，之前最後幾分鐘的飛機內部情況。有的時候會有快樂結局：飛行員奇蹟似的救了整個機組人員還有乘客。但這種狀況很少發生。

　　每個人都知道，就統計上而言搭乘飛機比開車安全得多，從世界各地飛行的人數，還有事故發生率來看，飛行是最安全的旅行方式。當然，當我和喬許每次看完空難節目時，我們都在想，我戰勝末期結腸癌的機率比那些飛機上面的人存活機率要高得多；任何事情比那些註定會死亡的人都存活率要高。我問過喬許，如果他這麼害怕飛行，那他為什麼喜歡看這些節目。他跟我說，因為這會讓他感覺安心，讓自己知道空難要發生，必須有這麼多巧合湊在一起，這本質上是眾多隨機和不可能的事件的凝聚體，才能形成一場完美的風暴。

　　喬許最癡迷的是法國航空447號班機空難，這架飛機失事於二〇〇九年六月，從里約飛往巴黎，最後在大西洋墜毀，飛機上兩百二十八人全數遇難。（他現在已經強迫我看了至少二十幾遍，就像你會和你所愛的人一起做的事一樣……）一場冰風暴造成管線內凝結，導致飛機測速出現暫時輕微故障，讓自動駕駛關閉，迫使兩位年輕沒有經驗的副駕駛操控飛機。而剛巧的是，具有豐富經驗的機長，前一個晚上，和女友在里約熱內盧參加派對，睡眠不足，因此他提前睡午覺。兩位副駕駛看到錯誤的飛行速度數據感到恐慌，本能地將機頭往上推（其實應該進行完全相反的操作），導致飛機速度持續下降，最後失速。

　　雖然這架飛機墜毀的機率，和其他飛機一樣小到微不足道，

但這些巧合同時出現，增加了事故機率的發生。沒有經驗的年輕副駕駛被分配到這個航班時，意外機率增加了。飛機機長選擇前一天晚上參加派對，意外的機率又增加了。當天天氣發生變化，飛機得在冰風暴當中航行，意外發生機率大大增加。

　　同樣地，雖然喬許和我認識的機率從我們出生開始是零，但是隨著時間推移，這數據發生了變化。越南修改政策，允許具有中國血統的人離開越南，那麼這個機率又增加了。我們到了香港難民營，機率又增加了。當我踏上美國土地時機率急遽增加，再加上我恢復部分的視力，機率又再度增加。當我選擇在學業上奮發向上，取得優異成績，當我願意冒險進入未知領域前往東北地區的大學，當我在法學院畢業後選擇留在紐約，當我選擇在佳利律師事務所任職，我和喬許認識的機率持續增加。而當喬許選擇成為一名稅務律師（這在他的社區內是很少人會選擇的選項），他又選擇到紐約從事最具挑戰性的稅法工作，他也選擇接受佳利律師事務所的工作邀請，我們相識的機率又提高了。

　　數據不是靜態的。不斷在變化，上升或下降。所以大家也都同意，當我探勘手術做完後，我的生存機率增加了。增加多少？很難說。喬許總是告訴我，就像隨機的各種巧合聚集在一起，導致不可能發生的飛機失事發生，就像我們兩個不可能相遇的人最後相遇在一起一樣；為了讓我戰勝癌症，必須發生一連串的巧合，就像骨牌。

　　醫生D.L.同意喬許的觀點。喬許一開始就跟我說：「我們需要讓事情按照我們的步調進行。」我的身體需要對化療做出正向反應。我需要CEA數據可靠，以便警告我和我的醫療團隊，可

能存在偵測不到的疾病。我需要有機會找到最好的 HIPEC 外科醫生。我需要做出是否要進行 HIPEC 手術以及何時進行的正確決策。我腹膜中的細胞必須對 HIPEC 做出反應。我需要做探勘手術，才知道有沒有疾病。所有這些事情都發生了。然後我發現，肚子裡「洗」出來的樣本的疾病測試結果是呈陰性。

迄今為止，所有正確的事情中，我對它們的控制都很有限。一般來說，戰勝癌症本來就不是一件可控的事，包含了各種環境還有事件（也就是：診斷的精準度、獲得醫療資源和保險給付的機會、理解並且能夠吸收醫療資訊的能力、情緒承受力，最重要的是，在生物方面，癌細胞必須對化療做出適當的反應）。

在關鍵上起到作用，讓更多的骨牌倒下，並且往正確的方向倒。但是，我的控制力非常有限時，又該如何做到這點？這就是當下我不斷思索的問題。我沒有花太多時間沉浸在手術檢測呈現陰性的喜悅當中。我已經在考慮下一步的行動，試圖找出我還能夠做什麼來阻止這個疾病惡化。要是看得夠仔細，會發現數據一直變動，而且會意識到這種轉移性疾病十分頑強，總是有辦法賴在身體裡。我還沒研究自己復發的可能性，但不管怎樣，一定是相當的高，就像其他任何一個患有第四期癌症的人一樣。醫生 D.L. 告訴喬許，未來三年是關鍵期，如果我能在這段時間內抑制住病情（就算我三年後復發了），我長期生存的機率仍會大大的增加。

在我第一次被診斷罹患癌症後，絕望地向結腸直腸外科醫生問，我該做什麼來戰勝這種疾病，比如做更多的運動（我平常已經很常運動），或是改變飲食，服用營養補充劑。他跟我說，當

診斷出癌症後，人們大多會想要在這個瘋狂的世界找到控制這疾病的方法，但其實不管做什麼，結果都不會有太大的不同。

那我要怎麼推動能治療我的連鎖反應骨牌呢？答案是，重新評估那些可能產生改變的事情，無論那樣的事情是多麼的微小。既然我無法控制那些真正左右我生存的巨大因素，那我只能在邊邊角角做一些事，往奇蹟的臨界點靠近。然而，在沒有足夠的醫療證據下，我不願意讓自己的生活或財務支出做出巨大的改變。我打算一頭栽進研究當中，就像曾經在學校埋首於法律工作一樣，就算沒有確切的證據，我也要親自確定，那些低碳水飲食、大麻油、素食飲食、營養補充劑、草藥、標靶藥物、維持性化療、實驗性藥物、非常規治療，有沒有辦法提高我在這場戰爭的勝率，哪怕只有一點點。

除此之外，我也沒有能力推倒更多的骨牌，來產生連鎖反應。我必須承認，我無法真正控制自己是生是死；能否推倒更多的骨牌取決於老天爺、信仰、運氣、祈禱、希望、純粹的隨機，以及上述所有因素的總和。這就是喬許相信的科學研究和統計學，跟我那些無法量化的信念的交集。如果我們能在這兩個極端中找到一個平衡的甜蜜點，也許還是能戰勝癌症的。

結婚紀念日快樂，親愛的。

21

盡人事

　　十月初，我的核磁共振掃描結果沒有問題，腫瘤醫生C. 給我四個選擇：一、繼續全面性化療；二、接受5-FU和癌思停的維持性化療，這種療法會抑制血液裡的癌細胞，但也可能導致血栓或出血；三、完全停止化療，採取「等待和觀察」的方法，每個月做一次CEA檢測，每個季節做一次掃描；四、採取非常規的步驟，接受二度探勘手術，直觀檢查我身體裡面，這會是最準確和最可靠的監測形式（比任何掃描都好）。考慮到讓風險最小化，以及獲得更精準的訊息，我決定接受二度探勘手術。

　　手術在二〇一四年萬聖節進行，結果表明，我不僅腹腔內沒有可見的疾病，而且根據「洗」出來的液體，在顯微鏡下也沒有觀察到任何疾病，至少在這個檢測中是這樣；這個東西在醫學方面的術語叫做「細胞學」（把液體沖進腹腔內，再抽出來，然後對該液體進行檢測）。這出乎我的意料，也出乎醫生A.C.、醫生D.L.的意料。我們都做好了「細胞學」檢查結果呈現陽性的心理準備，所以當它是陰性時，我們都很激動（就算它的可靠性只有一半）。

接近感恩節的時候，我去看了醫生A.C.還有醫生D.L.，他們都擁抱我，滿臉笑容。醫生A.C.說「幹得好」，好像我有辦法決定這結果一樣，在那一刻，我感受到他們對我的驕傲，就像父親對自己女兒的驕傲一樣。在我和醫生的擁抱和微笑中，暗示著這場勝利是共同贏得的喜悅，他們對自己醫術的肯定，以及善良人性的滿足；這是一種帶有驚喜的幸福，我對自己身體的恢復力同時感到謙卑和自豪，這種恢復力讓我能夠承受二十五輪化療還有兩次手術的附帶傷害。雖然我經常在想，要當一名癌症醫生，不管是外科還是其他方面，一定非常壓抑，但我當時在醫生身上看到的喜悅，獲得的某些勝利，讓這一切都值得了。面臨第四期的癌症，你能做的，只能盡人事。

　　醫生D.L.告訴我，這個手術讓他最吃驚的並不是細胞學結果呈現陰性，而是我體內沒有明顯的疤痕組織，這能讓他順利進行手術。其他接受HIPEC的患者（尤其我一開始做結腸切除手術時，曾在那裡開過一個洞），很可能會出現大量的結疤組織，這會讓醫生D.L.操作內視鏡變得困難。

　　這個所謂的疤痕組織，也被稱之為「沾黏」，這是腸道阻塞常見的原因。這個組織可以像水泥一樣堅硬，也使得日後動手術（特別是腹腔鏡手術）變得更困難。我以前就知道，人體內臟暴露在空氣中便會開始形成疤痕組織。醫生D.L.也承認，一般來說是這樣沒錯。我問他，為什麼我沒有疤痕組織？他說，也許手術後的化療，抑制了疤痕的形成。但說實話，他也不知道。我想，如果他能夠解開為什麼我和一般人情況不同，那我們可能都會非常出名而且超級有錢。

我低頭看著我滿是疤痕而且永久變形的醜陋肚子，每次看到再也沒辦法穿上的舊衣服都會讓我惱火不已，但我不得不輕輕拍拍它，是的，我為我的身體感到驕傲。不知道為什麼它有辦法阻止內部疤痕形成，並在經歷了這一切之後，仍然健壯，能跟得上（大部分）健身房那些穿著時尚背心還有緊身瑜伽褲的年輕女孩。我也為我的精神和靈魂感到驕傲，為所取得的目前成就自豪。我很感激我身邊的醫生們。感謝喬許、我的女兒們，還有身邊堅定的支持者。

　　但是，我明白這只是個短暫的喘息，是一個重新組織和擬定戰略的機會。就算細胞學的結果是陰性，我並不真正相信我痊癒了。轉移性疾病不會這麼輕易放棄，我覺得體內仍然有許多不活躍的微小癌細胞。

　　現在面臨的選擇很矛盾，我在醫學科學方面可以稱之為「乾淨」的程度，繼續化療似乎不是一個好的選擇，因為傳統化療只會攻擊活躍的癌細胞，也就是正在進行自我繁殖的癌細胞。就這點上，我關心的是那一些不活躍的癌細胞，仍然處於休眠的癌細胞。

　　所以我必須做出新的選擇。我去看了張毅生醫生，他是著名的內科醫生，專門從事非常規治療。他是醫學博士，並不是理科通科的博士，也不是自然療法的醫生，更不是其他沒有受過正統醫學訓練便稱自己是醫生的那些人。我認識的幾位癌症患者對他讚譽有加。此外，我的腫瘤醫生也很瞭解並且喜歡他，自己的病患如果對綜合療法或替代性療法感興趣的，他也會推薦張醫生。我讀過他的《醫藥真言》，我認為這本書講得很合理。特別是，

我很喜歡他大量引用人體研究，而不是實驗室或是動物研究當結論。基於上述原因，我願意去就診，並支付他每小時八百七十五美元的費用（這並不在醫療保險範圍內），我盡量不去想錢的問題。（順便說一下，我很早以前就不再服用中藥了，因為沒有看出任何明顯的效果，我意識到自己已經成為那種不做任何研究，拚命想要抓住救命稻草的人，這會讓我很不安。）除了補充維生素之外，張醫生還提出了其他的替代方案，比方說鐘擺化療（一樣是化療，但是劑量更低，次數更頻繁）、熱療（利用微波加熱射向身體，理論上熱能夠殺死癌細胞），以及其他國家的藥物，但是這些藥物並沒有被食藥署批准，他有辦法鑽聯邦法律的漏洞，進口這些藥物。他給我研究報告，裡面提到他提供的每個選項，並鼓勵我自己閱讀。經過我仔細閱讀並思考後，確定在綜合療法和替代療法裡，唯一能接受的是維生素和補充劑（在某些前提符合的情況下）。我真的不相信這些東西會有什麼神奇效果，但我認為這個不會傷害到我，所以願意嘗試。我問過醫生A.C.、醫生D.、醫生A.C.L.的意見，他們同意我的結論。

　　事實上，醫生A.C.也說了其他東西不過是「蛇油」[16]。當你罹患癌症的時候，很難避免去談論飲食，不管是純素、鹼性飲食，還是低碳水化合物飲食。一定會有人跟你說，你應該多喝果汁，改吃純素，避免所有醣類。有人私下問我對飲食的看法，我在這裡做個聲明。我第一次診斷確診時，嘗試過純素食飲食，這

----

[16]「蛇油」在這裡的意思，指被誇大成效的一種藥物；美國大拓荒年代，醫生很少，但到處推銷「蛇油」的商人很多，宣稱蛇油能治百病。

又是一個想要抓住救命稻草的行為，我非常討厭。並不是說我喜歡吃肉，其實我吃的肉很少，最多也就是吃魚和雞，而且是有機的，但我不能放棄蛋、牛奶、奶油、起司。除非有確鑿的證據，能證明動物性食品會致癌，否則我不會放棄這些東西。糖和碳水化合物也是。食物是生命體驗的一部分。享受食物是生活中很大的部分，在沒有明確證據證明為什麼要犧牲掉這些之前，放棄這種享受，會降低我的生活水準，我不願意這樣做。我相信，盡可能多吃未加工的食物、大量水果、蔬菜、全穀類食物、魚和肉、偶爾吃點甜點。我通常不吃紅肉和燻肉（雖然我偶爾會吃豬肉，大部分中國人喜歡吃豬肉！）。正如人們所說，一切都要適度。

在我做手術之前，我常在網路上問別人有沒有在醫療檢測癌細胞已經乾淨的情況之下，繼續進行全面化療（這是我腫瘤醫生贊成的方案），其中一個互助團體裡，一位女士發了訊息給我。M是位傑出的研究人員。他跟我說，我可能有興趣考慮一種叫做ADAPT的療法，這是由華盛頓大學愛德華．林博士開發的一種療法，目前正處於臨床試驗的第二階段。要獲得食藥署批准，有三個階段的測試，而第三階段通常只是蓋個章而已。這表示，能支持療法的主要證據，都是在前兩個階段成立的。

M寄給我clinicaltrials.gov的網址，以及二〇〇七年到二〇一二年所發表的實驗結果和期刊文章連結。我看過了，而且也讓喬許去看。第二階段的研究結果顯示，有40%已經擴散結腸癌症患者，存活了九十二個月；這種疾病平均存活率通常為二十四個月左右。這個方案需要服用截瘤達，那是一種口服形式的5-FU（我一直在服用），以及希樂葆（這是一種治療關節炎的藥物）。

林醫生說這些藥物共同作用，可以喚醒休眠的癌細胞，然後殺死它們，就像捅一捅蜂窩，把蜜蜂趕出來，再噴殺蟲劑殺死。林醫師很喜歡讓在檢測上面已經找不太到癌細胞的病患使用這個療法，似乎很適合像我這樣的人。我被說服了。

我和醫生A.C.、醫生D.、醫生A.C.L約見面之前，發了電子郵件給他們，附上該研究結果和文章的連結，我想聽聽他們的意見。有兩位醫生表示，這對我來說是很合理的選擇，尤其他們知道我是個坐不住的人。要是我沒有任何備案，然後癌症復發，我會踢自己一百萬次。

在抗癌的過程中我學會了一件事，就是當放在眼前的選項沒那麼吸引人時，你必須走出去，找出新的選擇。雖然我承認自己沒辦法真的控制什麼，但我確實很努力把能做到的做到。盡人事後，才可以聽天命。

22

癌細胞在我肺裡

看來癌細胞也想活下去。

十二月下旬，傳來可怕的消息。

我肺部大約有二十個兩到四公分的斑點，也被稱之為小瘤。相當確定那就是癌細胞。電腦斷層掃描還顯示，我右邊卵巢腫大，這也是轉移的徵兆。如果這些都是癌細胞，那我將不再「可被治癒」，假設之後的化療仍然有效，我預估自己往後的治療將會持續好幾年。差不多就這樣。

那次我是獨自去找醫生 A.C. 的，在單獨一人時收到這個消息；這可能是最好的，我可以一個人大哭。我走在街上，這個城市正忙著裝扮，準備迎接聖誕節。我感到頭暈。一想到要和自己的孩子和丈夫告別，我就難以忍受。沒有我，他們怎麼辦？誰來付帳？誰會去好市多購買他們需要的一切？誰要幫他們做飯？誰送小孩去學校？誰去做他們的午餐？就算我重新考慮FOLFOX，忍受痛苦的神經病變，我仍會有類似的問題，想知道自己和家人未來如何度日，未來的幾週、幾個月，甚至是幾年。而我的父母……一想到他們要白髮人送黑髮人，我的心又碎了。我姊姊跟

我說，她覺得我們又回到了原點。不，我告訴她，這比原點更糟糕，因為它現在在我肺裡，而且我已經試過化療，似乎沒那麼有效。已經試過兩種大腸癌的主流療法，我現在也累了，厭倦戰鬥，厭倦抱著希望又痛苦地迎來失望。我太累了。

直覺告訴我，該做些計畫。我要喬許記錄每個月的帳單是如何支付的，這樣他就會保持扣款帳戶裡有足夠的錢。我要弄清楚在我走後誰來幫助我撫養孩子，確保她們會上鋼琴課、游泳課，確保她們不挑食，敢吃世界各地的食物，並且讓冰箱裡放滿我孩子喜歡的食品。我要幫我的女兒們製作回憶錄。需要有人幫我轉告，我有多愛她們，讓她們知道自己對我的生活有多大的影響。我希望有人能夠答應我，在我離開後幫我照顧女兒們，讓那些最瞭解我的人，轉告她們我一生的故事；希望有人能將對我而言最重要的事物，也分享給米雅和伊莎貝兒，也希望她們能夠學到中國深刻的價值觀。我要帶著喬許還有女兒們去迪士尼樂園還有加拉巴哥群島，在百歲的烏龜群中散步。我還想做個焦糖蛋奶酥，就像去年二月我和喬許在巴黎吃的口味，那簡直是人間天堂。我還想用喬許喜歡的方式撓他的頭，並盡可能和我女兒們依偎在一起。我還有很多計畫要做。

我知道我很快就會站穩腳步，重新戰鬥，持續為了抗癌而研究並記錄抗癌歷程。但我也知道，為了在所剩無幾的生命中要做出更有意義的事，我得承認，需要為身後事做些打算。我必須完成所有我前文提起過的事。喬許要我發誓繼續奮鬥，不要放棄；他仍然抱持希望。但我現在最希望的，是能擁有更多時間。

曾經一度以為控制住的病情，現在看來不過是一種嘲弄，一

種殘酷的幻覺。已經留下一個教訓：我們什麼都控制不住。

　　好吧，這並不完全正確。我們能控制對自己態度的好壞。控制自己對他人是否誠實。控制要為生活付出多少努力。當聽到讓人難以置信的消息時，控制自己該做出什麼樣的反應。但時候到了，我們還可以控制自己在什麼情況下要投降。

二〇一五

23

從黑暗到力量

在聽到這不幸的消息之後，我得知德國和倫敦有一種雷射手術，可以處理一百多個肺癌轉移的腫瘤。這種手術已經有十幾年歷史，但因為食藥署尚未批准，因此在美國沒有辦法實行。我詢問我的腫瘤科醫生對該手術的看法，以及肺癌相關社群的意見。他跟我說，我的腫瘤太小無法進行手術，外科醫生無法定位來摧毀。這是哪門子的戰爭，最致命最主要的敵人居然不會現身？癌症像個小人，進攻的方式很不光明正大。

醫生A.C.要送一名病患去德國做手術，但他說，那是因為外科醫生能夠探知她腫瘤的位置。我可能得再尋找其他方案。一片肺葉的手術需要花1000歐元。哎呀！

在我一開始決定要用寫作的方式來度過這場災難時，我曾經發誓要盡可能誠實地面對自己，以及我跟癌症作戰的意義，並且會克制著自我主義的利己傾向，維持著鼓舞人心、強大或聰明的形象。為什麼這點如此重要？一部分原因是，如果這本書成為我孩子在我死後，瞭解我內心想法的主要途徑，我希望她們能看到最真實的我，我經歷過許多快樂、感激，並在洞察人生之外，還

經常被恐懼、憤怒、傷害、絕望、黑暗給折磨。之所以會做出這樣的承諾，也是因為我非常不喜歡那些在面對致命疾病時，總是握緊拳頭，永無止境生命鬥士模樣的部落客。對我來說，這樣的形象不夠真誠，是對讀者智力的侮辱，最重要的是，對那些像我剛被診斷出罹患癌症，感受黑暗多過於光明的人來說，是一種潛在的傷害和方向感的迷失。我要詳細描述並且探索那個黑暗，讓我所知道那一些曾經也經歷過荒涼和孤獨的其他人，傳達出他們並不孤獨的訊息。原本對黑暗有一種自然的、直觀的恐懼；被黑暗籠罩的人羞於談論，而那些擺脫黑暗的人，卻又永遠閉口不談，好像它是瘟疫會傳染一樣。如果我那近乎殘酷的誠實，所付出的代價是一幅讓人反感，而且極不討好的圖像，那麼就這樣吧。

在我收到這不幸消息的幾個星期裡，我陷入了比過去以往任何時候都還要糟糕一千倍的黑暗之中。我設法撐過了聖誕節，但到了第二天，黑暗的力量襲擊了我，讓我支離破碎癱倒在地，我憤怒的咆哮震耳欲聾。丈夫和女兒們對這個本來是他們堅強的妻子和母親的女人，表現出如此歇斯底里的行為，感到十分震驚。

沒錯，喬許見過我生氣和絕望，但從來沒有像這個樣子。這讓他感到害怕；會擔心自己和孩子們的安全，因為我就像一隻瘋狂的動物，沒有理性、沒有希望，也沒有戰鬥力。我大喊大叫亂丟東西，不是針對喬許或是孩子們，而是針對那無情的老天爺和神明為何要這樣對我。如果這世界上沒有神，那我就是針對人類天生自帶的痛苦和不公不義的殘忍感到憤慨。為什麼是我？我希望神明能給我答案。我不是已經承受了我那份考驗和磨難嗎？難

道我受的罪還不夠嗎？我難道不夠善良，活得不夠道德嗎？因為我不斷胡思亂想，也沒有神明給我答案，這讓我更加瘋狂。就算是神明看到我也會畏懼三分。祢們這群懦夫。

　　我抽抽噎噎地懇求喬許讓我走，永遠離開他和我的女兒們，因為我想逃離，搭上飛機前往未知的地區，在夕陽下孤獨地死去。在那種狀態下，我不配當一名人母跟妻子，也不配當個人。我試圖說服喬許，讓我走是最好的，他還年輕，仍然英俊，有著成功的事業，很容易找到別人取代我；任何女人都會喜歡我們的女兒，女兒還小，也很容易接受她們的新媽媽。我不想要戰鬥了，只想逃到一個地方孤獨死去。我跟喬許說，我不要這樣的生活，這個病懨懨的身體讓我失望太多次了，死神離我愈來愈近，這樣的生活不值得過下去，不管現在會發生什麼樣的好事，不管會有什麼樣的歡笑，都會被癌症給毒害，我不希望生活被癌症毀掉。我想重新開始。在死亡中，我想要逃跑並且重生。

　　然後，我對喬許新女人的形象愈來愈憤怒，她將擁有我該有的生命，侵佔喬許和我女兒在一起的時間跟生活。我恨她，我恨這個我根本還不認識的女人。我發誓，要是她膽敢傷害喬許和我的孩子，我不會放過她。我會變成鬼回來，把書、花瓶，以及任何沉重的東西往她頭上砸。但是我也需要她，希望她能夠進入我丈夫和小孩的生活，替我照顧丈夫和孩子。需要她能夠像我一樣愛著他們，就算愛的程度沒辦法超越我也沒關係；只要喬許和女兒們沒事，那我就放心。我也希望他們能哀悼我，記住我一段時間，然後我要他們繼續往前走，可以勇往直前追求生命的喜悅。這是我對他們的要求。

在沉睡中，我從現實的惡夢中得到了緩解，因為在沉睡中我沒有癌症。在夢裡，我可以過著我想要的生活。我已經有點相信，死亡就跟睡著一樣。死亡後，我的靈魂將前往另一個國度，在那裡我可以實現我所有的理想。也不再被這個身體所侷限，被傷害，但我在此生所遭受過的苦難，所得到的同情和智慧仍然會保留。在另一個世界，我將會看到完美的世界是什麼樣子，可以開汽車、駕駛飛機、打網球。我會和我一生的摯愛喬許，一起過上充實而完整的生活。有了他，我將走遍世界更多地方，生下除了兩個女兒之外更多的孩子。我要為他們做豐盛的大餐，讓屋子裡充滿剛出爐的新鮮麵包香味。家裡會有兒童尖嘯和叫喚，上演著一般家庭的劇碼和溫暖的笑聲。會有滿滿的愛，永遠都會有這麼多的愛。

每次我從睡夢中醒來，第一個念頭就是我得了不治之症，將會有好幾年的時間不斷掙扎（有鑒於癌症非常具有侵略性，這時間可能更短），每當醒來的時候我都會為睡著時的夢想悼念。每一次醒來，就像一次又一次地失去夢想而悲傷，折磨，痛苦，崩潰。這會讓你想去死，直接去另一個世界延續自己的夢。

喬許不許我賴在地上放棄。他拉著我的手臂，對我大叫：「我不會讓妳放棄的。聽見了嗎？妳不會放棄的！」下一秒，他就會懇求我，就算不是為了我自己，也要為了他和孩子而戰。

說真的，我覺得喬許和女孩們如果要重新開始的話，最好趁早不要拖。沒有人能夠說服我，我不想成為負擔，我不想讓家人看到我緩慢又痛苦地死去。我不想讓他們經歷我情緒不穩定地起伏，像坐雲霄飛車一樣。我並不是在低估喬許對我的愛。這是非

常真實的時刻，我知道他有能力去愛人，他也需要去愛別人。也許他和別人的愛，會像和我的一樣深刻；甚至更甚跟我之間的關係。他是個了不起的人，我慶幸能夠擁有他。我知道孩子們很有韌性，最終會走出失去我的陰霾，不管怎樣都會茁壯成長。畢竟是我的孩子，她們的血液裡流淌著我所有的優點。

我知道會有很多人幫助喬許，撫養她們，也會有很多人跟她們講述母親的故事。我知道她們會被愛包圍。

所以，不，不是的，如果我選擇繼續戰鬥，並不是因為我認為喬許和女兒們真的需要我，也不覺得花更多時間跟我在一起，會對他們最後的命運產生什麼樣正向的影響。我也不會為了那些妄想的希望而戰鬥，不會想著我可能在某個時間會奇蹟似的痊癒，或者活了比預期中更長的時間。我對希望這個概念一直搖擺不定，現在也是如此。我並不是希望的信徒。我把希望留給你們所有人。

但就算這樣，我確實選擇繼續戰鬥。我花了兩個禮拜的時間，才做出這樣的決定。聖誕節過後，我花了兩個禮拜才從低谷中恢復過來，把自己從黑暗中拉出來。在許多人的幫助下，讓這一切發生了。多虧了喬許、女兒們、我所敬重的醫療師、敬愛的姊姊娜莉、最好的朋友，蘇。他們幫助我看到了自己的真相，以及現在和我去世後，人們會如何看待我的人生。

有一次我高中考試考差了，我含著淚回家，這邊說的「考差」是以一個書蟲的標準來講，比方說考到了92分而不是95分，我是考了97分卻沒滿分。這是我年輕時候經歷過的最大悲劇。我的父母不是會瘋狂對子女施加學業壓力的典型亞裔父母。

沒錯，我爸爸會因為我成績單有一個Ａ而給我錢，但從來沒有對我提出要求或威脅。所以看到我哭哭啼啼回家的母親，用著蹩腳的英語問：「妳盡力了嗎？」我回答當然有。「那就只能這樣了。」她會這樣說。

如此簡單的建議，卻又如此真實。你只能要求自己盡力，也就這樣。一旦你做到了，將不會有遺憾。我將繼續跟這種疾病作戰，不是我一開始的那種狂熱，而是面對它的致命性，具有更細微、更深刻、更現實的理解之下與之持續戰鬥。我是一個完美主義者，習慣在每件事情上都做到最好。很多時候，就算盡最大努力，仍是不夠好，沒辦法得到一流的成績。同樣地，我的努力不足以戰勝癌症，就算在不久的未來有一天我躺在床上死去，也要是我盡了自己一生最大的努力來贏得更多時間，在面對這種疾病中盡了最大努力維持自己的生活，這樣我才能沒有遺憾，這對我來說就夠了。這會帶給我平靜，因為是我選擇繼續戰鬥，就算是面對如此強大的敵人，我會給我的女兒們上一堂最重要的課。我要讓她們明白，不管做什麼事情都要盡全力，這是她們外祖母教給我的，現在我也要教給她們。

身為一個母親，我不能這樣離開自己的孩子，不管我多麼想逃避情緒上和身體上的痛苦，我都不能夠離開我的孩子。我選擇成為一名母親，這樣的選擇具有神聖的承諾，那就是我要給我孩子足夠的生存工具，這些工具不只是餵食、洗澡、穿衣。就在最後結果已經顯而易見的情況下，仍持續面對和戰鬥，這是為了履行我第一次抱著那弱小身體在懷裡時，做出的神聖承諾。

在老天的保佑下，我將快樂地活著。

噩耗傳開，我收到了許多美妙的支持和愛的訊息，有親密的朋友，也有陌生人。他們所有人都替我打氣，讓我覺得我的戰鬥也是他們的戰鬥，為他人而戰這種想法對我來說有一種難以置信的美妙之處，反而帶給我許多的鼓勵。

　　正如同約翰‧多恩在《沒有人是一座孤島》裡面寫的那樣：「任何人的死亡，都會削弱我，因為我也是人類的一部分。」是的，我想我的死亡會讓你變得渺小，但我現在也明白了，我持續活著持續戰鬥也會讓你變得更偉大。我們人類是具有韌性的小蟲子。事實上，選擇任何一種生活並且戰鬥，以身作則向全人類展示精神力量的人，以及面對生命的殘酷，仍然抱著不屈不撓決心的人，都會激發我們大家，使所有人內心產生一種巨大的潛力和韌性，這種潛力只有在真正接受考驗時才能實現。

　　因此，我為自己，為我家人，持續對癌症作戰，也為了向你們所有人、向全人類傳遞出消息而奮戰，讓你們知道我們每個人都有能力獲得難以置信的力量。出於同樣的原因，我敦促你們所有人面對自己的挑戰，即便這些挑戰會讓你們墮入黑暗也要戰鬥，因為你們也是人類的一分子，你的戰鬥很重要，當人們跌跌撞撞的時候，你們的戰鬥給了我和其他人力量。

　　在新的一年開始時，我收到許多訊息，提醒了我自己是多麼的勇敢和堅強。這種感覺就像跟一隻吉娃娃說，其實牠是隻大丹犬。在那幾個禮拜裡，我覺得自己內心除了勇敢和堅強之外什麼都沒有。難道一個勇敢又堅強的人會賴在地上哭泣，讓她的孩子在一旁驚恐地看著？不，這樣一點都不勇敢堅強。真正的勇敢堅強，是哭完之後的表現。一個勇敢又堅強的人，擁抱著自己的女

兒，講述自己童年的故事。儘管女兒還太小無法理解。並告訴她們，結婚意味著什麼，告訴她們在愛別人之前，要先愛自己有多麼重要。一個勇敢又堅強的人，會在那些比自己更勇敢更堅強人的幫助之下，走出深淵繼續生活，就算這不是她自己所選的也一樣。一個勇敢又堅強的人，會去做更多研究找出自己下一步該怎麼做。她深知，在自己屈服於那不可避免的時刻之前，會有無數個深淵，更多的黑暗，出現在每個時刻、每一小時、每一天。

24

「藏在肚子裡」

我已經受夠了寫憂鬱還有不幸的消息。

誰有時間去理這個？

我需要處理一些問題。應該談談愛，或是其他字，不管是有聲還是無聲的。我想談談我的母親和我的祖母。我的祖母，就是那個祖母，是個了不起的女人，我曾經非常愛她，並因為她的智慧和不屈不撓的個性而非常尊敬她。她七十三歲突然死於結腸癌，我以為我會被悲傷壓得喘不過氣，因為這是我二十年來第一次有我愛的人，或是至少我相信她也一樣愛我的人離開我。

但是後來，當我母親告訴我，我祖母是多麼厭惡我時，我不得不產生憎恨，因為我也想恨回去，那時她對我來說就是個陌生人，她曾經對我如此之狠毒，讓我之前從她身上感受到的一切美好都蕩然無存。我想把她從另一個世界拉回來，要求她為自己曾犯下的罪行還有背叛負責。

最初聽到的當下，就像火山爆發，留下的只有一片焦土，還有著深刻並且難以忍受的創傷，那是一種無法滿足的渴求，想要知道她以及其他人是否真的曾經愛過我，是否會為自己曾做過的

事感到抱歉，如果他們當中有任何人一想到曾對自己的女兒或是孫女做出這樣的事，他們是否會不寒而慄，讓一個女嬰來不及長大就要死去。大學畢業前一天，我穿上學士服，我父親看到後突然哭了起來，淚水順著他滿臉皺紋的臉頰滾落，我當初心裡還覺得奇怪，父親怎會這麼激動？現在我可能知道為什麼了。他是否感到後悔，無言地用每一滴淚水在向我道歉？還有一張照片，我祖母在杭廷頓圖書館修剪整齊的花園裡，牽著我的手，當時我七歲綁著小辮子，戴著黑色粗框眼鏡，那個時候她在想什麼？又或者，我第一次月經來潮的時候，她坐在我旁邊，十分節制又深情地拍著我的背時，又在想什麼？她似乎為我感到驕傲。這是十年前的那個女人嗎？會如此關心我第一次月經什麼時候來？怕我像動物一樣到處滴血？

妳還記得自己曾經想要用對待患有狂犬病的狗的方式一樣對待我嗎？

受傷之後，我需要清理傷口，才能繼續前進（我仍然在往前），頭腦中一片混亂需要創造秩序，替這些我不得不稱為「家人」的人們找些理由，甚至同情他們。他們只是太過迷信，被困在一個落後、沒有希望的國家，試圖在困難的時期生存下去，在那個時代殺一個嬰兒並不少見。也許在那種情況下，就算是我也會覺得謀殺是合理了……也許……

別自欺欺人了，我才不會。就連那個中醫也懂，別忘了他也是同一個時代的人。

就算沒有人覺得我母親可憐，至少我會。她才是最大的受害者。是的，她很漂亮，但也很害怕，缺乏能夠挑戰我那專橫祖母

所需要的自信。她被教導需要尊重並且順從長輩，為了家庭無私地奉獻，壓抑自己內心的聲音。我很容易想像母親在我祖母面前表現畏縮不前的樣子，因為在我整個童年時期目睹了這個經過，我看到了母親在家庭和工作中是怎麼樣逃離和對抗的。我父親時常脾氣不好，任何時候都可以挑出毛病來罵她，像是神經質地害怕我們吃進太多洗碗精，洗了兩遍碗盤；或是在煮湯的時候盯著水煮沸，而不是利用時間去切菜。那個時候我都會把我小小的身體蓋著她瘦弱的身軀，讓她免受父親的責罵。有一次我很惱火，問她為什麼從來不反擊我的父親或是工作上的同事，母親在上班時，每個同事都在說她壞話，但她只敢在家裡面譴責他們。

她說最好是把它「藏在肚子裡」，這是一句越南俚語，意思是為了維護人際和諧忍住不說悶在心裡。就算已經事發三十年，我祖母去世也過了快十年，她才向我透露真相，但是仍然很緊張，害怕打破多年來維繫他們關係的秘密條約，只是因為我祖母已經不在，這個秘密條約的力量才削弱。

「如果妳祖母還活著，我不會告訴妳今天要講的事情，妳祖父和父親要是發現，這輩子都會責怪我。」說完，便告訴我當年的事情。她眼睛、眉毛、嘴，都像戴上了一個堅挺的面具，為了抵抗內心承受的攻擊。但她仍然願意冒著風險把事情跟我講。

她說這是因為我有權利知道。她說得對，我確實有權知道。但我不相信這是她說出口的唯一原因。

我母親遵守「藏在肚子裡」的信念，使她善於壓抑自己的黑暗情緒。她只有在我面前哭過兩次，一次是在我祖母的葬禮上，突然哭了起來；另一次是我大學一年級開學，在宿舍跟我說再見

的時候，不停流下眼淚，我都懷疑她睫毛會不會掉下來。一旦開口，便會說個不停，可是如果說到會暴露自己脆弱的內容時，又變得支支吾吾。

　　就這方面來說，在我家庭裡面她並不是唯一一個。諸如像是，「對不起」或「我愛你」甚至是「謝謝你」這樣的詞彙在我家中從來沒說過，只有在美國長大的這一代出現了例外。不然的話，這類詞彙根本不會是我們家庭中會出現的語句。相對來說，我們常常被迫轉達別人的話，可是當自己要表達的時候，時常是用非口語的方式，也可以說我們的行為本身就是我們的語言。

　　舉例來說，當我回到家，父母為了迎接我，做了我最喜歡吃的菜，這是在向我表明他們有多愛我，這種方式一直讓我覺得比單純說出來的語言更強而有力。

　　母親告訴我當年故事的時候，幾乎不帶任何情感，但我知道在這表面下，有許多沒有說出口的訊息，這些是母親想讓我知道的，只是不願意大聲說出來。之後，我會反覆回想她聲音中的語調，每個單詞背後的細微差異，以及她肢體語言的微妙之處，把它放大一千倍、一萬倍，我想弄清楚一切。她語氣略微高亢，聽起來像在生氣，有一點像是暴躁的孩子否認自己犯錯一樣，下巴略微突出，為了抵抗我可能會拋出的指責。這不是我的主意。我並不真的想這麼做。她彷彿在向我傳達這樣的訊息。不過，大多數的情況是出於內疚。要不是因為有內疚，防衛性也不會這麼強。

　　我知道根據她多年來的說法，她一直覺得我出生就有白內障是她的責任，像是：「我懷著妳的時候吃了這些藥，真是愚

蠢。」她是個會用一個巨大吸管把所有責任和內疚吸到自己體內的女人。她也說過：「妳還是嬰兒的時候，我找不到牛奶給妳。不然的話，會長得更高。」我皮膚太黑也是她的錯，因為她不知道該用什麼食物餵我。我沒能進耶魯也是她的錯，因為她給我的壓力不夠。

如果我的母親會因為我白內障、身高、膚色、進不了耶魯大學而感到內疚，那麼當年她帶我去看那個中醫，那壓力一定難以想像。二十八年來，母親一直試圖壓抑，過去曾想殺死我的內疚感，那天晚上終於不再壓抑了。在訴說以前故事的過程中，不顧我的父親、祖父會責怪她，把自己從長年以來的恐懼中解放，鼓起勇氣看著我的眼睛，承認自己所做的一切，祈求我的赦免，給我力量把她從罪惡感中拯救出來。

要完全原諒有些困難，有時候是不可能的。但同情是另一回事。寬恕又是另外一回事。

那天晚上，母親講完故事後，要求我不要告訴任何人，她說出了這件事。「請原諒我。」這句話她不小心脫口而出。她站在我旁邊雙手放在身體兩側，等待著。我沒辦法正眼看她。在她講故事的時候，我不知道什麼時候也開始哭了。我和其他家庭成員不一樣，我並不擅長忍住眼淚壓抑情緒。離開她房間後，感覺自己不再被蒙在鼓裡，但也感到了憤怒、受傷、困惑、悲傷，但主要還是覺得被傷害，我知道再也沒辦法用相同的方式看待我的家庭、我的人生還有我自己。在我離開母親房間之前，我很感謝她說出實話，我真的很感謝。

知道總比不知道好。

25

我生命中的一天

二○○二年，我從法學院畢業，進入佳利律師事務所工作，那是一家著名的國際律師事務所，過去被稱呼為華爾街律師事務所，代替常常會登上《華爾街日報》頭條的美國績優大公司和投資銀行處理交易跟訴訟方面的問題。許多從名校畢業的法學院學生，會在一家大型律師事務所工作幾年，為了償還學生貸款，並獲得實務經驗，然後再去其他地方工作，像是在政府、非營利組織、小型公司或是在公司內部擔任顧問。有一小部分的人有著驚人的耐力、期許、天賦，能夠在這些傳統律師事務所內，爭奪讓人羨慕的地位，成為傑出的合夥人。

我在佳利的時間比我想像中要長，當我被確診時仍在那裡工作。我並沒有走上合夥人之路，因為我耐力不夠，也沒有足夠的天賦和才華。我辛勤工作多年，通宵達旦，為了在佳利這樣具有壓力的環境下生活，終於找到一個舒適的位置，讓我有餘裕可以當一名母親。然後，我就罹患癌症了。

確診後，我便停止工作。以前在法律界的日子充滿挑戰，但現在的日子更是不簡單，因為生活中的每一天都不一樣。我沒有

固定的時間表，除了每天早上要送女兒準備上學、晚上哄她們睡覺例外。在白天時間，我會做飯、打掃、寫作、閱讀、研究、和一些癌症朋友以及健康的朋友交談、看電視、偶爾逛街、付帳單、為直腸癌研究籌募資金，還有盯著天花板。老實說，我不知道時間花到哪裡去了，尤其像我現在時間那麼有限，這個感覺很可怕。

我很佩服在第四期癌症情況下還有辦法工作的人，尤其是那些為人父母的；我知道有的人不得不繼續工作；但就算這樣，我仍然欽佩那些癌症患者，在身心俱疲的生活之中，還能擠出精力工作。

二〇一五年一月初的某個星期一，我未來的診療之路鮮活又痛苦地攤在眼前，天還沒亮我就在床的一端醒了過來。腦中許多沒有答案的問題在困擾著我。我是否該嘗試使用大麻油？是否應該額外攝取補充劑，或是停止服用某些補充劑？是否應該徵詢另一位醫生的意見？要不要換另外一位腫瘤醫生，一個專門研究結腸直腸癌的人，一個在史隆・凱特林紀念癌症中心很有名望的人？是否應該不要理會自己腫瘤科醫生，還有肺癌專科醫生的意見，前往德國尋求更積極治療的雷射手術？那天早上，不管什麼原因，我擔心得不得了。

我三歲的小女兒伊莎貝兒似乎也醒了，也覺得不太對勁。窗戶外面的漆黑，和我們兩人內心的黑暗非常匹配。冬天的週一早上對小孩來說特別痛苦，我還得打起精神送她們到學校，而且我知道一定會遲到，只是盡可能在托兒所和幼稚園勉強能接受的遲到範圍內到達。但在那個週一早上，特別難受。伊莎貝兒尤其難

搞，她拒絕合作，硬是不想跟我分離。當她變得異常黏人時，我總覺得她似乎知道一些我不知道的情況，她能感覺到我體內癌細胞正在增長。十二月的時候，我在進行讓人不安的CEA檢驗幾個禮拜之前，她也是這樣。

我一直跟喬許說，伊莎貝兒似乎感覺到我身上的癌細胞已經轉移，但喬許跟我說，我太可笑了，伊莎貝兒行為會變得這樣有各種可能。當然，事後證明我是對的。

我時常把米雅想像成美麗絕倫、聰明伶俐的孩子，回眸時會讓人神魂顛倒，有著迷人的臉蛋、高挑身材還有優雅的舉止，她指著博物館一幅中世紀的繪畫，大為震驚地說出：「那是頭獨角鯨，大海裡的獨角獸。」雖然我會擔心，她有一天會跟心裡的惡魔作戰，那惡魔來自先天的不安，但是她喜歡冒險，嘗試自己沒吃過的東西，我覺得她很可能會跟隨我的腳步，學習多種語言，並前往世界各地。

但是貝兒（她比騾子還頑固，寧可餓昏也不願吃不想吃的東西），是我永恆的靈魂，我那擁有不可思議直覺的孩子，她非常早熟，理解了人跟生命，遠遠超過自己當下的年齡。她是我的孩子，並能跟鬼魂溝通。她兩歲半時，某一天早上我推著她的幼兒車離開電梯，她突然問我：「媽咪，我們死掉的時候會怎樣？」我不知道該如何回答，因為我從沒想過一個兩歲半的小孩會問這樣的問題。

也差不多是那個時候，米雅變得特別難搞，我都懷疑是不是直接進入了十幾歲的叛逆期；我跟我媽媽之間從來沒有這樣的叛逆關係過。某個星期天晚上，米雅逼我逼到極限，我對她大吼大

叫，命令她回房間。她帶著兩行眼淚跑走，留下尖叫聲和甩門聲。我坐在沙發上歇斯底里地哭了，覺得自己是最糟糕的母親。喬許要我回到房間去，這樣伊莎貝兒就不會看到我這個樣子，他認為我的哭泣會嚇到她。結果，貝兒轉向她父親，用她甜美的聲音跟他說：「媽咪真的很累。哭一哭就會沒事了。」

　　在我生病期間，孩子們目睹了我情緒的發洩，哭泣、尖叫、憤怒。我相信許多兒童心理學家認為，喬許和我在孩子們面前應該隱藏情緒和真相，因為她們是脆弱的花朵，要受到保護。喬許和我不認同這樣的說法。我不覺得我們要對孩子有所隱瞞。她們不是受到壓力就會枯萎的脆弱花朵；相反地，她們是非常聰明的小女孩，有巨大的潛能去理解未來生活中每一個艱難的時刻，並且變得更堅強。站在深厚的親情基礎上，去面對困難，會讓她們變得更堅強。就我自己的生活經驗來看，我知道是真的。

　　在我躺在床上哭的時候，米雅通常會躲得遠遠的，或是會跑進我房間，拿起她的粉紅色絨毛玩偶跟毯子，再跑到客廳去看電視，她會內化這份恐懼、擔憂、悲傷。另一方面，貝兒每隔幾分鐘就來探望我，悄悄地打開門，探頭進來，用關切的棕色瞳孔看著我。有時，會跟我一起趴在床上，給我一個擁抱並親吻我。「媽咪，一切都會好起來的。」她向我保證，好像她早就知道一切。

　　但在那個星期一早上，貝兒並沒有用那令人放心的聲音安慰我。我們在教室外的走廊上，她坐在我腿上，我抱著她哭了。米雅早上是八點半的課，貝兒則是九點，所以我和貝兒每天早上都要消磨三十分鐘時間。我坐在地板上，聽著其他父母愉快地相互

打招呼，彼此聊著假期怎麼過，好像他們對這個世界絲毫不關心。我的假期糟透了，我被癌症害慘了。就在那一刻，我已經辦不到故作沒事。我在牆角，試圖躲起來，抽抽噎噎把貝兒抱得更緊。這次她沒有問任何問題，或說任何話，沒有「媽咪，妳為什麼哭？」或「媽咪，會沒事的。」反而是盯著牆上的某一個點，那種眼神告訴我，她看到了我看不到的東西，有一個我沒有辦法跟她一起去的地方，那個眼神讓我害怕，因為我知道，她看出我的癌症已經擴散。

　　我們好不容易才分開，開始上課後，才願意開口發聲。我仍然在哭，想著未來的歲月裡，我將錯過她們每一天的放學。內心有個巨大的感覺籠罩而來，感覺做什麼都是徒勞，不管怎麼做都會死於疾病，只是時間問題，而且時間只會更少，不會更多，小女孩終將被剝奪她們最愛的人。她只是努力在爭取和我相處的時間。「不要走，媽咪！不要走！」她哀求道。還得靠助教把她從我懷裡拉出來，這樣才能分開，我跑出去不敢回頭，她的哭聲在我耳邊響起。

　　離開學校後，我祈求老天爺給我一個訊號，讓我知道為自己的餘生爭取、跟這種疾病作戰，並不是徒勞；讓我知道，這種降臨在我身上的痛苦，不會剝奪我的一切，我仍然可以從生命中獲得一些未受污染的幸福，我將會在心中找到平靜。然而，當一個人開始求神拜佛時，就真的陷入了絕望。

　　我沿著法庭街往北走二十分鐘，走進喬氏超市，想在看醫生之前快速買點東西，我聽到有人叫我的名字。有一名我不認識的女人走向我，我轉過身，為當下這種狀況感到尷尬。

「我是來幫忙的，」她說，「請告訴我我可以怎麼幫妳。」

尷尬的是，我無法確定這個女人是誰，由於視力不好，認人從來不是我的強項之一。她是伊莎貝兒其中一位同學的母親。她跟其他人都知道我的處境。班上的家長們都很想幫忙。我很感動。儘管我告訴她沒有什麼需要幫忙，但我正默默記下來這些，因為總有一天，我可能需要別人的幫助。我哭了，她也跟我一起哭，我們站在寬廣的走道中間相互擁抱。這個是老天爺給我的訊息嗎？

買完東西，我在大西洋大道上，搭B63公車把東西帶回家，我胸前的皮膚擦了利達利多卡乳霜❶，上面插著針頭轉接口，因為再過一個小時，就要前往紐約大學癌症中心，在上面接上化療用的輸液器。我行走在三十四號街往東的方向，心情鬱悶。一位身材嬌小卻又豐滿的黑髮女人，大約五十幾歲，拿著一張紙向我走來，太好了。現在要幹嘛？我本以為她要我捐錢。結果那女士英語說得不太好，但仍然努力表達她需要有人幫她指路，還給了我一張紙。上面寫了紐約癌症中心要怎麼去，真諷刺。

「我也要去那個地方。跟我走吧。」知道自己不是唯一要去那個地方的人，莫名的感到振奮。

「妳得了什麼癌症？」我問。不知道你有沒有發現，我很愛管閒事？我會向陌生人問一些大多數人都不敢問的私人問題。她指著自己的乳房。

「我得了大腸癌。」我指著自己的小腹跟她說。

---

❶ 局部麻醉藥。

看到她臉上困惑的表情，我不確定她是否完全理解我的意思，所以我問：「妳會說西班牙語嗎？」說不定我可以用我糟糕的西班牙語跟她溝通。

　　她搖搖頭。

　　「妳從哪裡來？」我問，仔細地說出每一個音節。

　　「孟加拉。」她說。

　　這下子可奇怪了。就算是紐約這樣一個多元化的城市，你能碰到多少來自孟加拉的人？我在紐約住了這麼久，只見過一名來自孟加拉的人。而且孟加拉對我有特殊意義。在法學院第一年的夏天，我在孟加拉當地人權組織實習，在那裡住了十個禮拜。那是我一生最豐富、最深刻的經歷之一。生活周遭充滿了酷熱、季風、無法想像的貧困、極度不適的文化衝擊；有住在髒亂之中、觀察力敏銳的雛妓，被辱罵自己的丈夫扔硫酸燒掉鼻子的婦女，這也讓我感到痛苦。

　　但在那裡的日子我更加理解自己，也更自豪，我能在困難中茁壯成長，能在這未受破壞有著無比美麗又綠意盎然的鄉間，找到驚喜和感恩，那裡住著和善而且生命力堅強的人們。當我看向這位選擇向我問路的孟加拉女士，我腦子想起了孟加拉的一切，醜陋與美麗、痛苦與歡樂、貧窮與慷慨。我對抗癌症的旅程跟我要去孟加拉之間並沒有太大區別；同時都充滿了醜陋和美麗、痛苦和歡樂、貧窮跟慷慨。我怎麼想不到呢？這位孟加拉女士在我生命中的瞬間造訪，根本不是偶然。

26

無可匹敵

每次我去看醫生A.C.時，都是由譚雅幫我測量生命徵象❶。

譚雅是一位有話直說的中年黑人婦女，也是兩個孩子的母親，她每次穿的衣服都印著不同的卡通人物。在這麼抑鬱的地方，她就像是充滿光明和歡樂的燈塔，手術前還會幫我擦拭手臂。這時候都很高興，因為我會期待這次她又會穿哪一個卡通人物的衣服。我們聊卡通、小孩子、假期，有時也會談論工作人員，甚至是醫生A.C.，就像我說的，我很八卦。我在紐約大學癌症中心遇到的各種人，譚雅、接待員、護士、醫生A.C.，和他們聊天讓我心情很好，會感覺我們彼此關心，好像我並不僅僅是癌症患者，我也是一位重要的、參與的、投入的，並且感興趣的成員，不是因為我有癌症。我想大多數的人，看到我在癌症中心嘻嘻哈哈開開心心，會感到驚訝。

和譚雅一次談話中，我不經意地問道：「所以，妳在這裡一定有看過病得很嚴重的人。」當然，我也注意到了，在我經常前

---

❶ 指脈搏、呼吸、體溫、血壓等數據。

往的候診室裡，我算是最年輕的，如果不考慮我預後治療和診斷內容，我確實看起來是最健康的。

譚雅壓低聲音，好像是在談論什麼陰謀一樣。「噢，是的，有的人一進來就一副活不久的樣子，他們需要治療，而且看了不知道多少位醫生。」

我很驚訝，「真的嗎？」過去二十一個月裡，我在候診室和檢查室待了好幾個小時，我常常毫不避諱地用眼角打量其他癌症患者，或者說，大多數時候我都是直接盯著看，但從來沒有看到病入膏肓的人。

她嚴肅地點點頭。

為了進入下一個看診環節，我離開醫生A.C.的檢查室。一名急診室的醫生正把一位頭髮只剩幾縷白髮的老人推進房間。他躺在擔架上一動不動。譚雅衝了進來，測量他的生命徵象，甩上門，我在門關上前一秒，從門縫中離開目光。她並沒有騙我！因為癌症併發症的人會衝去急診室或是醫院，並不會來腫瘤科醫生的辦公室看病，除非他們想詢問其他醫生的不同療法。

這多少讓人感到不安，其他快死亡的病人前來醫生A.C.辦公室，或者全世界數千名腫瘤科醫生辦公室的時候，這種不安就會出現。他讓我想到了墨西哥、德國、南非，甚至是紐約市的許多其他人，他們之前看的醫生基本上就是個醫棍，以十萬美元的代價來折磨你的身體，用一種極為可疑的治療手段敲詐那些病入膏肓的病人。這還沒有算進那些治療方法必然失敗，所造成的精神損傷。人們為了得到救贖，把身上最後的錢和最後的時間，用來買沼澤的綠色泥巴，或是在血管裡注射沒有人知道是什麼的透

明液體。絕望的人會去尋找奇蹟，而這個不光彩的產業就是在販賣「奇蹟」。

我跟我的好朋友X講過，更嚴格的說法是我跟X發誓。「我永遠不會成為那些人之一；不管發生什麼，我永遠不會去墨西哥喝泥巴。」我那位有著過人智慧的朋友回答：「我想我可能會成為那些人之一。」我對他的回答感到震驚、驚恐、困惑，同時也覺得好奇。為什麼如此聰明的人，會做如此愚蠢的事？X沒有癌症。就算這樣，在癌症的世界裡，我看過相當多的這種情況，生病的人為了救自己，做出各式各樣瘋狂的事，其中不乏有絕頂聰明的人。（有一個瘋狂壓過理智的例子：史蒂夫·賈伯斯，他被診斷出胰臟癌的時候非常容易治癒，他拒絕傳統治療，轉而選擇替代性療法；雖然他後來進行手術跟其他傳統治療，但很多人認為，他一開始拒絕傳統治療的決定縮短了他的壽命。）關於癌症，我們身體這個生存的機器，用細胞繁殖的方式反過來對付我們，這種反叛真的會讓我們人類抓狂。不難看出，這也是為什麼在我們有缺陷的自我中，會創造出非理性、狂熱和絕望。

我們是否應該讚揚那些拚死一搏的人？因為他們勇敢、和一切困難鬥爭、千方百計、不顧治療的致命後果、選擇了「憤怒地抵抗絕望」，就算毀滅性的時刻到來，就算嚥下最後一口氣，依然對殘酷的命運比出了象徵性的中指。這些人的讚揚是否能媲美那些沒有選擇硬膜外麻醉的產婦？能夠忍受著痛苦的分娩；我自己在子宮收縮的那一刻就嚷著要硬膜外麻醉。是否能媲美漂浮在海面上，靠著很少的食物和水就能生存的人？在我癌症之旅的一開始，我發誓我將成為這樣的人，我將永遠對絕望感到憤怒並與

之對抗。那個時候的我，也許只有在死前幾天才會考慮化療，甚至喝下泥巴。但現在不會了。

當然，我也有不理智、狂熱、絕望的時候。回想起來，我自己都覺得尷尬。我總共花了一千八百美元，去看著名的中西合併的醫生，張毅生。我聽了張醫生的建議、網路上的成功故事、某個論壇上有人分享的連結，花了數千美元購買保健食品、草藥、大麻。現在除了維生素D、輔酶Q10、喜美胃之外，其他的補充品都在我廚房櫃檯上，不再動過。（我從未認真考慮過張醫生提出更激進的治療方案，那是一些只有在其他國家才有的熱治療和免疫療法。）最後一次化療時，我跟醫生A.C.說過（他同意我服用補充品），我已經停止服用張醫生建議的所有東西，因為最後我仍然不能相信，我不能做一些我不相信的事情。醫生A.C.回答：「妳不相信，是因為妳內心是位科學家。」我想這是醫生A.C.給我的最大讚美。我一直對替代療法抱持懷疑態度，當我癌症復發後，張醫生建議每個月花六百美元，購買蠍子毒，我的「懷疑」直接變成了「不相信」。我回到家，看了《夜線》電視節目有關蠍子毒的內容，基本上它也是「蛇油」。

希望這種產業不會再從我身上榨出一分錢。或者更確定地說，以「奇蹟」為誘餌的產業，將不再得到我的支持。

很多替代療法的人提出一個常見的論點：只要不會造成傷害，試一試無妨。這也是我自己的腫瘤科醫生默許他的患者進行替代療法的理由，只要這些療法不會對器官功能產生負面影響，他就會允許病患使用替代療法。當然，他自己是懷疑態度，但我懷疑他已經發現，許多病人渴望控制自己的命運（哈！）而且必

須讓他們感覺，所有選項都已經試過。儘管跟他一樣具有科學頭腦的人都明白，控制只是一種假象，但這種假象對垂死的病人很重要。

光是心臟會跳動，並不能稱之為生命。那麼那位在擔架上的老人，所尋找的是什麼？如果友人Ｘ到了這個地步，他又會想要什麼？我很好奇。尋找奇蹟？治療？更多的時間？為了證明自己的生命力？到底是什麼？是否有原始本能，迫使他們不計一切代價為生存而戰，就像野生動物對捕食者張牙舞爪一樣？他們這麼害怕死亡嗎？還是他們這麼的熱愛生命？還是說，他們被愛的義務拖累，這些義務要求他們無論如何都必須長壽，為了那些依賴他們的人而活著？是什麼驅動著他們，是恐懼、愛、死亡還是生命？自從和譚雅聊完後，我一直在思考這個問題，在我決定是否、以及如何度過餘生時，要找出自己的答案。

我在想，老人以及Ｘ、還有許多人一樣，更害怕的是死亡，而不是熱愛生命。動物本能的恐懼壓垮他們擁有的任何理智和智慧；我猜他們害怕莎士比亞所說的「死亡之後的國度」的未知，他們相信在此生之外什麼都沒有，只有一片虛無，就算他們對老天爺的信仰動搖，害怕自己存在之火會熄滅；就每個人而言，這樣的火焰從來沒有滅過；他們害怕自己渺小、無關緊要、被人遺忘。我見過很多人在社交媒體上，向大多數不相信他的觀眾宣布，他們將會戰勝癌症。我在某個地方看到，那些執著於不切實際希望的人，他們無法理解沒有自己的世界；這樣的世界是不可被理解的，跟他們從小到大接受的現實是如此不協調，如此的不真實，以至於他們的頭腦必須拒絕、否認、排除，直到無法拒絕

事實上的客觀為止。

　　我沒有太多這樣的「自我」（至少不是那種執著於自身存在的自我），我的精神科醫生比我更清楚，因為我對必然會來的「之後的國度」沒有這麼強烈的恐懼，也許是因為我相信有那另一個國度的存在，它不會是虛無。我無法解釋我為什麼相信；這只是一種直覺跟信念。對我來說，死亡是一扇大門，召喚我去一次新的冒險，是我一連串冒險中的其中一次，一個需要探索和理解的新領域，我永恆的靈魂將從中學習並且成長。

　　我不想造成誤會，說我跟其他人不一樣，是一個沒有「自我」的人，一個完全不會傲慢和自負的人。我的「自我」是基於一種信念，它是靠內在的力量和勇氣而來，這種力量需要不斷培養，再混合我與生俱來的優雅跟尊嚴而成。迄今為止這是讓我誠實到近乎殘忍的原因，它會在我承受生活的滄桑、大聲咒罵、流淚、微笑和自我嘲笑之後出現。我從來就不是個美女，在學校或工作場域中也從來不是最聰明的人，但由於我在自己的生活環境中取得的成功，我一直相信自己是最堅強和最有韌性的人。我善於直視現實中的殘酷。我在精神上無可匹敵，並為此充滿信心和感到自豪。

　　阿爾貝・卡繆說得比我更好，他寫道：隆冬，我內心有個無可匹敵的夏天。

　　這讓我感到高興。這就說明，無論世界給我多大的壓力，在內心，總是有更強大、更好的東西在反擊。

　　像一頭狂野、非理性的野獸一樣抓狂，否認自己會死亡，執著於妄想和虛假的希望，以當下的生活為代價無止境地追求治

療，犧牲了生活的品質，對我來說，這一點都不優雅，也沒有尊嚴，所有這一切都否定了我們的思想和進化的人性；這樣的行為並不能培養無可匹敵的精神：這行為並不是內心力量和毅力的代表。對我來說，真正的內在力量，在於平靜地面對死亡，認識到死亡並不是敵人，而是生命中不可避免的一部分。

我癌症已經轉移到肺部，目前看來後續治療不會有什麼好效果，從那時候開始，不止一個人對我態度的改變和認命般的口吻發表過評論；好像我已經接受死於癌症這個結果，雖然我不知道自己確切什麼時候會死。也不止一個人告訴我，我似乎已經失去以往的狠勁。連喬許都指責我是失敗主義者，因為我放棄掌握自己的命運，屈服於疾病，已經停止戰鬥。

喬許和其他人都誤解了。真的！在過去的幾個月裡，我一直面對死亡，接受死於癌症的可能性，試圖和我的命運和平共處。但喬許和其他人不明白的是，有了接受跟平靜，我學會在此時此刻更充分地活著，我現在生活在一份從未體驗過，十分強烈又激情的愛當中。諷刺的是，我在接受死亡的過程中，才能第一次擁抱生命的光輝。事實上，我相信事情的發生是有原因的，我相信這趟癌症之旅，讓我註定在靈魂深處理解死亡與生命的悖論。

想到這一點，喬許和我計畫了一趟旅行。七月二日，我們將前往厄瓜多的首都基多，在那裡停留不到兩天，參觀古老殖民地的城鎮（聯合國指定的世界遺產），七月四日我們將飛往加拉巴哥群島的一座島嶼，在那裡我們會登上一艘三十二人的大型遊艇，會在船上待個八天。遊艇晚上會從一座島開往另外一座，白天會在少有人去過的地方健行、浮潛、划橡皮艇，那裡曾經是史

前動物自由漫步的地方，幾個世紀以來沒有受到人類打擾。喬許還有我，將此視為我們此生最重要的旅行。

我不再經常造訪癌症互助團體網站。不再研究替代療法。那需要很多精力和時間，這和我想活在當下的最終目標背道而馳。最近我也不怎麼研究傳統的主流療法。說真的，我忙著過生活，忙著和家人共度時光，忙著做菜、忙著追求擴張家庭生活的體驗。總有一天我會再次關注癌症、臨床實驗、選擇新的療法，但不是現在。現在，就算死亡埋伏四周，但在身體相對不這麼痛苦時，我可以過著完整的生活，我正在吸收這精采人生中的精華。

雖然我說了這麼多，但這是再簡單不過的道理，不是嗎？

有一次，沒有喬許陪同下，我一個人和醫生 A.C. 討論改變治療方針的可能性（也就是，相對於保持現狀的療法，應轉向更積極的治療手段，以犧牲生活品質為代價，盡可能縮小我的腫瘤），我向醫生表達了我的想法。「我想先說清楚，我不是那種死抓救命繩索不放的人，我寧願選擇生活的品質而不是徒增壽命，對我來說，有尊嚴和優雅地面對死亡，比在這個星球上增加自己活著的日子更有意義。」我說。我停頓一下，接著說出自己以前沒說過的話。「但告訴你這些，我覺得我在背叛自己的丈夫和女兒，為了他們，不管付出什麼代價，我都應該盡可能延長壽命，和他們相處的時間是無價的。」

我孩子以後會怎麼想我？會怎麼評價我？也會叫我失敗主義者嗎？是否會因為我沒有更努力奮戰，沒有花更多精力延長生命而怨恨我？作為一個就算生病，也要讓自己生活過得好的女人，她們會欽佩我嗎？還是我要像那個被推到腫瘤醫生辦公室的老人

一樣，她們才會更尊敬我？她們希望我樹立怎樣的榜樣？是憤怒地不讓生命之火熄滅，還是輕柔地步入良夜⑲。我不知道這些問題的答案。也不知道是否該讓這些答案影響我對自己生活的決定。我只知道我愛我的女兒們。

在我向醫生 A.C. 表達我的感受之後又過了幾個小時，我姊姊帶著我女兒去目標百貨（Target）挑選母親節的禮物。我沒有一起去。事後我姊姊轉述，她怎麼協助伊莎貝兒挑卡片的（小孩還不認識字）。貝兒坐在購物車裡，指著一張卡片，而且只有一張，叫嚷著要選它。她們回家後，我姊姊把那張裝飾著金色蝴蝶結的卡片遞給我，告訴我是伊莎貝兒自己選的。當然，伊莎貝兒從數百張卡片中選了一張如此有意義的卡片，彷彿知道我心裡在想什麼、彷彿知道幾個小時前我跟腫瘤醫生談了什麼。

卡片上面寫著：「媽媽，我們一起創造共同歡笑的回憶，這些回憶只有在您身邊才顯得有價值。」看來伊莎貝兒希望我更努力戰鬥，希望我在這裡的時間越長越好。

只是我不知道我是否能辦得到……

---

⑲ 作者引用的是狄蘭·湯瑪斯的詩句「憤怒」和「輕柔地步入良夜」，隱喻為對死亡的態度。

27

夢想的重生

　　沒有什麼比貸款更能說明對生活的承諾。二○一五年夏初，喬許和我有一個非常振奮人心的消息。不，不幸的是，並不是驚訝地發現：醫院把我的掃描報告和另外一個人搞混了；我也希望是這樣。這個消息是，喬許和我簽下了購買隔壁公寓的合約，為的是將它和現有的公寓打通，形成一間2,529平方英尺（約71坪）的大公寓，可能會有四或五個臥室（有兩個主臥室），三或四間浴室。有些人可能不太瞭解紐約房地產的特性，要能夠購買隔壁公寓並且打通創造生活空間，這種機會十分罕見。這機會少有，也是因為那是棟具有地標性質的建築，而且屋子結構穩固。外國投資者會認為將金錢投資在紐約房地產，比美國銀行更能夠保值，這些資金的湧入推動的房地產價格上漲，對於那些不住在當地的人來說是無法想像的。投資者從曼哈頓往外擴張，推到了價格較低的周邊地區，特別是布魯克林（我們就住在這裡）。

　　自從有了兩個女兒，我和喬許都覺得需要更多空間，在我被診斷出癌症之前，曾經做過的白日夢：要買下隔壁鄰居的公寓。當時覺得這不太可能（我沒有要求喬許算出這種事情的機率）。

但兩年前不可能的事情，現在成為了現實，我們的鄰居即將搬走，要把他們兩房公寓賣給我們。

這件事已經想了兩年多，但當我得知鄰居要賣掉房子的時候，我並沒有想到要買下。我心裡想的只是：哦，不，這樣米雅和貝兒會少一個鄰居，失去一個玩伴。整整一個星期，我甚至沒有想過要跟喬許提起。當我真的轉告他：「H和T想要賣掉房子搬家。」喬許睜大了眼睛，興奮地問：「認真的嗎？這真是好機會！」我茫然地看著他，不明白他在說什麼。

有一種情況被稱之為「化療腦」。任何有長期接受化療的病人都有深刻體會。我把腦袋一時的遲鈍歸咎於此。

等到我聽懂喬許的意思後，開始想像擴建的華麗公寓，然後腦子裡又閃過癌症會怎麼在這樣的裝潢計畫中產生可怕的影響。雖然我可以把癌症往意識深處推，尤其是我在度假或是以其他方式活在當下的時候，但是只要任何涉及到未來的思考，哪怕只是最輕微的思考或行動，都會受到癌症的影響讓我身心受困。

比方說，在裝修過程中，如果我要手術，不能監工（因為負責監工的人一定是我，不是喬許），怎麼辦？更糟糕的是，在新公寓完工之前我就死了怎麼辦？像喬許這樣粗線條的人，要怎樣顧及房屋裝潢這些細節？萬一我們得搬出去怎麼辦？如果看病需要額外支出，這些錢又不在保險範圍內，那房屋貸款的固定還款怎麼辦？如果……如果……如果……但我也很快看到喬許眼睛為之一亮的未來，這是一個了不起的投資，一間可以讓女兒們擁有自己房間的公寓（我確信在某些時候，女兒們一定會厭倦跟我一起睡）；一個足夠大的空間，還可以讓我爸媽、或是其他親戚，

在我病情加重時方便搬進來照顧我，或是在我辭世後幫助喬許和女兒們；空間夠大，也可以容納臨終關懷的病床（以前家裡空間限制，我常常在想，到了自己非走不可的時候，不知道能不能待在自己最喜歡的家裡）。如果改造得當，成為有四間臥房的公寓，在紐約市是個令人垂涎的商品。我們的公寓可以讓女兒在裡面安心長大，也可以代代相傳，是我為孩子和丈夫留下最寶貴的有形遺產，是為愛而流下的辛勤汗水。對喬許和我來說，這代表一個宏大夢想的實現，我們回憶起罹癌之前的日子；雖然現在得病，診斷結果很不樂觀，無法治癒；但從這事情中可以明確斷言，生活依然能夠、而且也應該繼續下去，要對未來抱持樂觀，因為那是一個更宏大的未來。

但我那些「如果」呢？我頭腦進入了解決問題模式。我們向財務顧問諮詢，仔細研究各種現金流的分析。也探訪了許多建築師、銀行家、律師、房地產經紀人、建築代表等各種人。經過許多討論，我們慢慢發現，這件事從各種角度來看，都是沒問題的。包括設計、施工、合法性貸款（還包括保證我們不需要搬出目前的公寓，因為幾乎所有工程都在另一間完工，還得在兩個公寓之間的牆壁拆除之前完成）。

但是，我最擔心的是，癌症可能會讓我無法完成監工，我和哥哥姊姊討論這個問題。他們一聽就喜歡這個計畫；裡面有眾多優點，而其中一個，是他們相信這個計畫會讓我生活更有目的，繼續走下去。再實際一點來看，我姊姊是受過訓練的建築師，我知道這點，她向我證明過。如果我不能監工，她將做好準備，隨時能接手。當然，很多決策都是在一開始設計和規劃階段做出的

（特別是在雇用了合適的專業人員情況下），我很樂意參與決策和設計規劃。後面只剩該這些專業人員根據規劃來執行的問題。

正如我姊姊說的那樣，整個過程中最重要的會是承包商，幸運的是，我認識一個非常棒的承包商。現在，請你回想，已經多久沒聽到有非常棒的承包商了？去年十二月，他重新設計我們的客廳，就在同一個月，我那不治之症再度復發。在我收到報告幾天後，那可憐的傢伙挑錯時間打電話給我，所以他聽到我哭得唏哩嘩啦。我想他一定為我感到難過，因為從那之後他一直很友善，很關心我，甚至還跑來換燈泡。有哪個承包商會在合約完成後，還跑來幫忙換燈泡的？

幾個禮拜前，我請他過來看看我們另外一間公寓，方便初步估算成本，這期間，我跟他坦率討論要是我病情加重或是突然去世，無法堅持到底，他是否能負起責任，完成我的願望。他嚇了一跳，想知道我的狀況是否惡化。我向他保證，目前狀況穩定，但始終要替最壞的情況做打算。他只是看著我雙眼，手放在我肩膀，並宣稱：「妳不會有事的。我不會讓妳出事的。」我被他的關心和他相信能以某種方式影響我健康的信念所感動。這種支持是無價的。

自從我確診後，我瞭解，當你建立靠得住、忠誠、支持、愛的社會網絡時，那些愛你並支持你的人包圍身邊（甚至是你的承包商），生活中許多困難，會變得更容易忍受。但問題是，必須讓他們進入你的生命；必須讓他們看到你的心痛、痛苦、脆弱，而不是覺得丟臉便把它們隱藏在黑暗中，必須讓那些關心的人能夠幫得到你。

最後，我詢問了自己的腫瘤醫生，希望他給我祝福。我覺得我最需要的是這個；事實上他的祝福是我真正在乎的。不是說他能看到未來，而是他比別人更瞭解我內心。我在做這個決定時，對自己身上的癌症進行了不少思考，結果他的回答卻十分簡短，相比之下感覺有點滑稽。「那就做吧！」他說。簡潔，真的是智慧之靈魂。我經常感覺癌症控制生活的方方面面，但這計畫對醫生來說似乎不是什麼問題。

　　得到醫生A.C.的祝福，我們繼續著手。還要幾個月後才能施工，因為仍然需決定裝潢概念設計，取得改建批准，最後還要確定貸款內容。簽下合約是邁出的第一大步。

　　我癌症擴散後又活了兩年，才認識到這樣一個重要的事實：除非癌症或是治療帶來身體上的疼痛或障礙，不然癌症剝奪不了我的夢想；會阻止我度假、買新房子、做其他我想做的事情的並不是癌症。會阻止我的，反而是一個癱瘓的大腦——屈服於癌症的恐懼，和未來不可預知的擔心，拒絕了自己的夢想。在癱瘓的情況中，大腦把所有不同的夢想（像是想再生一個孩子之類）都混在一起，然後重新加工、改造、重新定義、產生新的夢想，這些加工過的新夢想都是從罹癌診斷中衍生出來的。在癱瘓狀態下，大腦無法形成應急計畫；它並不勇敢、大膽、具有前瞻性；它不能接受現在的東西，所以才會逃避未來。

　　這是不治之症末期，眾多諷刺的事情之一，似乎只有接受我會死於這種疾病，才能從這種癱瘓中解脫出來。同樣，我現在有一定程度的把握可以往前邁進；我可以為自己和家人制定計畫，就算我強調要活在當下，但如果要持續生活並持續愛我們所愛的

28

孤獨

我非常誠實，這是我承諾的一部分，我要向所有認識的人表達感受，描繪癌症的黑暗面，揭穿癌症患者對其他人所說的過度甜蜜、粉紅泡泡般的樂觀幻想和胡言亂語，我已經受夠這些了。就像我一直相信的那樣，誠實，而且是那種殘酷但是善良又深思熟慮的誠實，要是能堅持到最後，會讓我們發現的並不是脆弱、羞恥、恥辱；而是解放、治癒、完整。我希望我的家人和朋友不要對這種誠實感到不高興。

二〇一五年八月初，我的檢驗報告很糟，壞消息接踵而來，讓後面幾個禮拜過得相當不順，一直以來都很可靠的腫瘤參考指標CEA再次上升，上升了七點，達到了二十九這個數字。這是三個禮拜內最大的一次上升。對我來說，點開最新的CEA報告連結，比我聽到最新的掃描結果更有壓力。可能是因為我知道CEA總是先一步預測了掃描結果。很多人不知道看CEA報告是什麼樣情況；當你癌症擴散，而且檢查結果不樂觀，你的心像一下子沉到胃裡，感覺四面楚歌，本能性地恐慌和絕望，在我的想像裡，就像獵物被捕食者抓住的感覺。

我點開CEA的連結不久後，女兒發現我像個嬰兒一樣蜷縮在床上。貝兒問我為什麼哭。「媽咪只是非常傷心。」我跟她說。然後我讓可愛、具有獨特洞察力的女兒，給了我一個擁抱，並跟我說：「別擔心，媽咪。我長大後仍然會愛著妳。」看吧，我的確擔心自己辭世後，孩子們對我的記憶會淡化，隨著時間推移，對我的愛會愈來愈少。這句話再度讓我哭了出來。不久後，喬許回家了。我告訴他CEA的結果，抱著他，埋在他脖頸間哭出來。他表現得很平靜很堅強，但我知道他也很難過。有時我覺得我的情緒對他來說，過於強烈和兇猛，尤其考慮到他自己還得慢慢花時間接受我會離開一事。他敦促我打電話給我的姊妹或好朋友，誰都可以。我唯一想聊天的人是我的心理治療師，但她九月份才回來。一般來說，這跟我寫作很像，我會向自己最親近的人傾訴心痛，卸下所背負的重擔。只是我會有點內疚（包括喬許），因為我知道我把心裡包袱丟給別人後，我自己會好很多。但不是現在。我以前到現在都沒有和同樣疾病的人交談過，至少不想和病況比我好的人交談，我想比我更差的人也不會想理我。我會自我封閉和孤立，有一部分原因是因為嫉妒和憎恨。

　　我無法想像有誰能夠說出真正能安慰或幫助我的話。我不想聽到有人告訴我免疫療法一定有效。不想聽到同情的話語。不想要聽到其他人怎麼樣度過餘生的智慧箴言。我不想談這個。不想回答任何問題。不想被迫向任何人解釋什麼。不管我做出什麼解釋、釋放什麼訊息，都必須照我的條件，在我主動下進行，而不是因為有人問起，讓我被迫參與一場社會互動。

　　也許孤獨——如果不是身體的孤獨，至少是情感的孤獨——

是你接近死亡會有的體驗。你會比任何時候都更強烈地理解，人生最後一段路，必須獨自完成。不管是何種的安慰都不是從外部來的；是從內心深處找到，從跟自己的對話中；信念很足夠時，也會從跟老天爺的對話中找到。

德國外科醫生回我信了。我現在肺部有很多轉移，每一個肺片都有四十處，但是集中在肺部中央的數量太多，讓我不適合那個手術。這種雷射手術，理應能夠切除一百多個轉移。聽到我不是適合的人選，讓我難過，這比上次聽到CEA數值攀升更讓人沮喪。另一位在英國的醫生沒有回信。我覺得沒有必要進一步追問，因為他是那位德國外科醫生的學生，我想他的意見也不會有什麼不同。至少省了我兩萬四歐元，也不必和小孩分開好幾個禮拜。總之，我是這樣自我安慰的。

我一直在哭，在床上、在健身房、在針灸時、在餐廳。但沒有像十二月和一月的時候那麼糟糕。我仍然參與這個世界的運作。貝兒四歲生日派對，我表現得很正常。甚至還拜訪了幾個朋友。除了癌症，我一樣能笑著思考其他事情。

接到德國外科醫生訊息的第二天晚上，我躺在米雅和伊莎貝兒兩個人之間的床上。貝兒已經睡了，但米雅還醒著，要求我講故事給她聽。我喜歡講我小時候生活的家庭成長故事。她喜歡聽我和我家人怎麼逃離越南的故事，但那天晚上，在情緒的推動下，我想說另外一個故事，一個我從來沒講過的故事。我一直跟她談自律和勤勞的美德，因為這跟她練習小提琴有關。雖然只學了三個月小提琴，但她的老師一再告訴我和喬許，米雅非常有天分。她似乎遺傳到了喬許驚人的音樂能力。

上課沒多久，我在其中一堂課旁聽，對她拉出來的聲音印象非常深刻。我跟老師說：「知道嗎，我很高興為米雅租了一把非常昂貴的小提琴。音質真好聽。」老師回答說：「事實上，我有很多學生都用昂貴的小提琴演奏，但都不怎麼樣，米雅很有天賦。」我聽了後嚇一跳。我從沒想過，我的女兒在小提琴方面很有天賦。我以為樂器會發出美妙的樂音，是因為樂器本身，而不是我女兒！這個時候我就很像中國的媽媽，貶低小孩，過度客氣。我母親經常是這樣對待我跟哥哥姊姊。如果你是中國人，你會理解的。

從那之後，我一直有意識到米雅的音樂能力，並且對她這能力有信心，這是為了彌補我那「中國媽媽」的時刻（懷疑自己的小孩，覺得老師在誇大其詞）。所以我一直督促她每天練習，就像沒有使用奴佛卡因❷的情況下拔牙。最近我沒有用貼紙和玩具來獎勵練習，而是試圖用解釋的方式讓她理解，目的是為灌輸自律（還有其他事情）的意識，雖然我不確定對一個五歲的孩子來說，能理解多少「自律」對生活的影響。所以那天晚上，我想講個故事來說明。

我緊抱米雅，兩個人像疊在一起的湯匙一樣，側躺著，她細長的手臂和雙腿緊緊夾在一起，走廊明亮的燈光在牆上投射出讓人放心的光芒。我開始說：

媽咪要跟妳講一個關於媽咪的故事，以前從來沒有說過。知道媽咪在越南出生，但妳知道我出生時候是個盲人嗎？那個時候

---

❷ 一種麻醉藥的商品名。

剛打完仗，沒有食物沒有錢，能讓阿嬤和阿公請醫生來治療媽咪。就算真的有錢，越南也沒有能治好媽咪眼睛的醫生。所以後來不知怎麼樣，我們找到了方法，最後我們來到這個國家，美國。雖然還是沒錢，但因為有好心人士給我們錢，媽咪才可以去看世界上最好的眼科醫生，他治好了媽咪的眼睛。但他沒有辦法讓媽咪的視力完全恢復。我還是看不太清楚。這就是為什麼我總是要妳幫我看。妳有時候是我的眼睛。

小時候我很難過，因為我不能像叔叔、媞媞❹，或是其他表兄弟姊妹一樣。我希望自己能騎腳踏車、打網球、開汽車。我希望我能夠看一般字體大小的書，而不是字體放大版本的。沒有人能理解媽咪的感受。在我看不太清楚的世界裡，我是孤獨的，有時候很寂寞。因為媽咪視力不好，媽咪的家人都覺得我不太聰明。他們認為媽咪什麼都辦不到。媽咪很生氣。我不喜歡別人告訴我，我能做什麼不能做什麼，我決定向他們證明，我可以做任何自己想做的事。記住，米雅：只有妳能決定自己的能力；其他人不能，甚至媽咪或爸比也不能。

所以媽咪非常努力，替自己規定了很多事情。我學習了很多，然後人們慢慢發現，雖然我看不太到，但這不代表我很笨，也不代表我什麼都做不了。我在學校成績非常好，還上了好大學。我一個人去環遊世界，對一個看不清楚的人來說，這並不容易。還找到了一份好工作。妳知道最棒的部分是什麼嗎，米雅？就是遇見爸比，然後有了妳和貝兒。我從來沒想過能找到像妳爸

---

❹ Titi，作者突然加進來的人名。前文從沒提到過。

比這樣的人，也沒有人料到過。他非常愛我，因為我不像其他人一樣，能看清楚東西。我從來沒想過我可以結婚生子。妳、貝兒、爸比是發生在我身上最好的事情。但是，我生命中一切美好的事物，都是因為我很努力、有決心、十分自律，因為我很想為自己做些事情。這就是妳努力學習帶來的價值。永遠不要忘記這個故事，好嗎？我希望妳永遠記住媽咪的故事。

　　米雅沉默了一會，我知道她的大腦正快速理解我剛才講的內容。然後她開口：「媽咪，我不會忘記的，但妳應該寫下來。然後等我長大了，我可以好好地閱讀，用這個故事提醒自己。」

29

線索遊戲

最近，我的思想被困在一個疲憊的大腦中。

我一直在想浴室的磁磚、地板、牆面的花色、計算價錢、思考格局和種種細節。我多麼希望我的生活更平凡一點，因為我已經厭倦了存在主義。但是，唉，平凡和正常，從來不是也永遠不會是我的命運。

癌症佔據我生活的主導地位。九月初，我陷入新的深淵黑暗中，這個深淵的特點是憤怒、痛苦、仇恨，和令人麻木的孤獨感。最近我失去兩位很好的朋友，加上最近治療計畫帶來的副作用，快把我逼瘋。

這兩位是我時常見到的朋友，在他們去世的前幾個禮拜，我還拜訪過他們。克里斯是個善良的人，他是受人愛戴的丈夫、父親、兄弟、兒子、朋友，是西洋棋選手和老師，最重要的是，他是我這次癌症之旅中的導師。他在午餐和下午茶時間跟我閒聊，這幾個月來看到我是如何從一個決定戰勝癌症的戰士慢慢變成一個沉思的哲學家，看著我如何從我無法操控的生活中，尋找意義、平靜、和接受。至少對我來說，罹患癌症確實是一個旅程，

是一個讓我質疑和分析自己所有信念的過程（比方說，我是強壯還是軟弱，勇敢還是懦弱）、是有關神明世界的存在以及對於凡人事物的影響、有關承諾和愛（比方說要為家人活多久）、有關我的生活和生活意義、有關死亡和等待的旅程。

如果你對著「所有人不可避免的時刻」保持開放的態度，（這種時刻只有當你得到不治之症，才會逼迫你去思考），如果你允許自己花時間和有耐心來思考這複雜、讓人困惑、痛苦、不可能有解答的問題，這旅程將改變你（我相信是往好的方向改變），讓你更能成為你自己。

克里斯早在我之前就明白了。我們似乎有相似的哲學觀、深受佛教思想影響，但他比我聰明，所以他是我老師。當他進入臨終關懷時，我去看他。我們在他的陽台上，眺望大西洋的景色，談論他的悲傷和期望，我很驚訝他心中沒有苦澀、憤怒和恐懼；他是優雅和尊嚴的化身。在我最後一次的告別中，知道再也見不到他，我抱著他，讓他在另外一個世界等我。他說他會的，這給我很大的安慰。

克里斯是我因為結腸癌而失去的第一個真正朋友。是的，我也寫過其他人，但他們比較接近虛擬朋友。我沒有和他們一起吃過午飯。沒有到他們家去看過他們。

J是我另外一個時常見到的朋友，最常碰面的地方是她在曼哈頓的公寓，這代表她的生活很富裕。直到我在《紐約時報》上看到她的訃聞，我才知道J有多出名。要有一定的分量，才能讓協力廠商來撰寫你的訃聞，並且刊登在紐約時報上，她就是這樣的一個人。J總是淡化在職業上取得的成就，她是很知名的動畫

師，四十年來有許多豐富的作品，因為極具創意跟創新，在紐約現代藝術博物館和大都會博物館都有展出，而我完全不知道這些事。就我們來說，我們就是兩個女人、兩個妻子、兩個母親、罹患同樣可怕的疾病。我們見面會討論 HIPEC 手術的優點和缺點。在癌症方面，她是一個極為注重隱私的人。所以我很可能是她在癌症互助會裡唯一結交的朋友，某種程度上會定期見面交談，也是少數允許我進入她陰暗世界的朋友之一。她給了我孩子兩本她的書和插畫，還有 iPad 上的應用程式，幫助她們學習字母。得知她的死訊讓我震驚，因為對我來說，發生得太突然。我們最後一次見面，還沒正式進入夏天，她看起來狀況還不錯。事實上，我還在電子郵件上跟她說，她想進入臨終關懷的願望還太早了；她沒有回信。我後來得知兩個禮拜後，也就是六月底，她去世了，病情發展之快，讓她的醫生感到震驚。我沒有機會好好告別，這讓我深感哀悼。

我哀悼，因為她是我的朋友，但我也很痛惜，因為大多數的正常人會害怕跟將死之人相處，而我發現若同為將死之人不會彼此害怕；我也不害怕。J 剛才到達了我最終目的地。只是比我早搭上火車，僅此而已。將死之人，會對死亡特別關注，靠近它，與它交流，從它那裡得到平靜和安慰。

除了朋友的辭世這種永遠無法讓自己調適的事情外，我覺得我已經掌握了這「第四期」疾病的節奏：這醫生好棒，這醫生好爛，喔不，他好棒。你可能會背著自己的主治醫生，跑去其他大醫院看病，然後又夾著尾巴回去找自己忠心的主治醫生。你會對不同的治療保持熱情態度，然後又看到它們一個個的崩壞。不同

的藥物組合或臨床實驗，會讓你相信，每一種都會是你唯一的解藥。但它們並不是。你會在替代療法上花費大量時間跟金錢，結果真正交互替代的只是受挫和非常受挫。你會一直處於緊繃狀態，會尖叫哭泣，然後擦擦臉，和水管工人見面，看看新的主臥室的設計樣貌，然後跟朋友吃飯。因為生活必須要過！

　　兩個月前，德國外科醫生告訴我，肺部雷射手術不可能進行，之後我在自己腫瘤科醫生支持下，決定開始服用爾必得舒（也就是更難發音的西妥昔單抗）。爾必得舒就是讓瑪莎·史都華❷失去自由、面臨牢獄之災的藥物。它是針對沒有 KRAS 基因突變的患者，因為在突變患者中似乎是弊大於利。我想我自己很幸運是 KRAS 原生型（即正常），因為這種基因突變，大概有百分之四十到百分之六十的結腸癌患者會有，非常常見。爾必得舒令人討厭的副作用，包括了嚴重的疹子和粉刺。但由於它是一種標靶藥物，所以對血細胞數量和血小板不會有什麼影響。

　　我很明確地向醫生 A.C. 表明，「我想死於癌症，不想死於癌症的治療。」

　　他笑著回答：「選擇不死怎麼樣？」他出乎意料的樂觀，讓我心頭微微一笑，但仍有點謹慎。只有從他那裡，我才能容忍這種包裹糖衣的樂觀主義。其他人不行。他的態度和去年十二月那

---

❷ 美國富商與著名專欄作家，瑪莎投資她的男朋友山繆·瓦克賽（Sam Waksal）的製藥公司 ImClone，成了 ImClone 的股東，持有將近四千張股票，總值約十七萬五千美元；但山繆的抗癌新藥遭到食品藥物管理局駁回，在消息公布前，瑪莎接獲山繆的通知而以每股五十八美分趕緊賣出股票。這筆交易隨即受到美國證券交易委員會的注意，最後以內線交易罪名入獄。

種毫無希望的樣子完全相反，我得說，這段期間內大為流行的免疫療法話題，讓他看到了一些可能性。只要他相信，我也能鼓起勇氣去相信，哪怕只有一點點。

我又明確告訴我醫生A.C.：「我不想讓孩子只記得我一直在生病。」他回答說：「在這種情況下，她們只會記得妳長粉刺。」

我還得重新接受化療藥物5-FU，必須隨身攜帶化療輸液器，每個禮拜一次，持續四十八小時。我不想佩戴這個輸液器，一部分原因是太麻煩，但主要是不想讓丈夫和孩子看到我帶著這個身為病人的器具而感到不安。然後醫生A.C.提出一個我從未聽過的建議（至少在今天的護理標準沒有這個東西），他可以在每次注射爾必得舒時，快速幫我注射5-FU。這似乎是完美的解決方案。我同意了。

我已經決定好自己的治療，我感覺很滿意。我很幸運，有一位腫瘤科醫生願意傾聽我的意見，並允許我自己做出治療的決定，儘管這個決定也讓人怕怕的。他沒有這麼墨守成規，願意嘗試非正統的做法。正如他所說的：「並不會因為這樣做並不正統，就代表我們不能這樣做。」最重要的是，我喜歡我們在Instagram互相關注，能夠看到彼此生活中的個人部分，談論園藝，還有孩子。我認為已經轉移擴散的癌症患者，和其腫瘤醫生之間的關係是一種特殊關係，不同於其他的醫生跟病人關係。因為腫瘤科往往是跟死亡相遇的地方，這種關係超越了醫學和科學；應該是關乎我們的共同人性。我需要感受到和醫生的這種關聯，他將拯救我的生命，或者更可能陪著我走向生命終點。

但是，不管我對自己決定的治療感到多麼滿意，都是短暫的。不到一個禮拜，我臉上如期地出現疹子以及粉刺，但用我皮膚科的醫生說法，他稱之為膿皰。這字眼實在讓人討厭，很貼切地描述我臉上發生的事情。克林達黴素（外用乳霜）和去氧羥四環素（口服抗生素），很快使疹子和粉刺得到控制（但是我的臉一直很紅）。然後我頭皮開始發癢，摸起來很痛，這是脫髮的前兆。果不其然，幾個禮拜後我開始落髮了。我開始使用護髮膜來增加頭皮和頭髮的水分，希望可以減少頭髮脫落。

　　在我第一次輸入爾必得舒過了一個禮拜後，我左眼出現了飛蚊症。每個人時不時都會有飛蚊症，但是因為以前做過眼部手術，我會更容易出現。以前飛蚊症總是在幾天後會消失，但這次並沒有。這種事讓我不安，讓我聯想到視力惡化和失明的可能性，對有眼部疾病歷史的我來說是最大的恐懼之一。我小時候，常說那是眼睛裡跳舞的小黑蚊；我沒有辦法告訴母親，不管我看向哪裡，甚至是閉上眼睛，那裡都有一個黑點點。

　　我脖子根部也出現了一種奇怪的、柔軟的腫塊，醫生A.C覺得這不是什麼腦部的問題，除非我的大腦長出骨頭，但我們不知道那個是什麼。我們只是單純看著，然後用手推它。大腦核磁共振沒有看到任何東西，讓我稍微放心。

　　粉刺和掉髮，惱人的飛蚊症和頭上怪異的腫塊都不算什麼，真正麻煩的是我經常會疲勞，我的手、腳、嘴唇因為極度乾燥出現皮膚潰爛。雖然我常用乳霜和面霜，但睡覺起來，嘴唇和指甲縫裡都沾了凝結的血塊。結論是，嘴巴的潰瘍贏了，輕易擊敗我。這是我接受治療以來，最糟糕的副作用。它比噁心、便秘、

腹瀉、神經病變更糟糕！這也是我醫療團隊最關心的問題，因為口腔的潰瘍會讓食慾降低，抑制進食，影響到關鍵營養物質的攝取。現有的漱口水和治療口腔潰瘍的藥通常無效。舊的潰瘍消失後，新的潰瘍會出現在舌頭、牙齦、嘴唇、臉頰內側。每次吃東西，舌頭後面的會厭就會引起疼痛，讓耳道灼熱。嘴裡的疼痛居然會傳到耳朵裡，這何其荒謬，我太生氣了！我的意思是，癌症會殺死你，但非得玩這種遊戲嗎？

有一次我痛到幾乎不能說話，因為動嘴巴太痛苦了，我跟女兒們說我不能唸床邊故事。我連喝水都困難。吃飯成為一種緩慢而折磨的過程，因為食物進入嘴裡時，到處都在刺痛（我得承認，霜淇淋和冰涼的奶油可以撫平那灼熱的疼痛感）。對於像我一樣愛做飯（和吃東西）的人來說，嘴裡的疼痛確實讓人難受到無法忍受。後來醫生堅持，在勞動節那個禮拜跳過治療，讓我的嘴跟手有更多的時間來恢復，而我也愉快地默許了這個決定。

有人提醒過我，痛苦會消磨我的精神，摧毀我的意志。也許，讓我羞愧的是，我對疼痛沒有很高的容忍度。可悲的是，我無法改變這個事實。疼痛讓我變得淒慘，就像每個人一樣。這種生理上的痛苦，也讓我情感陷入痛苦，朋友的死亡更讓這種痛苦加劇，還有其他接踵而至的副作用，讓我陷入最黑暗的深淵。

在一個星期天晚上，下次治療的前夕，我的嘴巴痛得像著火，而且無法讓伊莎貝兒乖乖上床睡覺，就他們的說法我是突然理智斷線。我對她大吼大叫。喬許告訴我，我已經太過分了。我坐在沙發上哭，因為我正在變成一個可怕的母親。一切的痛苦和不幸，正在把我變成我不想成為的母親和妻子。我一個人在黑暗

中哭到深夜。一生之中，我從未有如此強烈又絕望地痛哭過，也從未感到如此虛弱和孤獨。我認真考慮過停止治療，我不想讓孩子記得我這個樣子。

由於迫不及待想要得到幫助，我在結腸癌互助社團上發了文章。自從上次發布關於孤獨和寂寞的文章後，我已經有很長一段時間沒有向任何人求助討論，我已經說服自己，不管誰出現、說了些什麼，都不可能安慰我。我心中充滿了嫉妒、苦澀、仇恨，我不知道怎麼做才能讓這種感覺消失。幾個月來，我一直以為自己已經找到了平靜，但是最近的掃描結果一出來，我短暫的平靜結束了。我不覺得我的丈夫和朋友能夠理解。唯一能理解的，只有那些跟我處境相同的人，但這樣的人並不存在。

但在今晚，我登入了那個我許久沒有登錄的帳號，尋求安慰。我想自己大概是絕望了。我已經使用爾必得舒一個月，讓嘴巴很不舒服；這真的很痛苦。疹子可以處理，這沒什麼好抱怨。但我確信爾必得舒讓左眼出現飛蚊症，那讓我想挖出雙眼。如果你知道我的眼部疾病史（出生就失明之類的），那麼也許你會理解這種狀況會讓我十分不安，產生焦慮，會擔心爾必得舒會不會導致失明什麼的。不管怎麼樣，今晚我和四歲的女兒吵翻了，她拒絕上床睡覺。我知道這是所有癌症會有的各種老生常談反應。我不想過這樣的生活。我不想讓小孩記得我是一個痛苦又不快樂的壞女人。明天就要進行下一次治療，我跟丈夫說我想停止。寧願早點死，也不要這樣活著。寧願過得更好、更快樂、做一個好母親。我知道我沒有勇氣貫徹這句話，有時候我真的會這樣想。

最近因為米雅的堅持，開始去教堂。我不是基督徒，也永遠

不會是，我去教堂是為了支持我的丈夫（他從小就是聖功教會的信徒）和孩子。我禮貌地拒絕聖餐以及祝福，但我可以開放心胸聆聽講道。凱特院長有一次佈道讓我記憶猶新。她說道，雖然我們經常強調光明、力量、善良，但有一些美好的事物也可以從黑暗中產生。她舉起自己在布魯克林公寓的一株植物，和城市裡許多公寓一樣，她的公寓缺少採光。也談到這株植物如何從黑暗的土壤，從一顆種子開始長成這樣。這也適用於所有人類、動物們的生命；我們都是從黑暗中開始的，不是嗎？

那天晚上，我哭了又哭。倒在地毯上大聲痛哭，這樣的姿態象徵了我自己跌入了多麼低的谷底。然後，在這片孤獨的黑暗中，我的寶貝伊莎貝兒，幾個小時前她還對我劍拔弩張，現在她來到我身邊。發現我在地板上，坐在我旁邊好幾分鐘，手放在我頭上什麼也沒說，我繼續哭泣。

伊莎貝兒用那四歲幼童的聲音問：「媽咪，妳為什麼躺在地上？」

這問題的答案，我當然沒辦法對她說，所以我給出個簡單的回答。「因為媽咪很熱。」

我們之間陷入沉默。然後，我說：「伊莎貝兒，妳應該回床上睡覺。」

她的回答是：「但是，媽咪，我想妳跟我一起睡。如果可以，妳可以睡在我房間的地板上。」

我怎麼有辦法拒絕這個孩子，她冒險進入黑暗，對母親伸出援手，提供了愛跟寬恕。那天晚上，我睡在米雅和貝兒中間，睡在她們的大床上。

30

悲傷的禮物

在「妳好嗎？」之後，我最常收到的問題是「女兒們怎麼樣了？」。

我的小孩非常清楚我生病了，我可能過一段時間就會死。慢慢地，隨著年齡增長，女兒們愈來愈理解「死亡」是什麼意思，當然，我懷疑她們是否真正理解，我的死對她們的情感上意味著什麼。

我那個聰明、快要六歲的米雅正悄悄消化著這一切知識，分解成一小塊一小塊的概念，並對其理解。她喜歡看野生動物自相殘殺的紀錄片。她喜歡坐在爸爸腿上，看飛機失事的節目，在影片裡，死亡被重播，然後調查人員會來解開飛機為什麼從天上掉下來的謎團。她會觀看法醫解剖節目，裡面講述了可怕的謀殺案，以及如何利用科學的手法找到兇手。喬許很喜歡看這種病態的節目，顯然他的大女兒也是這樣，因為她看得特別專注。除了野生動物的節目，每次米雅和喬許一打開電視播放類似節目時，貝兒都會抗議，尖叫：「我不要看飛機墜毀！」然後經常拉著我一起跑到另一個房間。

有一次，當父親和女兒在看某個節目時，喬許要向米雅解釋什麼是「西元前一五二三年」的意思，以及為何會和耶穌基督關聯在一起，米雅表示她想去教堂，瞭解更多關於耶穌的事，並且自認為自己是一名基督徒。因為我們很少跟她談論宗教（事實上米雅也從未去過教堂），我確信她的學校裡一直有討論上帝和宗教，可能是和她某一位會去教堂的同學討論過。但因為米雅從四歲就一直在談論上帝，所以當她表示想更瞭解基督教的時候，我並不訝異。我記得有幾次，在我被診斷罹患癌症不久後，我們經過一座教堂，她問我：「那是什麼建築？」或是「媽媽，是誰創造了我們？」

　　然後，她和貝兒躺在床上時，會有一些很罕見的對話：

　　貝兒：上帝已經死了。

　　米雅：不，才沒有。祂無處不在。祂創造了我們。

　　所以我們要去教堂，進入祂所代表的社區。我也去了，雖然我不是基督教徒，因為我想鼓勵我的家人，利用一切可以幫助他們的手段度過困難時期。我相信我的孩子是聰明的、有辨別力、日後會有更多成熟的知識，自己可以判斷基督教或是其他重要信仰（如果有機會接觸的話）是否適合他們。

　　但是，貝兒似乎不怎麼喜歡教堂。現在主日學校已經開始了，目前為止她還算喜歡主日學校，但是做禮拜對她來說一直都是一種挑戰，不管那個禮拜有多短，多麼為了兒童而設計都是一樣。

　　有一天我們去教堂時，產生了以下的對話：

　　貝兒抱怨道：媽咪，為什麼我們每天都要去教堂？

我：我們沒有每天去教堂。只有星期天才去。

貝兒挑釁地說：星期五是我最喜歡的一天，因為星期五可以吃披薩，而且不用去教堂！

雖然伊莎貝兒希望我活著，但我知道她正在為我的死亡做心理準備。我認為預先準備是件好事，對我的兩個孩子來說都是。我覺得這可以減輕痛苦和悲傷，更重要的是，可以在我還活著的時候讓她們去面對那可怕的場景，這樣我可以幫她們度過難關；可以釋放心裡的憤怒或任何情緒，而我也能夠安撫她們；也可以問我問題，就像她們一直以來的那樣；可以直接從我這裡知道我有多麼愛她們，而且永遠愛著。

我認為這就是「悲傷的禮物」，我們能一起悲傷，可以面對我的辭世以及她們喪母的傷痛而哭泣，這樣就不會在我突然逝去後，自己獨自面對。一些心理健康的專家建議，盡可能不要讓孩子面對死亡，但在我看來，這種建議會讓我的孩子少了一種無與倫比的情感聯繫，這種母愛會帶來永遠的記憶，失去的話，這輩子可能永遠不再有。

伊莎貝兒曾經坐在車上問喬許：「媽咪死後，我能坐在媽咪的座位上嗎？」還有一天晚上睡覺時，她想講床邊故事，而不是要求我講。她講了兩個主題完全相反的故事。第一個故事可能是關於救贖（可能是對我的）：「很久很久以前，有一條龍跟一位公主。龍吃掉了公主。王子在龍肚子上挖了一個洞，然後進去把公主帶出來。從此他們過著幸福快樂的生活。」

然後又講了第二個故事：「很久很久以前，有一隻青蛙和一位公主。青蛙吃掉了公主。然後王子找了一個新公主，他們從此

過著幸福快樂的生活，結束。」

　　伊莎貝兒的行為很不尋常。她體內彷彿住著一個永生的靈魂，一次又一次讓我感到震驚。在我相信有神明的時刻，我感受到孩子的力量，我相信她被帶到我身邊是為了幫助我對付我的疾病。或者，更準確地說，正是因為我看到了這孩子的智慧，她對我獨特的理解，她的魔力，我才相信有神的存在，相信老天透過她來跟我說話。

　　當米雅用她長長的四肢擁抱我，我感受到她的愛；我感受到她需要我來支援她的存在，需要我跟她保證，我對她的愛並不亞於我對她妹妹的愛。雖然她年紀小，我希望我能跟她解釋，我已經在她身上看到難以置信的優雅、美麗、智慧、善良，我為自己能培養出這麼可愛的女孩自豪。的確，我對她們的愛是沒有止境的，能夠成為這兩位神奇女孩的母親，我自己都感到驚訝。我從來不知道，我對她們會是這樣的一種愛。

　　貝兒的擁抱不一樣。當伊莎貝兒緊緊用那結實的身體擁抱我時（全身結實的身軀和她身體柔軟的姊姊不一樣，米雅四肢修長得不可思議），我感受到她的愛，但卻感受不到她也有同樣的需求。反而，我覺得在我最想離開這個世界時，是她身體的重量把我拉回地球，就好像在她的懷抱中，默默地告訴我，我必須活著，不是為了她，而是我的靈魂在這個世界上，還有更多事情要做、要學習，我還有更多東西可以提供這個世界，我的生命是為更大的利益服務，而且還沒結束，並不光只是為了照顧她們姊妹倆。

　　說了這麼多，你會明白伊莎貝兒在那個孤獨、悲慘的夜裡來

到黑暗中，伸出手把我從地毯上拉起來，把我從深淵中拉起來，這對我意味著什麼。

　　第二天早上起來，我筋疲力盡，但眼神銳利意志堅定。我知道我和我的家人已經厭倦於這幾個禮拜、幾個月我替自己建構的自憐敘述。我必須做點什麼來擺脫黑暗。伊莎貝兒伸出她的手，我將接手後續的工作。

二〇一六

31

葉家人來到美國

　　我坐在祖母的腿上能感受船的搖晃，輕微的搖晃，但我知道它並不總是這種搖法。我可以看到上面某個地方，掛著光禿禿的白熾燈，發出微弱的光芒，以及那並非完全漆黑多雲的夜空。我能聽到漁船的引擎聲。轟……轟……轟……但最重要的是，我聽見四周人們尖銳的聲音，許多人類發出的絕望聲音，比船跟海洋還要響亮，我可以看出這些人對著天空喊叫，也有些人對著夜空或者是某個物品在說話。我可以聽懂他們在說什麼。

　　他們說：「老天保佑，請幫幫我們」和「親愛的上蒼，請憐憫我們」之類的話。在那裡，我頭靠在我祖母胸前，也望著天空，盯著灰暗，可能有那麼一秒鐘，我聽到了來自雲層的聲音。但是，我想這可能是因為自己渴望聽到回應。因為我本能地能理解這些人祈禱的東西，對我們所有人來說都很重要。我知道他們之所以禱告，是為了活下去，而非死亡，我也想活下去。

　　飢餓啃噬著我的胃，我想要喝更多的牛奶，我用空瓶子敲打祖母的腿，這是我唯一知道要食物的方法。我祖母對我大喊，對我生氣。

「沒有牛奶了！聽見了嗎？不管怎麼哭，沒有就是沒有。所以給我閉嘴！」她從我手中搶走奶瓶，扔進了黑漆漆的大海，好像這樣做就能讓事態好轉。我有一部分的靈魂知道，她本想把我扔下海，但她辦不到。

我哭得更厲害。我無法忍住不哭。

就是在那艘船上，我對世界的真實記憶和意識成形了。我所說的「真實」和「意識」，是因為這些圖像和感覺是我能回想的最早記憶，不僅僅是模糊的色彩和光線的閃爍，第一個記憶是存在於現實領域，而不是夢裡的回憶，它是被我頭腦記住，而不僅僅是被我靈魂記住，它是我對這個世界的理解，意識自己所存在的這個世界的最初記憶。儘管我的理解力還很粗糙，但我理解了那一刻的絕望，和我自己不穩定的生命。在那船上，我學會了恐懼、飢餓，和對活著的渴望。

那船上的經歷是如此可怕和原始，所以我大多數的家庭成員都試圖從意識中擺脫這一段經歷，再也不提起。正是因為如此可怕，以至於我母親每次看到一望無際的大海時，那回憶就會讓她不寒而慄，就算這麼多年她仍然宣稱：「要是我早知道，我永遠不會上那條船⋯⋯」但是，當然，她不知道，所以她敢。

我們一家人能在這裡，就是我們逃離越南的證明，我們倖存下來。我們上船之前，船艙裡已經淹了一英尺深的水，那是從破損的船體湧進來的，之後愈來愈深。人們爭先恐後地在那唯一的甲板上找地方坐，匆匆跑下樓梯時，就可以看到海水。但是他們都不在意，因為沒有人想下去，後面還有更多人想上船。顯然，他們就像我的父母一樣，也許是因為勇敢，也許是因為愚蠢，相

信寧可死在海上也不要活在越南。寧願登上一艘正在下沉的船，也不願在越南的土地上多待一會兒。

隨後，一道明理的聲音刺穿漁船的引擎聲和人群的吵雜。

「扔掉行李！必須讓船減輕！」坎哥對著已經上船的一百多人喊道。然後轉頭看著碼頭的厚木板道，上面仍然有兩百多人等著上船，他大聲叫著：「只帶上必要的東西。其他不准帶上來！」坎哥又對著負責掌舵的舵手，以及身旁不知所措的兄弟們下達指令：「馬上開始抽水！我是說馬上！」

坎哥站在船的左舷，抱持不信任的態度掃視每個人。他決定在船沉沒之前，維持眾人的秩序。畢竟，他是船主。嚴格上來說，船上只有少數幾個人是坎哥的兄弟；但是因為大家都認識他，所以會用「哥」來表示尊稱（這是越南的習慣）。他主導了這次的航行，策劃購買船隻，和我祖父一起在三岐市註冊了這艘船，並找到舵手，他主要負責召集這三百一十五名的難民上船。人們都稱他「船老大」，也就是這艘船的船長，船長希望眾人服從他的命令。

坎哥有四個兄弟，每個都高大魁梧，就像坎哥一樣嚇人，並且聽從他的指令，強行把船上陌生人的行李搬走。他的兄弟盯著乘客中間最大的行李。「只有必需品才能上船。只能帶一袋，袋子不能太大！」坎哥一再地重複，但人們似乎充耳不聞，揹著沉重的背包，手上拎滿袋子，想試圖溜過去。大多數人都被擋下來轉身回到岸邊，重新整理行李，把真正需要的和非必要的分成兩個袋子。那些試圖溜過坎哥的人，將會和他的兄弟們對上。

坎哥和他的兄弟們，不顧別人大罵他們麻木不仁、無情，依

然大手一扔，把成堆的大包行李丟回碼頭上，或是逼迫乘客自己
扔，因為他們知道這些乘客沒有選擇。一袋袋拉鍊和縫線封得嚴
嚴實實的大體積帆布袋和尼龍袋，就這樣被丟回了岸上。白色的
沙灘上伸出一座木板碼頭，在天然港灣的保護下，不受中國南海
洋流的影響。有時，附近奇英村的漁民會利用這個碼頭卸下漁
獲。但在那個漆黑的夜晚，這裡成了難民丟棄物品的存放處，這
些東西是從一個家庭、一個人、一輩子的物品中挑選出來的，在
離開故土時被選中帶在身上的東西：衣服、小型佛像、小飾品、
照片、書籍、日記以及其他許多對人們具有意義的東西。袋子中
不乏有貴重物品，可以在香港或是全世界任何地方出售：金條、
黃金首飾，裡面的價值超過公安（員警）允許個人帶出境量，還
有越南叢林裡的肉桂樹，又厚又香的樹皮，磨碎後會產生世界上
最優質的肉桂粉；沉香木因其香氣還有藥用價值被視為珍貴物
品，可以換得不少錢。

　　「不要拿我的包包！它不重！」一名頭髮花白的婦人對著坎
哥的兄弟大叫，一半抗議一半懇求。他們離我母親坐的地方只有
幾步的距離，我坐在母親腿上，她坐在木頭甲板上。在徒勞的拉
扯之後，坎哥的兄弟從女子手上奪下了一個大袋子，那個袋子是
女子軀幹的兩倍大，被人丟下船，然後坎哥的兄弟便轉身尋找下
一位受害者。

　　我母親用背部重重地靠在袋子上，那個袋子是她為了我們一
家人所打包的行李，用力地壓在身後的船艙，試圖擋著讓那男人
不要發現。我的祖母坐在旁邊，背部也壓著一包行李擠在牆上。
母親看向船後半部的長椅，上面坐著哥哥和父親，他們兩人倚在

一起。也看到了祖父正在和坎哥的兄弟吵架。我祖父帶了一打兩
英尺長的肉桂樹皮，綁在一起，為了保護它們，還塞進一個編織
的布袋子裡。直到我祖父提醒那個人，這船之所以有辦法出航，
自己也出了一份力，那兄弟才軟化態度，允許他保留一半的肉桂
樹皮，而另一半則丟到了碼頭上。

在坎哥右手邊一段距離，我母親坐在地上，船篷邊兩顆昏暗
的燈泡正照亮著這幕超現實的影像，就呈現在我母親眼前。這時
已經九點，黃昏早已過去。公安強迫所有中國人只能在夜間離
開，因為他們擔心越南人看到會更想要逃跑。所以，我們現在在
這裡，船上幾盞微弱的燈在黑暗中搖曳。我的母親目睹了愈來愈
多人四處叫嚷、爭吵、談判、推擠；看到人們畢生的積蓄，像碎
片一樣被拋向空中，散亂地躺在碼頭上，到了早上將會被拾荒者
撿走。這一切感覺很不真實，不真實不是指這些人在被共產黨奪
走一切後，自己僅剩的一點東西也要被迫放棄，有的人僅剩下自
己背後揹著的一包衣服；所謂的「不真實」不是指這艘超載的小
船面臨著沉沒的風險，還得載著三百多名難民逃到香港；不真實
的，是東北方向那一千多英里的開闊大海。

也許是因為現在是冬天，我一直想到我們移民的祖先、賣菸
草的女人，和那女人祖父的鬼魂。也或許是因為檢查報告結果不
怎麼好，加上我最近嚴重腹瀉，感覺自己快死了。

在越南，我們家門口的路上，一名越南婦女每天都在這裡賣
菸草，在泥土上鋪了一張布，商品陳列在布上。菸草女人已經去
世的祖父靈魂有時候會回來，當祂回來時，便會立刻跟我祖母傳
話。祖父的靈魂常常會告訴我祖母當地彩票要選什麼號碼，我祖

母是一個狂熱的賭徒，而且她都會贏。但除此之外，也會在更重大的問題上給予意見，包括生死攸關的事情。

我姊姊比我大六歲，很早就患有白內障。我懷疑她在出生的時候，白內障已經一點點成形，直到我姊姊長大，大約是在四歲左右，它才愈來愈明顯。當然了，我的白內障則是一出生就很明顯。無論如何，視力的問題在越南是無法解決的，共產黨贏得戰爭後，治癒眼睛的機會又更小了。

一九七五年，西貢淪陷，人們逃離了這個國家。早期逃離的是越南人，他們害怕自己跟南越政權以及美軍站在同一邊，會被共產黨報復。

到了一九七八年，華裔被剝奪了經濟自由，也開始逃亡。逃亡都是偷偷摸摸的，往往是年輕的單身男女，勇於冒險乘坐搖晃的漁船前往香港和澳門，希望能到達一個更好的地方。每個人都想去美國，但是其他國家，像是法國、英國、澳大利亞也可以。我父親的弟弟們、也就是我三叔、四叔、五叔，是我們家裡的年輕人，所以他們屬於勇於冒險的那一批。

但我母親則是最大膽的。她讓我的叔叔們帶著我八歲的姊姊一起離開，希望莉娜可以到一個能治療眼睛的地方。我們也許未來會重逢，也許不會。現在我是一個母親，我可以想像她要放開自己第一個孩子是多麼困難，世事難料，我媽媽對美國的想像也只是透過電影和童話故事建構出來。也許自己和小孩從此再也見不到面，以後小孩可能死了都不知道。我母親後來跟我說過，當時她本來也想讓我和我的叔叔們一起走，但當時我只有兩歲，實在太小了，不能夠託付給別人。

於是我姊姊離開了。過了幾個星期，又過了幾個月，叔叔們都沒有消息。當年的郵件寄送，如果有辦法送達的話，也需要六個月，或者是更長的時間。我那擔憂的母親，在菸草女人的祖父出現時，詢問了這個問題。祂告訴我母親，我姊姊已經到達美國，很安全，一切都很好。幾個禮拜後，我母親收到了一封信，信中附有我姊姊的照片，穿著在美國買的新衣服，戴著眼鏡，在光輝璀璨的金門大橋前面照相。

　　我發現很多聽到這故事的人，仍然不相信有鬼，這完全可以理解。雖然我相信鬼魂和靈魂，但我也相信這些靈魂最終會轉移到其他地方。不管是投胎轉世，還是到了另一個時空中，在某個地方，靈魂會體驗這個宇宙，學習更多的內容。說到底，我相信靈魂是會進化的，生命的意義和目的在於用這輩子和其他生物所傳授的智慧、快樂、痛苦，來豐富自身，一旦靈魂盡其所能學到了所有智慧和知識，就會進入佛教所說的涅槃，或是基督教所說的天堂，和上天緊密地合而為一。

　　自從我確診以來，我目睹了很多不惜一切代價都要活下去的人，有時帶著一種讓人不安的狂熱。我認為，正是因為我對鬼魂、靈魂、輪迴、靈魂進化的概念堅信不疑，使我對死亡毫無畏懼。事實上，正是這些信念，讓我不會固著此生，在某些方面反而還期待死亡。我在自己的死亡中，尋找持久、進化、深刻智慧、平靜的核心，找到了這個信念。

　　在這個星球上，每個生物都面臨那「不可避免的時刻」，相信你需要相信的，便可以在那個時刻得到安慰和平靜。死亡等待著我們所有人，人們可以選擇恐懼並逃避，也可以對它進行深刻思考，並從中得到和平與寧靜。

32

活著

　　春天的第一天，我做了胸腔的電腦斷層掃描（CT），以及腹腔的核磁共振（MRI）。一月初做過正子掃描（PET），現在算起來已經過了十個禮拜了，我肺部的癌症有一些變大，有一些維持大小，也有一些消退。我和我的腫瘤科醫生一致同意，暫時先不理會癌症變多的部分，我們將繼續每個禮拜化療輸液，使用爾必得舒和5-FU，但我們將在六個禮拜內重新掃描，而非照以往的慣例隔三個月再掃描。和一月份的正子掃描相比，二月份重新掃描顯示，癌症狀況基本穩定，但讓我震驚的是，電腦斷層掃描和核磁共振的結果顯示，我的癌症細胞有明顯增長。

　　不同類型的掃描技術，有不同的優缺點，細節內容我並不是真的很瞭解。一般來說，我每六到九個月會做一次正子掃描，因為它可以檢測骨骼中的疾病，以及軟組織區域（比方說腹膜）的癌症轉移情況，而且涵蓋的範圍更廣，從脖子到大腿的中部。雖然有結合正子掃描和電腦斷層掃描的圖片，但圖像品質比不上單純的電腦斷層掃描和核磁共振。為了方便比較掃描結果，之前的掃描是正子掃描／核磁共震（CT/MRI），所以直接用正子掃描

／核磁共震，會更方便比對。因此，從十月到二月的變化對我來說更重要（也更令人不安）。二月份的掃描，顯示有新的腫瘤，其他腫瘤也真大了差不多一到三公釐。核磁共振的影像顯示，我腹膜後面還有一個淋巴結腫大，可能是癌症，也可能只是發炎，放射科的醫生們無法確定是哪一種。就像我疑心的那樣，爾必得舒和5-FU就算不是完全沒用，也已經慢慢失效。之後和我的腫瘤科醫生商量，暫時還不要改變療法，等到我度假回來，之後會重新掃描，再決定下次該做什麼處置。假期中最不想處理的事情，就是去擔心那無法預知的副作用還有併發症。

和醫生談完，回來時心情沮喪（但沒有像以前那樣……人只要過一段時間，就會習慣聽到壞消息）。我躺在沙發上，伊莎貝兒跑來擁抱我。下面是我們的對話：

我：伊莎貝兒，媽咪病得愈來愈嚴重了。

女兒沉默了幾秒，若有所思地看著我。

貝兒：媽咪妳幾歲？

我：我四十歲了。

貝兒毫不猶豫地回答：那是因為太老了。

我：不，不是這樣的。有很多人也活到八、九十歲（她的目光從我身上移開，看著電視很久，然後又轉向我盯著我的眼睛）。

貝兒：媽咪妳還沒要走。

然後我給了伊莎貝兒一個大大的擁抱，再次感嘆這個孩子在平常時刻表現得比其他四歲孩子一樣，但在我情緒上需要的時候，就變成了一位聖人，說的話像是她曾經經歷過的生活一樣，好像在靈魂深處的部分，還記得前輩子的教訓。

33

抓狂

　　這是我第一次，發現自己孤獨到快要抓狂。在抗癌的旅程中我不斷掙扎，努力想呈現自己痛苦的一面，憤怒、嫉妒、痛苦、恐懼、悲傷。我會寫下並分享這旅途最醜惡的部分，其中一個理由是為了宣洩情緒，就算無法精準以言語表達或道盡也一樣；但還有一個原因，就是我知道，如此誠實到殘忍的地步，辨認出黑暗的情緒。我知道別人也有和我一樣的體驗，特別是當人們正通過自己的考驗時，不管這考驗是否和癌症有關，都會有這些負面情緒在。在這種考驗中，你和我，或是我們，不管是否曾經見過面，都能找到一種聯繫，一種我們在痛苦中所共有的，這正能說明了人類的普遍經驗，超越了階級、種族、文化、時間和空間。

　　我想讓你們都知道，我在這段路上承受孤獨的襲擊時，這種共有性正是陪伴我的東西。我在臉書上發布一家人興高采烈在西西里島度假的照片，在白雪覆蓋的火山周圍旅行，孩子們在一座又一座的廣場上跳舞轉圈圈，在富有生命意義的地中海陽光下探索兩千多年的遺跡，沐浴在盛開的血橙樹當中，大口吃著美味的義大利霜淇淋和義大利冰沙。然後在我們回來的週末，我丟下丈

夫和孩子飛往洛杉磯，跟表姊Ｎ一起參加我們的小冒險，我們還看到歐普拉，跟她相隔只有五英尺不到的距離。我從小就很喜歡歐普拉，一邊寫作業一邊看她的節目。我貼了一些照片在網路上，裡面我笑得很開心、玩得很開心，日子過得非常豐富。

這就是我應該呈現的，對嗎？要活得非常豐富，向自己和整個世界以及癌症本身（說得好像它是有生命的一樣）證明，癌症永遠不會擊敗我。真是胡說八道！這一切都是狗屁，我，以及所有建造這個虛偽假象的人，我稱之為狗屁。

這些照片只呈現了一半的事實，我用這種方式在撒謊，我是虛偽的。在緊繃的笑容和笑聲下，隱藏著黑暗跟醜陋，這些不堪又在我腦海裡浮現。不要誤解我的意思，我們在西西里島確實度過了美好的時光。這是我第一次感受到自己創立出來的美好家庭。在去西西里島之前，我從來沒有感覺我、米雅、伊莎貝兒，以及喬許是同一個家庭的人。我對「家庭」的感念，以前只限於自己的原生家庭，而不是來自這兩個小朋友；她們有自己的個性而我也仍在理解中。至於喬許，他是我的愛人，我最好的朋友，我的伴侶，但沒有被我歸類在「家人」的範圍裡。這種轉變是發生在我們搭著租來的賓士，度過好幾個小時的旅程，在這個不算小的島嶼上，開了十一天的車，行駛了一千三百公里的路程，玩著像是「我是小間諜」的遊戲，那是要猜出對方心裡想什麼的遊戲，會問：「你想要什麼？」（比方說：「你想要吃蘋果還是橘子？」、「寧願住在城市還是鄉下？」），這個讓我回想到小時候跟父母、哥哥姊姊一起去舊金山和拉斯維加斯的長途旅程。這些共同的回憶，加上共同的血脈，這難道不是家庭的核心意義嗎？

然後我想知道，還能擁有多少這樣的家庭假期，還能有多少瘋狂的冒險，還能創造出多少珍貴的回憶。當我回答這些問題時，恐懼會主導著我，讓我感到悲傷、苦澀、嫉妒，然後是壓力。那個壓力來自於，想要在這假期中盡量留下更多美好回憶，因為這可能會是米雅和伊莎貝兒唯一記得和我一起度假的回憶。因此，我不能悲傷，我必須徹底忘掉癌症。但事實是，你永遠忘不掉，尤其當你癌症已經擴散，愈是努力想忘掉反而愈牢記於心。喬許感受到同樣的壓力。我們會爭吵，然後大哭。這是照片背後沒有講述的另一面故事。

　　我們回到紐約時星期六。星期一的第一件事，是我去做了另一次腹部和胸腔的核磁共振跟電腦斷層掃描。度假的時候停止治療，所以我估計這段期間內腫瘤又長大了。自從上次掃描已經過了六個禮拜，我肺部的腫瘤長大了一到兩公釐。更讓人擔心的是，我左邊的卵巢也變大了，這可能意味著癌細胞已經擴散到我的卵巢。醫生 A.C. 要我去看婦產科腫瘤醫生 B.。當我知道卵巢變大的時候，我便馬上感到不適和疼痛，這心理作用真是強大。我和醫生 B. 的預約，被排在兩個禮拜之後。真是太誇張了，我不能接受。我發簡訊給我的腫瘤科醫生，告訴他我愈來愈痛，請他幫忙。還打電話給醫生 B.，告訴她必須把我的預約提前，她照做了。

　　我確實看到了歐普拉，也和表姊 N 玩得很開心，但大部分時間我都在擔心、緊張、哭泣，腦海裡演繹著各種可以想像得到的場景，包括疾病已經擴散到腹膜，在這種情況下，我將只剩幾個月的時間，或是在我停止治療的時候，癌細胞正沿著脊椎入侵我

的大腦，我將會需要加馬刀手術，如果癌細胞在我大腦裡，我要如何寫下想寫給女兒的所有內容。這些想法不斷湧上心頭，像一張破碎的唱片反覆播放。威脅著要毀滅我，讓我飽受折磨。我快抓狂了。

可以感受到本能性的恐慌在心中升起，我像在高聳的石牆上，石像鬼不斷逼近，他們的箭愈來愈多，他們的石頭身體隨時會復活準備襲擊。卵巢的腫大引起的疼痛愈來愈嚴重，這是我第一次害怕死亡帶來的疼痛！要是醫生無法控制疼痛怎麼辦？如果麻醉劑引起幻覺，讓我像個精神病院的病人一樣，扯下自己的皮膚，那怎麼辦？我不能讓小孩子看到這樣的我。更多的折磨，威脅著要摧毀我。讓我更加抓狂。

我在洛杉磯時見到我的父母和哥哥。父親開車，把我送到他們在蒙特利公園市的房子，就是以前我對自己身體疾病還一無所知，痛苦地躺在裡面的那間屋子；那個時候腫瘤大到塞住結腸，腹痛得非常嚴重。那天是我表妹的婚禮，我不得不要求父親在凌晨四點將我送去當地的醫院。那間房子和診斷出腫瘤的記憶連結在一起。這也是為什麼我差不多三年都沒再來了。我無法重新進入那創傷的地點。所以，在我父母上樓很久後，我仍然待在車庫的車中。車庫裡有無數塵封的、陳舊的、被遺忘的箱子，那些箱子裡裝著我高中畢業的紀念冊、演講比賽的獎杯、童年和青春的記憶。

然後我打電話給喬許，對他哭了很久很久，這也是生病以來，哭得最瘋狂最歇斯底里的一次。我那個喜歡談靈魂進化，把個人生命置於全人類歷史下的那個人格不見了。在那個時刻，以

及之後的許多時刻，我沉溺在自己的生活和痛苦中。我告訴喬許，就像我經常對他說的那樣，如果不是為了女兒，不是為了他，不是為了我對他的承諾，答應過他盡量活久一點，我會停止治療，讓癌症順其自然，跑到其他國家度過我的餘生，做一生中最喜歡的事，學習一種新的語言。痛苦變得無法忍受時，我會跳下橋，讓自己脫離苦海，就像讓最心愛的寵物安樂死一樣，我會用這種仁慈的方式對待自己。但我有深愛的丈夫和孩子，所以我不能這樣做；也不應該這樣做。

在那個極度痛苦的時候，我乞求著那些非現實和不可能的事情、我想回到過去，警告小女孩的自己，和青少年時候的自己，告訴她們自己未來的命運，讓她們可以改變。我乞求那些我無法知道的事情；希望時間是環狀的而不是線性的；希望我還可以再活第二次、第三次、第四次，有機會重啟這個人生，直到可以活出更好的樣子，直到喬許和我可以一起實踐我們所有的夢想。但說到底，我只是想好好地過完這一生，似乎也是一種不可能的事。我從不為自己祈禱，因為我覺得這樣做非常傲慢和自私。如果真的有一位神明，如果祂真的干預了我們的人生，那為什麼我要希望老天爺免除我的苦難，而不是免除另一個更值得活下去的無辜孩子的？我從來不敢對一個全能的存在，說我比其他人更特別。但是在這令人絕望又極為痛苦的時刻，我向一位自己都不確定是否存在的神祈禱，希望我能夠戰勝這場癌症。這也是臉書照片沒有描繪出的部分。

我在四月中旬見了醫生 B.。身體檢查過後，她得出結論，我卵巢的情況不是囊腫（囊腫是一種從裡面長出來的東西），很可

能是癌症。她說，如果我的癌細胞擴散到卵巢，動手術是最簡單的選擇，但我肺部已經有癌細胞，摘除卵巢沒有意義，除非我痛得無法忍受，在這種情況下，她會很樂意開刀切除我兩側卵巢。當時，我還沒有痛到非動刀不可，但我思考了幾分鐘，我不同意她的說法。

之後我馬上去找醫生A.C.。轉述了醫生B.的結論，然後說：「我不同意這看法，我覺得這次手術是個機會。」

我還沒來得及說理由，他立刻就回應：「說得好，正是如此！」

我很高興又一次發現，醫生A.C.的想法和我相近。他和我都認為卵巢裡的癌細胞，切除後做活體檢驗有可能會有用。原發腫瘤時做的基因測試已經很久了，檢體大部分在加州大學洛杉磯分校那裡冷凍保存；這次新的檢驗可以更新以前的檢測，我得盡快進行手術，這樣可以早點重啟治療，緩解肺部癌細胞的增長。我決定自費，把活的癌細胞植入用來試驗免疫抑制療法的小白鼠體內。假設植入成功，便會選擇不同藥物在老鼠上測試，確定這些藥在針對我特定基因的癌細胞是有用的。一名快遞人員在手術室外等候，拿到活體後立刻運送到紐澤西實驗室的小白鼠那裡。科學家會在當晚或是第二天植入白鼠體內。

有一種可能，進一步的化療對我卵巢的癌細胞沒影響。可能對付那個地方的癌細胞沒有作用，就像在腹膜上的一樣。我不希望這東西變大，讓我更痛苦，而且這手術至少要休息四個禮拜。看來這時機正好，因為我剛好停止化療四個禮拜了。機會之窗是開啟著的，必須利用這點。此外，我也合理推斷，如果想要延長

壽命，最好是盡可能切除任何發現的腫瘤，尤其是在手術風險低，沒什麼侵入性的情況下。

機會之窗是開著，但也正快速關上中。我確信癌細胞下一步會攻佔大腦。我們在處理卵巢時，肺部的病灶正在增長。醫生A.C.跟我說，癌細胞要到大腦的可能性非常低。我的回答是：「癌細胞進入我卵巢的機率也很低。比起跳過肝臟，直接跑到肺裡的機率也不高，我三十七歲就罹患結腸癌的機率更低。所以我他媽不在乎機率高低問題。這東西對我不管用。盡快幫我安排手術。」是的，我有時候對自己的腫瘤醫生以這種方式交談，他都平淡看待。

我花了幾天時間和醫生A.C.互傳簡訊，也因為醫生B.C.沒有回應，所以狂打電話給她，後來終於安排了手術。這是一個腹腔內視鏡雙側卵巢切除手術，順利的話只要一小時，這也是假設先前手術沒留什麼疤痕組織的前提下，所做出的預測。另外，也可以根據疤痕組織的數量，讓醫生B.可以看一下我腹膜是否有病變，然後在可行的前提下，依照情況切除任何她看得到的癌細胞。一個禮拜後，就可以重新開始治療。

我在幾分鐘內做出了動手術的決定；在等待見醫生B.的那一週裡，我考慮過這個方面，做好評估、處理、策劃下一步。而且，我天生就是個快速決策者，就算是重大到人生轉捩點的事情也一樣。我一直相信我的直覺，相信宇宙會對我發出信號。在這個時候也一樣。喬許被我的快速決策嚇一跳，沒有做好準備應付我這突如其來的舉動，似乎基於某種自我保護中，他說服自己，卵巢增大的檢測並不嚴重。

我討厭「希望」的另一個原因，它讓人反應遲鈍，讓人自滿，讓人活在無用的妄想之中。於是我們吵了起來，他爭辯說我的決定太草率，任何手術都是件大事，而我則說他一直在否認，沒有準備好面對現實，而我也沒多餘時間好好坐下來思考，畢竟，我這麼做只是在履行我對他的承諾，他要我盡我所能，盡可能地活久一點，因為若是我來決定，我才不會受這些折磨。這是一場惡戰，加上安排手術的壓力，和對手術結果未知的擔心，逼我逼得很緊。讓我更抓狂。

　　目前為止，我沒有特別提到，我和喬許的關係，以及我們是怎麼抵抗住癌症的壓力的。喬許是一個比我更注重隱私的人，我想尊重他對隱私的要求。但朋友也同樣會問我，我和喬許怎麼樣了，我們婚姻關係如何。除了破壞身體外，癌症也有一種讓人難以置信的力量，它還可以破壞人際關係。在病得最嚴重的時候，要努力保持人際關係的完整，還要盡可能保持健康，這對某些人來說根本不可能。

　　一位在確診後不到兩年就過世的朋友曾跟我說，她有時覺得自己和丈夫像是住在同一個房間裡的兩個鬼魂，是曾經有過幸福時光的影子，兩個褪色的影子，彼此糾纏，不知道該說什麼，兩人和世界的其他地方脫節，孤立在各自的痛苦中。我現在明白那是什麼意思了。因為喬許和我走在截然不同的道路上，我的道路通往死亡和某個在前方等待我的未知事物，而他的道路朝著一個沒有我，可是有孩子和新妻子的新生活。我最擔心的是痛苦地死亡，還有在死前沒有完成我想做的事。他最害怕的是，在沒有我的情況下繼續前進。我對他感到憤怒，是因為我知道他會在我離

開後重新建立幸福生活。他會因為我生病死亡感到憤怒。我非常內疚，因為我嫁給了他，讓他這麼年輕就成為一位鰥夫，讓孩子沒有了母親。他也因為自己沒辦法拯救我，而感到無盡的愧疚。我們在各種恐懼、憤怒、內疚、悲傷中，感到孤獨，並在我們無法幫助對方的情況下感到無助。

這就是我們目前的情況，即使我們比以往任何時候都還需要彼此，並且更深愛對方。

我會透過計畫來應對這個情況。將我們家所有的開支、支付方式、支付時間都列出來，這樣當我不在時，喬許會知道要怎麼做。我私下和他老闆談過，跟他表達了我對喬許未來職業生涯的期許。我也請我認識的那位熱心承包商幫忙，幫助喬許處理公寓的大小事。我和女子學校的管理人以及老師談過，讓她們能幫助我女兒進入更好的高中，這樣也能分擔喬許一部分的壓力。我正在為他以及女兒們建造一個美麗的家，也要幫他們買一條狗。喬許跟我說他不要這些，他要的只有我。可悲的是，這是我唯一不能給他的東西。

在這一切瘋狂計畫的過程中，我還找了牙周病醫生做了一次例行性的洗牙。也做了X光檢查，因為有一顆牙齒感覺怪怪的。X光片顯示我有五顆蛀牙。五顆該死的蛀牙！我從來沒有這麼多顆蛀牙過。我真的覺得一開頭就錯了，又多一件該死的事要處理，我身體其他地方也在崩潰。又多了幾顆蛀牙，幾乎快逼瘋我了。我打電話給多年來信任的牙醫師D.，要求緊急約診。因為我即將進行手術，必須盡快處理這些蛀牙。我已經快要兩年沒見過他了，因為我已經懶得去他的新辦公室，但他是有史以來最好

的牙醫，非常注重細節而且很熱心。本來隔天他不打算看診，但為了我，他可以破例。所以我就過去一趟。

他告訴我，根據X光片，他認為有其中兩顆需要根管治療。根管治療！他還說，蛀牙的模式和化療以及其他藥物帶來的慢性口乾症狀一致。後來發現，那兩顆牙齒腐爛得非常深，但沒有觸及牙根，所以不用根管。這讓我鬆了一口氣。醫生D.說：「妳很幸運。」要不是當下嘴裡塞了一堆牙科專用的器械，我會笑噴出來。我到底哪裡幸運了。當我躺在那裡，醫生D.像米開朗基羅一樣，努力雕刻我牙齒新填充物，我發現在某種意義上來說，我真的很幸運，有他以及我生命中許多人在那裡照顧我和我的家人，從腫瘤科醫生到內科醫生，到建築團隊，以及許多朋友和家人，我到底做了什麼好事，值得各行各業的人對我如此善良？

喬許不像我這樣喜歡談論和分享，所以我認為他是沒有給人幫助他的機會。真是典型的傢伙。可悲的是，我認為護理人員沒有像癌症患者那樣得到那麼多的關注和支持，其實他們的痛苦和孤獨同樣巨大。

34

奇伯

　　五月二十日，我做了腹腔內視鏡卵巢切除術（這個名詞說起來真有意思）。左側卵巢比本來該有的尺寸大了兩到三公分。手術中，對活體進行檢驗，確認卵巢的生長物是癌細胞擴散。大約有一平方公分的癌細胞組織，被立刻交給快遞員送往紐澤西河岸的一個實驗室，在那裡，癌細胞組織成功地被植入五隻小白鼠體內，據說這是一個不錯的數字。

　　我那些小白鼠後來被移到巴爾的摩，那裡是主要的實驗室所在地。再過幾個禮拜，就會知道癌細胞移植在這些小白鼠上是否成功，如果成功，將被複製出來進行針對個人的化療實驗。雖然右邊卵巢看起來正常，但為了小心起見，也跟輸卵管一起一併切除。但我以相當快的速度，丟失身體的器官。就像最後病理檢驗所示，外表掃描的表象都是騙人的，右側卵巢的檢驗結果也是陽性，有結腸腫瘤轉移的癌細胞。腹部其他一切看起來正常，包括位於中央所有器官還有腹膜；不過有發現四十毫升的腹水❸。「腹水」這個詞讓我害怕；我經常聽到它和癌症末期有關，癌細

---

❸ 指腹腔內有液體積聚，超過正常量的症狀。

胞在體內蔓延時，腹部會積聚數百毫升的水。幸運的是，病理報告結果顯示腹水呈陰性。外科醫生在我腹腔內注入鹽水，再抽出水，進行癌症檢測，這也是我在HIPEC手術後檢查做過的事。抽出的鹽水檢測為陰性，和二〇一四年十月一樣。如果我腹腔內沒有癌症，那表示二〇一四年三月HIPEC手術治療，成功抵禦癌症的侵襲。

目前這種情況下的好消息，並不包括右側卵巢。但是話說回來，卵巢的轉移往往是雙側的，所以一側卵巢有癌症或是兩個都有，又有什麼區別呢？當你癌症擴散生活一段時間後，就會開始這樣想：喔，有一個腫瘤有什麼大不了的？喔，又一個器官受到影響，那又怎樣？

我手術恢復得很順利，沒有什麼痛苦。我甚至不記得我有吃過任何一顆Percocet止痛藥。手術在一點左右開始。當天晚上八點就回到家，耗了那幾個小時的結果，就只是站立時會彎腰駝背，還有三個繃帶包住了我身體上的三個小洞。噢，對了，還有在最初的十二個小時內我小便困難，這是手術中使用導尿管的後遺症。我很驚訝，要如何把兩個器官給取出來的，而且只開了這麼小的洞。如果你也好奇怎麼辦到的，答案是，外科醫生切碎它們了，為了防止癌細胞到處蔓延（如果他們在器官原本的地方切碎，就會發生這種情況），醫生切掉卵巢後，移動它到皮膚底下的一個袋子裡，在那個袋子裡面弄碎它，然後透過三個小孔，把一整個袋子給吸出來。醫學真是太神奇了。

讓我一直感到受挫的是，為什麼這麼久以來的掃描，都沒發現我左邊卵巢這麼大的腫瘤。還是說，在我在做腹部核磁共振的

那段時間，腫瘤不知怎地突然快速增長到可以被掃描檢測到的程度。醫生也無法回答這個問題。真是太好了……我的腫瘤科醫生不太願意相信腫瘤會一下子增大得這麼快，所以掃描的時候遺漏了。而且很明顯，卵巢中的癌細胞對於這幾個月以來的化療很有抵抗力。真是太好了……這次我是真的哭笑不得。

手術過十天後，我開始新一輪的治療。術後進行的三次治療都很順利。我臀部和膝蓋一直有疼痛感。我不確定是肌肉還是骨頭在痛。也許是類固醇造成的體重上升，還有我已經好幾個月沒去健身房。也可能是因為我現在在訓練狗，帶牠出去，因而站了太久。

手術後的五個星期內，我幾乎沒有出現在社交媒體上，某種程度上也算是遠離了朋友和家人。和之前的隱居生活不同，這次並不是因為處於低潮或是因癌症而出現萎靡的狀態。過去差不多三年內，我一直選擇面對自己的疾病，活在其中、擁抱它、強迫自己走過火海、感受痛苦、相信自己會從另一邊走出來，變得更強大和更聰明。但這次不是。我想要逃跑和躲藏。這才是我需要的，一部分是在精神和情緒方面的休養。

我的比熊犬小型狗，奇伯（以亞特蘭大勇士隊球員奇伯·瓊斯的名字命名），來自亞特蘭大，喬許是勇士隊的球迷，取這個名字也和喬許有關。我在術後治療兩天後，因類固醇過高情緒崩潰，喬、我和女兒們開車到機場，在拉瓜地亞的腹地尋找一座不起眼的建築，那裡就是買小奇伯的地方。牠很可愛，一身白茸茸的毛，深色的黑眼睛，天鵝絨般的軟耳朵。我在副駕駛座上緊緊抓著牠的箱子，我很害怕，不知道怎麼有精力去照顧另一個生

物，更不用說，這個生物對我來說比新生兒還要陌生。牠回到家後，立刻在我們家木板地上大便，我急忙把尿墊在牠的屁股下；但我的速度不夠快。到了晚上，牠叫個不停，每隔一小時就吵醒我。我從籠子裡放牠出來，牠會突然從我身邊跑開（這代表牠有什麼事情要做），我拿著尿墊追過去，結果牠偏不在那上面拉屎或尿尿。我清理好殘局，放狗回籠子裡，一兩個小時後，這個循環又再重複，接下來好幾天都這樣。由於睡眠不足還有治療，我筋疲力盡，處於快崩潰的邊緣，快哭出來了，我很相信我養狗是個錯誤的判斷，不知道我如果求對方的話，飼養員會不會把牠帶回去。

　　因為我們住在一樓公寓，而且獸醫叫我不要帶奇伯出門（或是至少防止爪子接觸地面），因為還沒有接種疫苗，還要再過七個禮拜才能接種，這時的家庭如廁訓練變得更加困難。街道上看來滿是會讓犬類喪命的疾病。根據我的馴狗師建議，把狗關在籠子裡，每隔幾小時就用繩子牽牠到樓梯間，在那裡墊上尿墊。我用狗鍊拴著，把狗放在墊子上，但奇伯拒絕如廁。牠會坐下、躺下、甚至打滾。我坐在台階上，看著墊子上的牠，無聊地等著。我在樓梯間待了好幾個小時，毫無結果。顯然，奇伯也在等待，因為一關回籠子裡，牠就撒尿和拉屎。事情就是這樣子。

　　過了一個星期，我決定不聽從獸醫的指示，抱著奇伯到外面去，我不知道是不是這樣，但抱著狗的時候牠好像不會在你身上排泄，就像牠不會在牠媽媽身上排泄一樣。真是奇蹟中的奇蹟，一放下牠，幾乎立刻拉屎拉尿了。我決定和牠在有限的小區域內冒險，那裡的狗比較少，而且大多數的狗都是我們那棟出來的，

所以在健康方面應該沒問題，風險相對小但也仍然有，我還不是很確定。

　　當我在外面遛狗時，我發現一件非比尋常的事，至少對我而言是，因為我以前的家庭討厭動物。我發現，人們——至少大多數的人們——都喜歡狗。當我孩子還是嬰兒時，偶爾會看到陌生人對著我微笑，他凝視我可愛的孩子；但整體來說，比較少人關心可愛的嬰兒。但是小狗？難以置信！年輕人、老人、黑人、白人、上班族、商人、收垃圾的人、建築工人、哥德風打扮的女孩、壯漢，各種不同年齡，各行各業，世界各個角落的人，都會停下來撫摸我的狗，並和牠玩耍。我們會聊家裡養的狗，會聊狗死去時的悲傷，有的人也會聊到，希望自己也養一隻狗。

　　我醫院裡的護士（又是一個喜歡狗，不喜歡嬰兒狂熱者），在得知我養了一隻小狗後，堅持我在治療時帶牠到癌症中心來。我和我的腫瘤醫生，對潛在的投訴感到緊張。但是我醫院的護士不理會醫生A.C.的顧慮，告訴我無論如何都要帶來。我擔心把奇伯單獨留在家裡太久，所以我照辦，把狗裝進一個小袋子裡，偷偷溜過前面的保全人員，試圖藏起來。像往常一樣，候診室擠滿了大約有五十幾個人。但和往常不同的是，人們意識到候診室出現一隻小狗時，突然爆發出的能量和生命力席捲了整個房間。醫院的工作人員從裡面辦公室出來，高興地尖叫。病人和照顧他們的護理人員，也微笑著關注，有的人甚至衝過去撫摸和擁抱這隻狗。奇伯似乎不以為意，在我注射點滴時躺在我身上睡覺。在癌症中心期間，牠沒有亂叫或吵鬧，也沒有做出任何讓人不安的事。但我還是要提一下，候診室裡有幾個人一點都不想看到那隻

狗。基本上，我可以描述他們的表情為難以置信和厭惡。他們是中國人，是我父母那一代的人。我完全可以理解。

　　家庭如廁訓練進行得很順利，現在我知道該怎麼做了。三天後，奇伯不再晚上亂叫，現在我可以安心入睡。有人跟我說，養隻小狗就像養一個新生的嬰兒。我一點也不同意。當我不想跟奇伯玩時，我就把牠塞進籠子裡。牠整晚都在睡覺，不需要三不五時餵母乳。也不需要換任何尿布。不哭不鬧。帶牠出去時，不必帶著大量的嬰兒用品。牠比嬰兒好照顧得多。

　　而且最棒的地方是，牠很簡單，一點都不複雜。我不期望牠有一天會拿羅德獎學金或是成為小提琴家，牠也不會因為我的要求而感到不安或反感。我們的關係很簡單，所謂的困難關係，指的是我必須教牠金錢的價值，以及我不能夠在牠想要的時候買玩具給牠。牠有牠真正的基本需求，但這些需求非常容易滿足，而且我完全有能力滿足。牠的愛是無條件的，這種純然的本性，相當美麗和讓人激賞。就像我們的日常相處，我手裡拿著塑膠袋蹲著撿牠的便便，我丟著會吱吱叫的青蛙，牠就衝過去追趕，我梳開牠雪白毛髮上的糾結；牠的單純保護了我，讓我可以不去處理不想面對的事，我可以繼續偽裝，只要我想的話。在這些固定的照顧中、沒有癌症、沒有生命、沒有死亡、沒有未來、沒有過去、沒有一天或一小時、沒有一分鐘、沒有喬許、女兒、我；只有那一秒鐘，下一秒鐘，然後又是下一秒。也只有牠。

35

勇氣和愛

怎樣算更有勇氣?第一,癌症患者繼續進行痛苦的治療,這些治療有沒有效都不知道,但是希望能夠延長生命,直到更好的事情發生?或者,第二,癌症患者放手,選擇盡可能舒適地生活,尋求安寧療法,在「不可避免的時刻」發生之前減輕疼痛?

自從我知道自己得到癌症以來,這個問題一直困擾著我。你可能已經猜到了,我非常看重勇氣和膽量。我希望人們記住我是一個勇敢的人,沒有像野獸和失去理性的動物一樣,逃避癌症和死亡,也沒有像動物一樣只是苟延殘喘,而是站在那裡凝視人們,同時承認並擁抱現實,和我的恐懼、憤怒、悲傷一起生活,這一姿態反映了一種人格的內在力量、尊嚴、優雅、美麗。但哪一種選擇會通往這條路呢?基於我們社會更喜歡勵志故事,還有主角克服不可能任務的電影,我相信普遍的共識會更喜歡第一條路。我也理解,長期忍耐的病人,為了自己所愛的家人能和他們多相處一天,忍受很多治療的痛苦,在情感和身體上付出難以想像的代價。但話又說回來,停止所有治療,讓疾病順其自然,這需要巨大的勇氣,因為如此一來,所有的安全網都會消失,就算

這安全網只是幻覺也一樣。這個人等於邀請死亡快速前來。那麼這個人不就是在面對死亡嗎？那麼這個人不是特定條件下，有尊嚴、優雅地選擇死亡嗎？還是說這個人其實是個懦夫，一個糟糕的妻子和母親，太過虛弱、失敗、疲憊，再也無法支持下去，甚至對心愛的孩子承諾多活一天都辦不到；被一種劣質的愛所阻礙？

又或者，這個答案因人而異，每個人會依主觀判斷選擇更容易的路，如果是這樣的話，「勇敢」就是屬於選擇不容易走的那條路。

對我來說，更容易的路、阻力較小的路，是第二條。我想，如果我走這條路，那麼我就是個懦夫，因為我沒有選擇留下來，我也許應該像以前一樣，當個戰士在戰鬥。我討厭在癌症患者的世界中，喜歡用戰爭來比喻治療過程，雖然我曾經也是這樣子敘述的。在戰爭中，有勝利者有失敗者。那麼我死後，你會不會因為我屈服於疾病而認為我是失敗者？如果我只是選擇停止治療，不再積極戰鬥，你會覺得我是個失敗者嗎？如果你這麼覺得，那就這樣吧。

看來能接受的治療手段已經沒太多選擇，因此這個問題對我來說變得格外需要回答。我六月中旬做了掃描，幾天後收到的結果。肺部情況大致穩定（一個腫瘤明顯縮小，另一個有所增長，其他大部分的腫瘤保持原狀），腹部和骨盆透過核磁共振，顯示腹部淋巴結腫大，子宮周圍還有一個疑似癌細胞的地方。那個有可能是之前手術後留下的「東西」，但如果不再次切開，也不會真的知道。此外，我的癌胚抗原（CEA）持續上升。醫

生A.C.不喜歡目前的治療方法（抗癌妥和癌思停）。這也不能怪他。循環重複使用以前用過的藥物，是我最後的努力，採用唯一可能有效的方法，希望我的癌細胞還沒有對這些以前使用過的藥物脫敏。醫生A.C.認為，繼續使用抗癌妥和癌思停可能會在心理上有所安慰，讓我們以為似乎有在做事，但他認為實際上不會有太大效用，或是至少效果不會持續太久。目前仍有兩種食藥署批准的治療結腸癌藥物，其中一種毒性很大，我發誓永不採用，而另一種效果很不起眼，幾乎是浪費時間。

然後醫生A.C.問我要不要試一些「瘋狂」的事。我當然要聽聽他的「瘋狂」指的是什麼。他不相信單一藥物的免疫療法對我會有用，所以他覺得應該試試聯合免疫療法，他心裡想的藥物是ipilimumab（品牌名為「益伏」）和nivolumab（品牌名是「保疾伏」）這兩種都是美國食藥署核可的藥物，成功對抗皮膚黑色素癌。這兩種會強制影響免疫細胞不同的接受器，讓它識別出它是不需要的癌細胞，從而使免疫系統殺死它們。醫生A.C.也會加入一些放射性治療（可能是針對腹膜的淋巴結），引發初始免疫反應，並啟動免疫系統。但這過程是「非試驗」性質，也就是在臨床試驗之外進行。

聽起來很刺激，對吧？瘋狂都會讓人激動，但也會出現一些複雜的情況。首先，食藥署並沒有批准這些藥物在仿單標示外使用，或用於結腸癌治療，所以開藥時會有困難。不過醫生A.C.似乎和某些製藥公司有些關係，所以我認為他會成功取得藥物，雖然他自己說並不容易。但更讓我擔心的是，這兩種藥物分別是Anti PD-1藥物和anti-CTLA-4抑制劑。也就是說，當我未來

要進行臨床試驗時，此後將無法再使用其他任何的Anti PD-1藥物和anti-CTLA-4抑制劑。當然，這問題的前提是我想要參加臨床試驗。

醫生A.C.說他個人會選擇參加臨床試驗，而不是「瘋狂」的選項，他說不管我怎麼選，都是採用聯合免疫療法。他說他會和史隆·凱特林紀念癌症中心、哥倫比亞長老教會醫院以及約翰霍普金斯大學的聯絡人交談，那些地方都有很強大的免疫治療部門。如果我想去做臨床試驗，我自己也必須做點功課。這是一向艱難的挑戰。

現有的試驗大多數都處於第一階段，該階段目的是試驗藥物的安全性而非有效性。這聽起來很可怕，不是嗎？我聽說過，臨床試驗成功機率是百分之五。我認為實際上會小得更多，更像是千分之一。

喬許認為，就算是千分之一的基礎，仍值得戰鬥。我不同意。我為什麼非得讓自己像實驗室的小白鼠一樣被對待、被試驗、被監視、被檢查，受到誰也不知道副作用是什麼的藥物影響。成功機會這麼小，我為什麼還要為了它降低我和孩子相處時間的品質？既然結局一樣，為什麼要這麼麻煩？

我累了。太累、太累，什麼都不想做，不想做什麼「瘋狂」的事或臨床試驗。對於那些沒有活在擴散性癌症中、沒有經歷過手術和治療的人來說，你們真的能體會我身體的、情感的、精神的疲勞程度嗎？疲勞程度嗎？我不這麼認為。這種疲勞不僅考驗我所有勇氣，也考驗著我對丈夫和孩子巨大的愛。

我已經厭倦在死亡持續威脅下，還要盡可能維持正常生活的

緊張感。看到帶著孫子上學的奶奶，還有聽到另一位母親和朋友無憂無慮的笑聲會引起嫉妒和憤怒在內心爆炸。還有想到我死了以後，喬許將和另外一個女人結婚，我對她感到憎恨，她會住在我設計的家裡，撫養我美麗的孩子們、會在我的衣櫃裡掛進她的衣服、偷走原本屬於我的生活。一想到米雅在星期一的小提琴課上，再也無法偶爾回頭看我一眼尋求安慰和鼓勵，我便感到難過。因為擔心，而做計畫，因為更多的擔心，我做出了更多的計畫。下面是我寫給米雅小提琴老師的一封電子郵件，裡面表達了我的悲傷、擔憂和計畫：

您好，A：

　　我曾在某個時候提過，我患有擴散性癌症，無法治癒，很可能是絕症。妳這個禮拜提到妳以前的小提琴老師，在因癌症去世前的七年，是怎麼帶領妳走在學琴的道路上；很顯然，妳們都是對方很重要的人。不管怎樣，這讓我思考，所以在讀這篇文章的時候請耐心聽我說。

　　雖然每個人都告訴我要積極，但我是一個現實和計畫主義者。妳太年輕了，我的一些話可能無法跟妳產生共鳴，但我會盡力解釋。我對死亡最感到難過的是，一想到米雅上課時，我沒有坐在她旁邊看著。一想到她步上更大的舞台表演，而我沒有坐在前排替她加油，我的心都碎了。當她獨自練習時，沒有我在那裡督促、歡呼、擁抱、教導（不只是小提琴，而是生活中各方面），一想到那個畫面讓我既擔心又難過。誰能夠代替我？誰能像我一樣在音樂課或其他方面培養她照顧她？答案是沒有人。沒

有人能像我一樣愛我的孩子，甚至連她們的父親也不行。所以，我能做的最好事情，就是盡可能地安排，在不同生活方面陪伴她們。這就是我想跟妳談的。

雖然米雅父親很有音樂天賦，但他工作很忙，我不認為他能在我去世後，能幫米雅培養她的音樂天賦。我希望妳盡可能多照顧米雅，在音樂上面教導，在需要時引導她，推動她，在音樂方面提供建議，如果時機成熟，替她找一位新的老師。

我知道米雅很有音樂天賦，但有多少我真的不確定。對我來說她有多少天賦並不重要，重要的是她是否發展了自己的天賦。我不希望它被浪費掉。另外，我覺得她真的很喜歡演奏，非常喜歡表演。她是那種會藏起自己情感的人，我不認為這是一種健康的表現。我希望音樂能成為她的情感出口，當她因為失去我而悲痛時，以及其他不可避免的不幸進入生活時，成為她對應困難的一種方式。

當然，妳想要幫助多少取決於妳。如果妳除了每週的課程外，什麼都做不了，我也能理解。但是，如果妳想更積極參與她的生活，更好地瞭解我們，我們總是歡迎的。我們家就住在學校轉角附近。米雅很喜歡妳，而且顯然妳很擅長和小女孩溝通。

所以，感謝妳教了米雅這麼多（也教了我不少）。妳也許不知道，但上這些課是我每個禮拜很期待的事。我一直很想學音樂，但我父母太窮，沒辦法讓我學習。謝謝妳讀完這些，並忍受我的情緒發洩。

正是因為我的嫉妒、整合、擔心、愛，我威脅喬許說，如果

我死後他比較偏愛新妻子所生的孩子，哪怕是金錢上的不公，我也不會放過他。我要他保證，他不會搬出這間公寓，我可是花了許多時間和精力為我們孩子裝修，要是他那淫賤的第二任妻子要求他這樣做，想要消除我曾經存在的痕跡，也不可以。一位朋友告訴我，有一個小男孩一歲時母親因癌症去世；之後他的父親再婚。四年後的今天，那個男孩稱那女人為「媽媽」。這個故事讓我感到害怕，我快歇斯底里了。

我寫下這一切的時候，我知道聽起來很不正常。我快瘋了。喬許會跟你說，我一開始就瘋了，而且癌症讓我變得更瘋。

可憐的喬許，不得不忍受我的歇斯底里、憤怒、悲傷、眼淚、黑暗。喬許也累了。他厭倦生活在這片烏雲底下。出於對他的愛，我寧可早點死而不是苟延殘喘。我想讓他和孩子們自由。希望他能擁有正常、快樂的生活。毫無疑問，他的家人也希望他如此。我是一個負擔。我不想在家庭聚會上讓他尷尬，因為我的皮膚、身體都被病毒摧殘，他們一定都在想：噢，可憐的喬許。只要我不在了，還有人可以分享他的餘生，幫助他治癒並且忘記痛苦，這對他來講會好得多。

所以你現在應該知道我在糾結什麼了。是該繼續下去，還是要停止的勇氣？是應該離開，還是留下更多的愛？我仍然不知道。

36

憎恨

我以前不憎恨人。但現在我開始了。猜得出來我最恨誰嗎？

不是那位有幸能帶著自己孫子去上小提琴課的奶奶，每次米雅下課後都可以看到她。毫無疑問，這是一種特權，她甚至完全沒意識到。

甚至不是那位在公共汽車前排罵我的拄著枴杖的老太太，她責怪我霸佔博愛座，讓一名行動不便的男子一拐一拐地多走了幾英尺，找了另一個座位坐下。我尖叫大喊我有第四期癌症，並扯開T恤領口，向她以及公車上的其他人展示我胸前凸起的東西，也就是我的化療導管，她才因此閉嘴。你以為我想在法律上被定義為盲人嗎，讓我在某層面上成為殘疾，我完全有權坐在博愛座，而她完全無法理解，她應該去吃屎。但是我身旁的大女兒阻止了我。（我可憐的孩子，毫無疑問，她們因為我受到了巨大創傷，總會混著羞辱和困惑，她們憤怒的母親，在許多諸如此類的場合，表現得像個瘋子。我希望她們能明白，這種憤怒是源於對她們的深愛。）還有另一個女人也很討厭，她身材高大，穿著講究，在我公寓外面寬闊的人行道跑步。奇伯有一次不小心掙脫皮

帶，嚇她一跳，她對我說了一些冷嘲熱諷的話，我想追上去，一次又一次地揍她，直到我怒火發洩完為止。想挖她眼睛，勒死她。我現在仍這樣想。刑事指控、關監獄、無期徒刑，在憤怒的時刻都變得不重要。只是因為身邊有孩子，所以我放過她了。就算我想殺了那女人，但我最恨的也不是她。

也不是那些正常參加親師座談會的母親們（不管我認不認識），她們聽著下學期的新老師談論家庭作業和上課程序，不用擔心自己死後誰會盯著孩子做作業，更或者，不用擔心她們的孩子是否會因為自己母親死亡而無法適應。

最恨的也不是那一些得了第一期、第二期、第三期癌症的母親，但是卻痊癒的。

別誤會，我恨這些人是指在抽象的意義上有一定程度的嫉妒。但我最討厭的，是那些被診斷為第四期癌症的母親，卻很幸運地痊癒了，不知道她們為什麼能夠逃過死刑的判決。我發現自己一直在問這位從不回答我問題的老天爺，為什麼？為什麼是她們而不是我？但當我影響到自己的孩子，這問題就顯得不重要。我願意為自己的孩子犧牲一百萬次。難道這些女人的孩子比我的孩子更配擁有一個母親嗎？我的孩子是不可思議的小小人兒。米雅是如此的聰明、好奇、具有音樂天賦。伊莎貝兒是那麼的富有同情心、幽默、優雅。如果有哪個母親相信她們的生命比我更有價值，或是她們的孩子比我小孩更值得擁有一個母親，我真的會冷血地殺死她們。

我在這裡寫下的，也許是我寫過最黑暗的東西，因為我寫的是憤怒、仇恨、暴力。我相信，這種感覺是我們人類普遍共有的

經驗，特別是身為母親，或是住在紐約市這樣世俗的地方，它是透過社會互動和天性發展的負面產品，而癌症加上高壓力，讓這種負面產品又放大了。但這樣的負面情緒往往不被認可，因為沒有人願意談論如此醜陋和不光彩的事；沒有人願意感到不舒服、尷尬、羞愧。

　　但我似乎失去了任何會讓我不舒服、尷尬、羞愧的社交禮儀。我才不在乎，因為我快要死了。九月中最後一次掃描，我的腫瘤科醫生幾乎是這樣跟我說的：放射療法和免疫療法的聯合療法是一次巨大的失敗。肺部、腹部、骨盆到處都是癌細胞。這是我有史以來最糟的掃描結果。他不斷跟我描述，新出現、更大的腫瘤。太可怕了，我甚至沒有辦法閱讀掃描報告，我，這位被人認為很聰明，應該什麼都讀得懂的人，居然無法看下去。醫生A.C.說我如果不治療的話，大概還有一年可以活。考慮到我已經用盡第一、第二、第三道治療防線，剩下的選擇都不會延長我的壽命。就這一點上，治療，特別是實驗性的治療，會讓我病得更嚴重，甚至縮短我的壽命。

　　請原諒我用些陳腔濫調，比方說「只有老天知道你什麼時候要走」和「醫生不知道」。醫生當然可以用他們的專業知識，做出比我更聰明的猜測。我也不想聽到大家的老生常談：「我們都在邁向死亡」。

　　在掃描後的一個星期裡，我在這世界上的意識呈現茫然狀態。經歷了三年的狗屁倒灶，還有什麼能讓我感到震驚的？我很懷疑。睡眠不足和劇烈的腹痛骨盆痛，加重了這種暈眩的茫然感。這種疼痛很明顯是癌細胞正在增長的感覺。雖然我的動作很

笨拙，但我人在前進。

　　我不知道我怎麼還有辦法遛狗，讓孩子準備上學，坐在那裡監督米雅練小提琴？我要怎麼去參加喬許老闆家的烤肉會，像正常人一樣保持微笑？我要怎麼帶著孩子去參加生日派對和去好市多？等到長達數個月的公寓裝修完畢後，我要怎麼樣整理安置我們的新家？我感覺體內的生命正在減少，當我愈來愈接近死亡時，這些事我要怎麼辦得到？

　　我想可能是本能吧。肌肉的記憶、強烈的責任感，重點是，它們非常有用。我離開醫生A.C.的辦公室後，打電話給姊姊，告訴她這個消息。我沒有哭，但是她不願意談這個問題，但我們現在必須開始談。她要準備成為我孩子的代理媽媽，我寧願託付給姊姊，請她代理我，也不希望喬許隨便找個女人。她需要確保孩子會做家庭作業、練習樂器；需要收集各項課外活動和夏令營資訊，並提交給喬許；她需要確保家庭運作順利並且監督。但我沒有說出口的是，在迫切的時刻，她要提供我孩子們母性的情感支援和諒解。我告訴她，我已經有一份簡短的朋友（和母親）清單，她們會支持和幫助她（因為她自己沒有小孩），這些婦女會在必要時給予建議。我告訴她，也許這一切是命中註定，她唯一的妹妹死亡，讓她有機會體驗當母親的感覺。雖然她不想討論這些，因為她不想讓我死，但還是同意了。

　　我們還討論了她要怎樣搬到更近的地方（她住的皇后區似乎太遠），她和我哥哥怎樣分擔照顧年邁的父母，過渡時期可能會暫時搬到我公寓裡。如果說我原生家庭有什麼可以讓我感到非常自豪的話，那就是我們都是非常務實的人。不管是多麼可怕和悲

慘的事情，我們總是會關心需要照料的事務。情感上沒有枯萎，沒有壓得讓人喘不過氣來的抑鬱。我們從貧窮的移民身分開始努力，這件事教會了我們生存技能，這是我們的根本。這是一種態度、一種方法、一種世界觀，雖然女孩們現在的成長環境優渥，但我希望她們可以以某種方式，從我身上繼承到這樣的特質。

喬許在情感上被壓垮了。我很想說，快停止。這三年的期間，一次又一次地收到壞消息，他怎麼可能不被擊垮？我們夜不成眠，在半夜醒來彼此互相安慰。我強迫他說出心裡的恐懼。他要怎麼在保持他重要工作的同時，還能夠成為一名合格的單親父親？誰能像我一樣管理這個家庭？他什麼時候應該放下手邊的工作陪我走最後一程？我竭盡所能地消除他所有恐懼。我已經花了三年的時間替自己的死亡規劃。我有很多應對計畫，腦子裡很多清單，很多東西要寫下來，很多指令要發布。如果可以的話，我會親自挑選喬許的第二任妻子，但不幸的是，我沒有這方面的應對計畫。

我告訴喬許，我想被火化，骨灰要撒在太平洋上。去年夏天住在我哥哥家的時候，就決定選太平洋，我住在他後院裡凝視著海洋，這片海洋就位於我出生的大陸以及我無法繼續在此生活的大陸中間。我告訴他，我希望追悼會在教堂舉行，就是米雅一年前要求我們去的那一間。我告訴他，我希望在我死後三個月舉行；三個月的時間足以讓人們安排追悼的交通行程，也足以讓喬許和我的家人哀悼，然後我希望他們能夠繼續前進。我想讓他請米雅的小提琴老師在儀式上演奏。我還告訴他要找誰來幫忙策劃喪禮，也告訴他哪裡可以找到我的舊照片。他花了一個禮拜對著

那些褪色的照片呼氣，哀嘆著這一切不公平。

我用一個週末的時間，把我們混亂的東西重新整理到我們新的、擴充的衣櫃裡，用新餐具替換了舊餐具，重新整理香料、清潔用品、重新計畫、釐清思考，然後再做更多的計畫。

當醫生 A.C. 告知我那不幸的預言後，我知道我很想要活超過一年。我需要更多的時間來計畫、生活、當一個好母親。我的孩子需要我，我要多給她們一點時間。有幾週沒有化療，讓我感覺很好，所以我知道我的身體經得起更多的化療。

因此，我請一位朋友幫我安排隔週和住在華盛頓特區的著名消化道腫瘤專家醫生 M. 見面，他曾經幫助我進行募款活動，但我從未以患者的身分見過他。要是以正常的掛號見面，我必須等待六個星期。但我已跟他約好下禮拜四見面。

我還打電話給史隆‧凱特林紀念癌症中心，約了一位腫瘤專家醫生 V.，我們之前見過幾次，我想聽聽其他醫生的意見。她很年輕，因此不是史隆‧凱特林紀念癌症中心的大人物，但我一直很喜歡她，最重要的是想爭取史隆‧凱特林紀念癌症中心的臨床試驗。我已經決定，無論做什麼臨床試驗，都不會跑到很遠，除非那個試驗有著驚人的把握能成功。我不想浪費我和家人一起相處的寶貴時間，去做一些不太可能成功的事情。史隆‧凱特林紀念癌症中心是全國領先的癌症中心，幸運的是，離這裡只有三十五分鐘的地鐵路程。在我上火車去華盛頓前幾個小時，醫生 V. 臨時取消預約，我也接受了。

直覺告訴我，我需要獲得另外一方的意見。醫生 A.C. 為我提供了朗斯弗和癌瑞格，這是最後兩種被食藥署批准用於治療大

腸癌的藥物。醫生V.認可了這些藥物，但她也為我提供了一個臨床試驗的機會。這是第二期的試驗（代表著藥物的安全性已通過測試），裡面會用到一種名為SGI-110的化療藥劑，該藥物和抗癌妥一起使用，我以前使用化療藥物時，也多次和抗癌妥一起用過。患者可以隨機分為兩組，一組使用SGI-110和抗癌妥，另一組使用朗斯弗或癌瑞格（由患者自行選擇）。就算病人被分到第二組，但要是朗斯弗或癌瑞格失敗，那個人就會換組，所以病人遲早都會接受實驗性藥物。

第二天早上，我見到了醫生M.。就算我對這個環境很陌生，但看到他還是鬆了一口氣。他是一個如此善良的人，態度也很好，而且言之有物。他讓我放心。他一開始的時候先問我心情如何，看過掃描圖之後知道我身體的情況，但他想更深入地瞭解我。我告訴他，我已經筋疲力盡，已經厭倦做決定，我想讓信得過的人告訴我該怎麼做。

醫生M.瞭解我的疲憊。他拿出一張紙，開始寫下我該做的事：把我五月最新手術切下來的卵巢腫瘤拿去做凱瑞斯基因檢測，會有百分之十的機會可以讓我知道未來該做哪種臨床試驗。要是我正式換主治醫生，他會接手照顧我，這樣他就可以做除了標準檢測以外的檢查。朗斯弗和癌瑞格平均六個月的有效率為百分之四十，有些患者的療效延續得相當長。而且還是穩定地長，並不是慢慢減緩。不管部落格或是網路上怎麼說，但是癌瑞格沒有這麼可怕，尤其是在劑量適當的情況之下。醫生一開始給我的劑量是一百二十毫克。他讓朗斯弗和阿瓦斯汀一起使用。但阿瓦斯汀不會和癌瑞格一起。要在兩者之間做出選擇，這種選擇方式

是在評估我能夠忍受哪些副作用，噁心、疲勞和手腳的綜合症狀。他知道SGI-110的試驗，也覺得我這樣做是合理的，我應該允許隨機之神，替我做個決定。

至於我還有多少時間，他不知道。我沒有任何立即的危險。他問我是否看過掃描報告，我跟他說我一直不敢看，於是他帶了我看我的掃描結果，跟我說我其實沒有那麼多的病灶。我們討論了我的疾病在什麼地方比較危險，是肺部的還是腹膜的。簡單一點的說法就是，這個疾病會從哪裡殺死我？我一直很害怕是腹膜，因為我印象中，它生長的速度非常快。醫生說，如果讓他選，他也會覺得腹膜更危險，不是因為長得很快，而是它會對生活品質造成影響。腹膜如果嚴重的話，會堵塞腸道，對生活品質影響很巨大（也就是：疼痛和無法吃喝）。如果是這種情況，可能會使用靜脈注射的方式來攝取養分。肺部的腫瘤依然很小，這裡一公分、那裡一公分。但要是一旦變大，我就會肺衰竭，會很快死亡。沒有任何醫療方法可以避免肺衰竭。

我和醫生M.的會面，是我所經歷過最好的約診。跟他交談讓我意識到，我對醫生A.C.的疑慮已經存有一段時間了，他總是不能回答我的問題，總是把我的問題往後推遲。醫生A.C.是那種可以建立合作關係的醫生，可以在任何時候發簡訊和電子郵件給他的醫生，但我現在不再需要這些了。醫生M.譴責他讓我進行放射和免疫治療的聯合療法。他很生氣，因為我算是燒掉了一座橋梁，無法再參加類似藥劑或是其他免疫治療的藥物試驗。我很清楚這種風險，醫生A.C.也很清楚，但他一笑置之，我也是如此。可是我現在非常後悔聽從醫生A.C.的「瘋狂」想法。

不過，正如一位朋友跟我說的那樣，鑒於我們每一次都要做出很多決定，想要在這趟癌症之旅沒有遺憾是不可能的。但我認為，走一點遠路也不會有太大的影響。反正還是會死。

我去見了醫生V.，簽署了參加SGI-110臨床試驗的同意書，並告訴她，即使在試驗結束後，我也會把我的護理工作交給她以及史隆·凱特林紀念癌症中心。我以前一直對這樣的癌症中心制度、漫長的等待、排隊進入電梯、看似冷冰冰的本質所拖累，但現在我不在乎了。我需要這個機構的幫助。我相信我現在要追求的是多幾個月的壽命而不是幾年，所以我希望史隆·凱特林紀念癌症中心這樣的機構能支撐我。

我現在感覺好多了，因為有了一個計畫，最近的事情給我一種很奇怪的平靜感。腹痛已經消失了。這幾年來我第一次在泳池裡來回游一趟，雖然我一直不太會正確換氣技巧，但那一天我在一位朋友以及隔壁泳道的陌生人幫助下學會了。

不管我前面寫了什麼，但現在我並不討厭你們當中的任何一個。

二〇一七

37

信仰、歷史的教訓

　　這表示我離我的終點更近了，但我不在乎，我很高興看到二
〇一六年的結束。這一年的過去，我心中大量的卑劣面也跟著消
失。我重新專注於替米雅和貝兒創造回憶上。智利女作家伊莎
貝·阿言德（最著名的小說叫《精靈之屋》），她在回憶錄《寶
拉》當中向女兒寶拉講述她非凡的生活，那時候的寶拉患有紫質
症，引發了昏睡，永遠不會醒來。十五年前我讀過《寶拉》，第
二十三頁裡的一段話、帶著一連串的情感，從那時候就一直跟隨
著我，現在它比以往更強而有力地抨擊著我的心。阿言德跟女兒
訴說自己的過去，她稱之為「內心深處的花園」，那是一個連最
親密的愛人都沒看過的地方。「拿去吧，寶拉，」她告訴她的女
兒，「也許它會對妳有用，因為我擔心妳自己的已經不見了，在
妳漫長的睡眠中忘在了某個地方……人不能沒有記憶地活著。」

　　我是一個喜歡回憶、喜歡過去、喜歡歷史的人。我大學主修
歷史，學習美國、中國、歐洲、非洲、社會、經濟、政治和文化
的歷史。我發現一些獨特、有魅力的人物，像是耶穌基督和毛主
席，以及革命性的創新者，像是湯瑪斯·愛迪生和史蒂夫·賈伯

斯，他們改變人類歷史的進程，這很吸引人。

我們其餘的人只是被過去和現在的其他人，所掀起的浪潮給淹沒。以及無法被人控制的力量所帶來的影響（這種「不受控的力量」取決於個人的宗教和哲學觀點，也就是老天爺、自然之母、宇宙隨機性，它會帶來注入自然災害和疾病這些東西）。

我覺得最有趣和最有價值的是我們其他人的故事：一位加勒比黑人婦女，帶著三個孩子逃離虐待自己的丈夫，來到紐約的庇護所。還有一個故事是美國二戰的戰俘一個人在海上獨自漂流，之後又被日本人折磨數年的故事。一九七二年，烏拉圭英式橄欖球隊搭乘一架飛機，後來墜入安地斯山脈，球隊隊員靠著驚人求生意志最後活下來的故事。還有一位女性被診斷出第四期結腸癌，最後卻活了十五年的故事。有那麼多的故事。事實上，我們人類所經歷的真實故事，比最偉大的說書人說的所有虛假故事都要鼓舞人心。

阿言德提醒了我，我們每個人的記憶、自己的過去、自己的歷史都有其價值；畢竟，我們自己就是經歷人生後的產物，除此之外，我們還能是什麼？有時候，我們必須審視自己內心，去發現和辨別自己的故事，而不是去尋找靈感、力量、希望。畢竟，奇蹟藏在內心。當然，審視內心很不容易，因為我們必須面對痛苦的錯誤、恐懼、弱點、不安全感、醜陋。

當我第一次被診斷出癌症時，喬許讀了我的手術和病理報告，讀了快一百遍。要我看自己的手術報告，幾乎不可能不對那畫面感到噁心，那是我身體上切下來的一部分。喬多次閱讀，在網路上找到每一份相關的醫學研究，學習外國的醫學術語，並對

我的預後做出合理的推論，讓自己感覺更有希望。我光看研究裡的一句話，就開始昏昏欲睡，這就是我要掌握自己醫療照顧，所能盡的最大努力。喬許信仰科學，它奠基於數字和理性。我則信仰比我更高一層的世界上，那裡似乎沒有任何實際數據，有些人稱之為「非理性」。

雖然看起來不合理，但我的信仰來自我的記憶，來自於對自己歷史的理解，在一定程度上，可以算是我父母和以前祖先歷史的理解。我最初的記憶，是爬在我們越南三岐市的房子裡，在那狹窄的樓梯上，那裡沒有防止掉到滿是灰塵水泥地上的安全護欄。我第二個記憶，是坐在祖母腿上，在南中國海的漁船上，看著一只光禿禿、昏暗的燈泡在頭頂上晃動（在我失明的情況下，仍能感覺到一點光和運動），三百多人哭喊著祈禱的叫聲在我耳邊迴響，想要安全到達香港難民營。我記得一年後，我在加州大學洛杉磯分校的朱爾斯‧斯坦眼科中心，進行第一次視力恢復手術，試著掙脫用來全身麻醉的面罩。也記得我拖著放大字體版本的書到處走，其他孩子都盯著我，好像我是怪胎。我還記得高二時無法填寫初期教育能力測試的答案，因為填寫圈太小了，用放大鏡也看不見，我那個週末的其他時間都在哭，因為感覺到自己的無能為力。我還記得在電話裡告訴父母，自己剛剛被大學法學院錄取時候的狂喜，還有聽到父親拍手叫好，比我還高興，就像一個小男孩得到心儀的聖誕禮物。

有那麼多回憶、快樂的、痛苦的，但我相信憑這些記憶就能理解為什麼我有如此的信心會相信一些看不見的力量。在我生命中，不止一次感受老天爺的存在，也感受到祂的缺席。老天爺不

在身邊的時候，我透過羞恥、沮喪、心痛、自憐、自我厭惡，發現自己心裡有一種我自己都不知道的力量跟決心。

我在做完結腸鏡檢查第二天，也就是我得知自己得結腸癌的第二天，同時也是在被轉到加州大學洛杉磯分校做手術之前，那個時候我稱之為生命裡最黑暗的時刻，當我發現這不是一場會醒來的惡夢後，恐懼籠罩著我，我歇斯底里地哭泣，在那一家爛醫院裡歇斯底里地抽泣。我的未來，不管是長還是短，都在我面前搖晃，呈現一整團純粹的黑，這是我內心狀態的具體呈現。當我想挖掘過去，找到另外一個可以相匹敵的恐懼時刻。事實上，我從未有相似程度的恐懼經歷過。但有一段距離很接近，那是我上完法學院第一個夏天，我去了孟加拉。雖然我渴望得到一趟豐富的體驗，但我還是很害怕。一個視力不好的亞洲女孩，在不熟悉語言和文化的情況下，獨自一人前往世界上最貧窮的國家，這實在讓人生畏。在我旅行的前幾天和前幾個月裡，孟加拉像片烏雲一樣籠罩著我。如果被搶劫、發生可怕的意外，或是染上了登革熱怎麼辦？我記得我得一一辨識這些恐懼，並盡可能減低風險，我讓母親在我衣服的內袋縫上一個秘密口袋，裡面裝我的錢跟護照，努力鍛鍊讓身體變得強壯，如果受到攻擊，可以盡可能地猛烈戰鬥，我還買了旅行保險。然後我放手一搏，相信自己和上天的力量，大步往前進穿過恐懼，進入不可思議的冒險。孟加拉的過去和現在都不是一團烏雲，而是一個美麗的地方，充滿了活力、色彩還有善良的人們。我對孟加拉的擔憂是錯的。

那天晚上在病房裡，我再次強迫自己承認自己的恐懼，告訴自己要在能力範圍內控制好所有事情來改變自己命運，其他就順

其自然，然後命令自己向前看，再次穿越恐懼。

阿言德把她的生活描述成：「多層次而且不斷變化的壁畫，只有自己可以破譯。而得到的秘密也只屬於自己。心靈的選擇、增強、背叛；事件會從記憶中消失；人們會忘了彼此，最後只剩下靈魂之旅，還有那些難得的啟示瞬間。實際上發生了什麼並不重要，重要的是，事後產生的疤痕還有顯著的標記。我的過去沒有什麼意義；我看不到其中的次序，沒有清晰的圖像、沒有目標、沒有道路、只有在這盲目旅程中的本能引導，還有無法控制的事情造成的迂迴。我沒有多加思索，只是帶著善意，並且微微感覺到世界上有一個更大的天意在決定我的步伐。」

我們每個人都有一個故事。每個人都有經歷，可以從中汲取力量，作為我們信仰的基礎。只是我們是否願意沉溺在不愉快的回憶中，從自己歷史汲取教訓，尋找我們靈魂旅程的秘密。就像阿言德，試圖將她的故事、過去、記憶交給她的女兒一樣，我發現自己在對自己女兒做一樣的事。

38

家

　　新年過後，掃描結果顯示，我在史隆・凱特林紀念癌症中心進行的臨床試驗失敗了（或者更準確地說，是實驗讓我失望）。掃描顯示，我的腹部淋巴結正在生長，我的肝臟表面有兩個新的病變（我想這至少比長在肝臟裡面來得好）。會奪走我性命的是肝還是肺？肺部有一些腫瘤萎縮，也有一些增長，所以胸腔內的腫瘤總體上沒有變化。經歷了那麼可怕的實驗，我失去了頭髮，整個人非常疲勞，接受可怕的肺部活體檢驗，最後得到了什麼？屁也沒有！

　　醫生 V. 提出讓我服用朗斯弗，這是標準流程的護理方式。這是一種口服化療，對部分結腸癌患者有效，但最多只能提供幾個月的穩定控制。十月份我在喬治城諮詢醫生 M.，她跟我說她常常會一起開立朗斯弗和阿瓦斯汀，因為它們的作用方式不會互相干擾。聽到她的建議，加上我對阿瓦斯汀的耐受性，我也想這麼做。醫生 V. 告訴我，史隆・凱特林紀念癌症中心不這麼做。為什麼？醫生 V. 跟我說因為他們並不採用這種組合（換言之，沒有研究支持這種組合，但也沒有研究不支持這種組合）。我離

開了她的辦公室，在地鐵上發了電子郵件給醫生 A.C.，幾分鐘後收到回覆，他表示，如果保險公司不反對，他會開給我阿瓦斯汀和朗斯弗。不到兩個禮拜的時間，他幫我爭取到了這兩樣東西。

我十七歲時離開家去上大學，除了短暫回家停留外，再也沒回家過。許多年來，我都住在宿舍、國外寄宿家庭、分租房子、短期租屋。我搭飛機到處飛，上學、出國留學、旅行、工作、然後更多的學校、更多的工作、更多的旅行。我渴望新鮮感、新的地方、新的人、新的挑戰。陌生會讓人恐懼、但也會讓人興奮。我沒有一個屬於自己的家，但對我來說這並不重要。我大部分時間都很窮。居住的環境也並不舒適，但這樣更好，因為這代表我在省錢。

但是我以為自己會永遠活著，我是無可匹敵的，有一種只屬於年輕人的奔放和自由。我和其他年輕人沒有什麼不同。但是年紀增長，擁有了孩子，以及真正體面的生活改變了我，癌症更是如此。我已經成為渴望舒適、渴望安全感、渴望家的那種人。這一點從我在癌症中心裡，在陌生的人際關係中會歇斯底里哭泣，還有我多麼感激能夠回到紐約大學中可以看得出來。很明顯，我現在只想一直待在家裡。

已經過八個月的施工，再過幾個月完工後，要一一確認核查清單上面的工作，還要將一些東西上牆，再買一架鋼琴（這是我們最後一件新傢俱）。然後，喬許和我在二〇一五年夏天大膽夢想的家已經實現，儘管實現的時候有一片癌症的烏雲籠罩著。我無法確定最喜歡新家哪一點：臥室一面牆上貼著金色橡木圖案的壁紙；新的電壁爐上的爐架，是用一塊再生胡桃木製成的；一排

排訂製的壁櫥，門片在開關時，燈光也會自動亮起熄滅，浴室的地板有輻射加熱；還有電動窗簾。這些都是我自己設計的，謝謝你，喬許，給了我這麼大的自由度，我知道這個地方將會是我最後居住的地方，而且很可能我的家人和朋友會在我最後的日子來這裡看我，這裡也將會是我死亡的地方。我希望這個地方是我和喬許負擔得起的奢華以及舒適之所。

最重要的是，這是由我設計，而且也將是我孩子成長的地方。所以我得考慮她們衣櫃裡的架子得要有彈性空間；隨著時間推移，浴缸也會比淋浴間更具有功能性；目前額外房間可以作為遊戲室，等到某一天可以改成青少年的聚會場所，和成人的空間分開。我認為這套公寓是我留給孩子的禮物，一份有形的家庭遺產，我希望她們會珍惜很多年。

現在，有許多的夜晚我躺在米雅或貝兒的床上，仰望著懸掛在上面的公主吊燈，我回想起自己還是小女孩、還是青少年的時候，躺在自己床上的所有夜晚。我以前的床又硬又不平，我盯著石棉天花板和一盞醜陋的方形頂燈，中間有一個巨大的黑色螺絲。但是正是在那間童年的臥室裡（一個早已和房子一起被拆除的房間），我遙想著自己的未來，自己會嫁給怎樣的男人，想知道在遙遠的大學還有漫長的四年在等我。也是在那時候，我夢想著看看世界、夢想著旅行、夢想著冒險和浪漫。我為考試而緊張，並為那些我早已忘卻的友誼戲碼而擔心。現在我躺在女兒的床上，想知道她們以同樣姿勢躺著時，頭腦和心中會流淌怎樣的念頭、恐懼、夢想。當我凝視這些我為她們建造的房子時，我對自己說，要是注意力夠集中，我會把自己的一部分留在這個

地方，這樣當她們疲憊、焦慮或是希望躺在床上時，我會在那裡分享我最親密的想法和感受，我的靈魂有一部分會永遠和她們在一起，尤其是在這個地方。在某種程度上，只要夠努力，那麼這個地方就會存在那個人的實質的訊息，我希望在她們的臥室、浴室、整間公寓、整個家，可以將這個堅不可摧的事實當成禮物贈與她們，也就是她們的母親非常愛她們。

家是我現在住的地方。而且就某種意義上來說，家，是我永遠的歸屬，就算我的肉身離開這世界也一樣。

39

相信

　　我愛羅傑・費德勒。以防你們有人不知道他是誰，知道他的人都會說，他是史上最偉大的男網球運動員。（GOAT：Greatest of All Time！〔史上最佳〕）我比較像費德勒迷，而不是網球迷。這是認識喬許以來所受到的影響，喬許從以前到現在都是運動愛好者（除了曲棍球跟足球外），尤其網球，不時讓他一下興奮一下焦慮，尤其是羅傑・費德勒的比賽。他會看溫布頓網球錦標賽跟溫網公開賽的錄影，當費德勒輸的時候，他會非常沮喪。那個時候我根本不知道費德勒是誰，以為喬許是個神經病；看兩個人把一個小球打來打去會這麼高興實在愚蠢。我會偷偷上網，查尋這場比賽結果，看看費德勒是贏還是輸（喬許很討厭和已經知道結果的人一起看比賽），然後深情地告訴他：「不會有事的親愛的。」那個時候費德勒正處於巔峰時期，他以驚人的速度贏得大滿貫，他想要超越皮特・山普拉斯的十四個大滿貫紀錄。喬許和許多人一樣喜歡觀看比賽制霸，對人體極限感到驚嘆，羅傑・費德勒是人體所做出不可思議表現的經典代表。

　　然後我們訂婚並結婚，我不再假裝自己對籃球和足球有興趣

了，但我對費德勒的愛依然存在。二〇〇七年秋天，我們結婚後，費德勒的體能開始衰退。我和喬許一起看比賽，感受到更大的壓力，因為他獲勝的機率隨著歲月流逝逐漸降低。費德勒想要在二〇〇九澳洲網球公開賽追平皮特‧山普拉斯的紀錄，我們凌晨三點起床觀看費德勒的比賽，他的主要對手是拉斐爾‧納達爾，是另一位偉大球員（GOAT）。這場比賽對費德勒而言是場災難性的比賽、他在過往的壓力下崩潰了。那天，我們一家兩口都在哀悼。然而，我非常確定，米雅是在那天晚上受孕的，正如人們所說的那樣，在失敗的灰燼中走出來，勞動節的時候，當時我懷著七個月的身孕，花了大筆的錢去看費德勒在美國公開賽第四輪比賽。我們坐在前排，就在發球線後面。那天一整天都可以在電視上看到我們。

　　我非常興奮，因為我的網球之神離我如此之近。費德勒之後進入那一屆的美國公開賽的決賽，但他後來輸給阿根廷的胡安‧馬丁‧德爾波特羅。決賽的時候喬許也有去看，而我則是待在家裡。他會在廣告時間打電話給我，告訴我球場上的事情。

　　我則告訴他約翰‧馬克安諾在電視上說了什麼，我跟他一樣瘋狂。然而，費德勒將贏得更多的大滿貫。他的最後一次，是他第十七次贏得大滿貫[24]，是二〇一二年溫布頓網球錦標賽。二〇一三年七月七日，我做結腸鏡檢查被診斷患有結腸癌的那天早上，諾瓦克‧喬科維奇在溫布頓網球錦標賽輸給了討人厭的安

---

[24] 費德勒贏過二十次大滿貫，但文中的時間點是二〇一七年，當時費德勒的紀錄是十七次。

迪‧莫瑞；而費德勒在前一場比賽中被淘汰，真是巧。那天早上，我被推走時，喬許來醫院陪我之前，已經看過那比賽。我們在加州，這表示這之間有不少時差。

那年溫布頓網球錦標賽我幾乎沒印象。第二年，費德勒再次進入溫布頓球賽的決賽。和以往一樣，我在公寓裡緊緊盯著電視，刺激時刻還用毯子蓋住頭。我知道這很可笑，但我告訴自己，如果羅傑‧費德勒能夠在網球界以這種年齡又拿下一次大滿貫，那我就有機會戰勝癌症。當然，那時我的癌症還沒有轉移到肺部。費德勒在五盤激戰輸給了喬科維奇。

我感到驚訝，但這驚訝主要是為了自己。之後的幾年費德勒沒有獲勝。他都打進了大滿貫的半準決賽、準決賽，但沒有進入決賽。在他三十幾歲時，傷病纏身。之後我便沒有再看了。我告訴喬許，我們心愛的費德勒比賽已經結束，是時候讓他優雅地退役，我不想讓他被這些年輕人羞辱。但是喬許從未放棄他，從來沒有。喬許仍然相信，而我從來見過這麼忠心的粉絲。

他一直跟我說，只要費德勒能夠進入大滿貫的賽事，就仍然有機會。費德勒從膝蓋手術中恢復，二〇一六年，他提前結束賽季，只打了六個月。包括他本人在內，沒有人對今年第一個大滿貫的澳洲網球公開賽抱有太多期望。但是，他在決賽前幾輪的表現都還不錯。而我仍然沒看。喬許推測費德勒為什麼這麼執著要進入決賽，因為進入決賽有很大的機會碰到納達爾，他在跟納達爾的對決上失敗過很多次，他早已進入費德勒的腦海裡。費德勒能面對另一場的失敗嗎？我們可以嗎？我告訴喬許，為什麼我無法忍受費德勒再次失敗，或再度對上納達爾。因為它會讓我崩

潰。喬許很早就起床觀看預錄的決賽，我也很快起來，當然，我在網路上看了他在第五局的時候就被破發❷，一點都不好；我只確定他走在輸的路上。但無論如何，我起身支持我忠誠的丈夫，依然對最後的結果抱有渺茫的希望。喬許發現我想要試圖偷看手機的更新時，沒收了我的手機。

　　所以我真的不知道最後的結局。後來不知道怎麼搞的，某程度上費德勒憑著他強勢的攻勢，深入發球，破發了納達爾，追回比數，然後又輕鬆完成自己的發球局，之後又再次破發納達爾。不久後，他贏得了比賽。喬許和我心跳加速，跳上跳下，高興地跳舞、擁抱、親吻、擊掌。孩子們一定會覺得我們瘋了，但我們把她們鎖在公寓最遠端的臥室，給她們看連續播放的《精靈高中》。在賽後的採訪中，費德勒談到這次的勝利是多麼甜蜜，尤其他花了這麼長的時間、付出了這麼多的努力、自己的年齡，以及不看好他的人這麼多情況下。喬許從未停止相信費德勒過。他也從沒停止過對我的信任，從來沒有。就算我說我的人生已經game over，我就要死了。我告訴他，上一個生日將是我度過的最後一個生日。就算我強硬的態度，和讓人沮喪的掃描結果，會讓他質疑自己的信念，但他仍然沒有放棄。我跟他說他有妄想症，只是不能接受我的死亡，為了保持理智，才不得不告訴自己還有機會。他看著我的皮膚，看著我怎麼走動，他會說：妳不會死。

---

❷ 破發球局，接發球方球員贏下了發球方球員的發球局。

他只會說，只要還在比賽，就還有贏的機會。費德勒贏了，我覺得這是一個跡象，到了一月底，我必須真的聽自己的丈夫的。恐怖中的恐怖！

　　但我還能做些什麼呢？

40

疼痛

　　一個星期以來，我一直嘗試寫作，但什麼也沒寫出來。沒有連貫性。也沒什麼好寫的。現在很混亂，在這種情況下寫不出好東西。我一直無法說服腫瘤科醫生 Y. 增強對我脊椎的放射治療。他沒有察覺到任何直接性的危險，他說腫瘤似乎蔓延到我的骨頭，但不是在脊髓。我想他是對的，因為我後來沒有怎麼樣，而且還在六月五日參加放射治療。而且在這期間內，疼痛似乎有所緩解。我覺得很驚訝，認為應該是我有意識在矯正睡姿的關係。我接連幾天接受了三次放射線治療。治療本身平淡無奇，快速又簡單，但我沒有預料到治療完之後會怎麼樣。疼痛！我右上背部劇烈的悸動性疼痛，這種疼痛讓我晚上睡不著，恨不得想撕扯下身體的那個部分。我求助鴉片類強效止痛藥，它緩解了疼痛，但第二天讓我感覺筋疲力盡，睡眠不足，在十二個小時內多次噁心和嘔吐。看來這是正常的，放射治療生效前，都會出現難以忍受的疼痛。當然，沒有人告訴我這些。我想了很多次，要是我控制不了疼痛，我將不得不前往急診室，這是多麼的糟糕。幸運的是，疼痛在一個禮拜之後好轉，到現在幾乎完全消失。

但是現在換其他部位疼痛了。前幾個禮拜，我左邊臀部和右腿愈來愈痛。

　　我確信在腰椎那邊有一個新的轉移腫瘤。而且我的陰道還會隨機出血。如果覺得這樣的訊息有點太超過，我很抱歉，但既然我都談論了其他一切，那這個有什麼好隱瞞的呢？當然，我擔心這是第二種原位癌。醫生花了好幾個禮拜時間預約史隆・凱特林紀念癌症中心的婦產科腫瘤專家，幫我做了巴氏子宮頸抹片檢查。雖然在結果出來之前還不能斷定，但她認為我的出血可能是因為結腸癌轉移所導致。我不知道如果自己得了第二個原位癌會怎麼樣。

　　這似乎難以想像，但事實上，我過去四年經歷的一切都是難以想像的。最後，肚臍旁邊的那個腫瘤一直困擾著我。光是摸就可以感覺得到，可能是因為我體重急遽下降的關係。目前研究藥物讓我有好幾個禮拜失去了味覺，導致我體重下降。我對食物失去了興趣，純粹只是因為餓而吃。現在味覺回來了，但味道都不太對勁，所以我的胃口還是不如從前。

　　此外，引起嘔吐的鴉片類藥物也在這方面推了一把。我們現在談回到腫瘤。我會玩它、摩擦它、想像它、測量它。我用我的拇指和食指來測量，然後把手靠在尺上，看了一下大概兩公分，尺寸就像掃描報告說的那個樣子。我撫摸它、善待它、崇拜它，它就像一隻兔子腳，是上天的化身，我可以向它祈禱救贖。有時候會感覺它在回應我的祈禱，感覺它似乎平靜下來，甚至在縮小。有時我會試圖動搖它的意志，它會感到生氣、憤怒。最後它會控制我的情緒。當它平靜的時候我就是平靜的（甚至是樂觀

的）。當它生氣時，我也生氣（害怕和悲傷）。

　　但更重要的是，我知道它在控制我，控制我什麼時候生存，什麼時候死亡。我計畫在六月中旬，再進行一次掃描。如果疼痛的情況，和我整個身體的健康狀況可以當成衡量標準，那麼這個掃描結果可能會非常糟。我已經做好最壞的心理準備。但我不知道該怎麼做。我不知道下一步該做什麼，如果還有下一步的話。所以，我不斷掙扎著，想辦法接受死亡。我跟自己說，我這一生過得很精采。告訴自己，我不怕死，我太累了，太痛苦了，想要馬上死去。這些話大多數都是真心的，但我還沒有完全面對。我還沒有找到我迫切需要的那種平靜，在平靜中，我可以接受糟糕的掃描報告，因為我知道死亡很快就到來。而這種平靜正是我想要的。

　　問題是，我該如何找到它？

41

死亡，第二部分

我是爸爸的小女兒，他最喜歡、最珍愛的一個，他的金塊。他會用越南話或中文告訴所有的人這件事。這讓人很尷尬，尤其在我十幾歲的時候。但我也愛他，雖然他在很多方面都很愛管東管西，而且很煩。也許是因為我是最像他的小孩，對這世界上的人事物都感到好奇而且很有興趣。也許他在我身上，看到自己所有的潛力和夢想，這些夢想從未有機會實現：一個無所畏懼的世界旅行者，一個有辦法賺大錢的專業人士。在他身上，我看到了一個無比愛我的男人，他會花幾個小時開車送我往返機場，參加高中比賽、參加學習小組會議、去做牙齒矯正，他相信如果我願意，甚至可以在月球上行走。有時，我會對此有些不好意思。當然，父親也愛其他孩子，但那就是不一樣。（而且，眾所周知，我母親最愛的是我哥哥，而我姊姊則是最討我祖母和叔叔們的歡心，所以我也沒有太在意。）有一次，我們一起坐在車上，我問父親：「你不覺得你愛我勝過哥哥姊姊嗎？」他右手從方向盤上離開，伸向我，手指張開。「看看我的手，」他命令，「有看到我的手指嗎？妳覺得它們是一樣長的嗎？不是，人不可能對自己

每個孩子都有同樣的愛。」

我父親是一位睿智的中國哲學家。無論如何，我知道他就如同他所說的那樣愛我，當我離家三千英里去上大學時，他無助地站在我身邊，我為他感到無比難過，然後我便開始了各式各樣的冒險，去遙遠的地方，去那些我們冒著生命危險也要逃離的貧窮地方。他從過去到現在都沒有改變，總是窮操心。在我收拾行李準備下一次冒險時，他會悶悶不樂地坐在一邊，看著我，垂頭喪氣，撐著自己的手指，撫摸他那幾乎不存在的頭髮。當然，我對自己的旅行也會緊張，擔心自己會遇上什麼狀況。但最重要的是，我會被新奇事物和意外驚喜給吸引，想要體驗沒有經歷過的事物。我出去玩、學習、成長、改變、挑戰；我父親會留在家裡，擔心這擔心那。他的生活以我為中心，而這個「中心」正在離開。

然後我發誓，即便自己有了孩子，我也不想當那個留在家裡的人，我的過去和將來，永遠會是一名勇敢的旅行者和冒險家。看來隨著最近掃描結果的壞消息，我將履行我很久以前做出的承諾。我會是那個最早走的人。在那麼多家人和朋友中，我將是第一個開始偉大冒險的人，這一次是超越今生進入來世的冒險。如果有辦法選擇，我會待得更久，看著孩子長大，看著丈夫變老，埋葬我的父母，看到更多我熱愛的生活。但這不是我能選擇的，從來不是。我現在正忙著收拾行李，羅列清單，留下指令，準備好我最終的遺產規劃文件。我在忙著進行最後的回憶，說再見，告訴每個人我愛他們，寫下我最後的話。我不僅要記住我會想念的所有人，還要記住我會想念生活中的所有事。我會懷念將碗

放入洗碗機和拿出來的簡單儀式。我會懷念我的鑄鐵平底鍋表面的鏽斑，那是烹飪無數次食物帶來的痕跡。我會懷念好市多的購物。會懷念和喬許一起看電視。會懷念送孩子上學的日子。我會非常懷念這一生。人們總說，年輕人不知青春的重要，總是白白浪費。但現在，我的生命接近最後一天的時候，我發現健康總是浪費在健康的人身上，生命總是浪費在活著的人身上。

　　直到現在，我才明白這一點，因為我正準備離開此生。睡眠不再重要。我跟我自己說，我要爭取每分每秒，在疼痛消退之前、在頭腦被鴉片搞模糊之前，我會有足夠的時間，可以晚點入眠。可悲的是，這次不只有我父親無助地坐在旁邊；還有喬許、我的孩子們、母親、哥哥姊姊、堂兄弟姊妹和許多朋友。對此我感到抱歉。很抱歉，讓別人來收拾殘局。這是一種自私的行為，也許是我很久以前做出的自私承諾，在不知不覺中造成的。

　　但請相信我，我不是故意的。我知道自己很快就會站在一個不尋常的邊界，面對一個人類無法理解的更偉大的世界。我有很強的信念，知道在此生結束後，還有另一個世界存在，這種信念比我是否相信老天爺的存在還要強烈。我知道我身體的每一個細胞都有來生。我一直回想，自從四年前被診斷出癌症以來，我遇到的所有人：黛比、卡羅琳、瑞秋、柯林、克里斯、珍……我發現他們教會了我如何死亡，我會跟隨他們的腳步，他們和我的家人正等著我，迎接我去另一個世界。我會很高興。當我還懷著米雅，對生兒育女緊張萬分時，我安慰自己，千百年來，有幾十億的女性都做過同樣的事，我沒理由做不好。

　　同樣地，我想起所有認識的人，以及數千年來死去的數十億

人，我也沒有理由不能好好地完成這一個成年禮。我希望能夠一路好走，平靜地死去，不為我的此生遺憾，而且會覺得自豪和滿足。為什麼人們的理想總是要長壽？為什麼覺得早逝是件可怕的事？是否這些早逝的人，活著的時候都一定就過著很好，所以需要為此難過？或者，是否死亡能提供比活著時更大的智慧和快樂？所以那些早逝的人，很幸運地可以更快獲得這些智慧和快樂的祝福嗎？也許，這僅僅是一個絕望的人，試圖接受自己會早逝的沉思。

然而，我可以向你們保證，我並不感到絕望（除了對自己無法完成所有準備工作的絕望之外），如果我有感受到任何東西，那會是完全的平靜。

我不知道這樣的平靜，是否是每個人都會有？或是只有特定的人才會有，如果是特定人才會有，又是哪些人能得到？是追求平靜的人才可以？還是憤怒的人呢？還是最後放棄投降的人？但不管如何，二〇一七年，這幾個月裡，我得到了平靜。

42

準備

　　米雅三年級、貝兒一年級。開學時，家長們聚在一起，玩著某一種相互攀比的遊戲，每個人都試圖勝過別人，誇大其詞說自己假日過得多好度過了最好、最酷的夏天。旅行去法國、西班牙、義大利等等。當然，我也玩了這個遊戲。有部分原因是我需要這樣玩，就算我身邊發生的這一切，我仍然可以給我孩子一個正常的童年，可以不輸別人的夏天，「米雅和貝兒去了南卡羅萊納州探望他們的祖父母，那裡可以看到完美的日全食，她們喜歡這個。永遠不會忘記這段經歷。」我吹噓道。當我在說這些話的時候，我想知道為什麼我會在這個生命的階段感到煩躁，為什麼我要參與這個愚蠢、乏味的遊戲，為什麼這些東西會是重要的。

　　我本應該張開嘴巴，告訴他們真相：「女孩們去南卡羅萊納探望祖父母，看日全食。但我很苦惱是否應該讓她們去，因為我害怕在她們離開的十二天裡，會失去跟她們相處的時間，或者更糟糕的是，在她們離開的這期間我就死了。但是我意識到我必須讓她們離開，因為這是為死亡準備的必要部分。這是就我今年夏天所做的事情，準備死亡。女兒可能沒有意識到這一點，但是她

們也在準備讓我離去，讓我走，在這個沒有母親的世界上重新塑造自己的生活方式。這就是我們家今年夏天所做的事。怎麼樣，妳有辦法勝過我這個嗎？」噢，如果我說了這些，多麼希望看看他們臉上的表情。

我真的很想看到人們聽到這樣完整、絕對、讓人不安的事實時，臉上那個震驚的表情。六月下旬掃描結果，意味著孩子們開始放暑假，也意味著我的生命正開始邁向結束。我是知道的。兩個月過去，這項最有希望的臨床試驗成功了，這試驗的第一階段數據，在月初已經公布在臨床腫瘤學會的年會上（只有最有希望的初期研究成果才會被公布）。它使我的腫瘤縮小，而且小得很明顯。我經常觀察到，轉移性癌症和其佔據的身體之間，經過一段時間後好像找到一種平衡，緩慢又穩定擴散和治療之間的某種平衡，雙方在互不打擾的基礎上，相對和平地共存者。然而後來我又開始擔心癌細胞，它變得非常狂躁。妳怎麼敢搞我？它怒不可遏。作為膽敢挑戰它的回擊，它不斷地成長、不斷地成長、繼續成長。我喚醒了野獸，付出了代價。我肚臍旁邊轉移的腫瘤，現在像一顆高爾夫球，旁邊還有更多小的腫瘤。我骨盆的腫瘤正在快速生長，到了某個時候，我想它們會阻塞我的消化道，讓我無法進食，到那時候我將會考慮人工餵食的方法和可行性。只有當重要器官無法運作時，死亡才會到來。目前我肺部和肝臟功能正常，但我不知道這會維持多久。根據我的觀察，愈接近末期，癌細胞會愈具侵略性，以更快的速度增長，但這樣會把它賴以為生的身體吞噬掉。癌症真是愚蠢。要是我能談判休戰就好了。但不管怎樣，癌細胞並不是一個理性，具有智慧的生物。

哀悼的準備是必要的，所以今年夏天我在做的事情就是哀悼。看到掃描的結果，我為自己失去的人生感到悲痛，和喬許一起去大溪地度假將永遠是個夢想，和女孩們一起去非洲狩獵的行程終將不會有我，去越南旅行讓女孩們看看她們母親在哪裡出生的行程，也不會有我。我為自己日益衰弱的身體感到悲哀，現在連跑到隔壁的目標百貨或是銀行，都變成了巨大的困難，我也為此感到悲哀，為我萎縮的肌肉和鬆弛的皮膚感到悲哀，只要離開家裡的床或沙發，就會開始擔心。如果看不到長椅，我會需要蹲在人行道上，看能否緩解腹部的疼痛，而且必須無視他人的目光，我也為這樣的身體感到悲哀。這就是衰老的感覺嗎？在高速行駛的車中，我經常會這麼想。

　　我請父母過來陪我。讓媽媽做我最喜歡的湯，要爸爸買我最喜歡的中國糕點。一開始我猶豫了一下，因為我覺得讓父母接受我的死亡，是件很困難的事。沒有什麼比白髮人送黑髮人更殘忍。我懂，因為我也是一個母親。但我姊姊常說，一起悲傷總是比分開來得好，他們能跟我在一起總比分開好。所以，我為我的堂表親們買了單程票，因為不知道要停留多久。有一段期間，我母親快把我逼瘋，她堅持要我喝跟吃那一些我不相信的奇怪中藥垃圾，對我父親買回了所有我想吃的不健康中國點心也很有意見。我告訴她，我他媽現在想吃什麼就吃什麼。我父親也會對她吼幾句，意思就是要她閉嘴。每天晚上，當我父母回到我姊姊公寓時，我姊姊和父親都會告訴母親讓我一個人待著，享受剩餘的時間，並且相信我知道自己要什麼。有一次她變得十分難纏，我威脅要把她丟出我的公寓、送她回洛杉磯，然後她才停止。

我整個夏天都在道別。我叫哥哥來見我，想讓他過來替我磨刀，給砧板上油，換一下廚房的濾水器。希望我們大家最後一起去好市多，那是喜歡購物的中國人和家人在一起時會做的事。我哥哥在七月底只停留了一個週末。在他離開的前一個晚上，我們五個人，父母、姊姊、哥哥和我，一起坐在餐廳裡。大家的話不多，哥哥飛行數千英里遠來到紐約，而我將會在幾天或是幾個小時之後去世。我哥哥，葉滋茂，一直跟我姊姊談成為代理媽媽的知識，但大家聚在一起的理由，心照不宣沒有說出口。我們默默地拿出了手機和相機，承認這個時刻是多麼的短暫和珍貴。四十一年來，一直都是我們五個人。這就是我的家庭，儘管我的孩子已經長大，我有了自己的一家五口。但這些人仍是我的家人，我們一家子人。我知道，在未來的家庭照片中，會有人缺席，一個永遠無法填補，令人心碎的缺席。我父母也將失去另一個女兒，而我的哥哥和姊姊將不再會有妹妹。四十一年的緣分，將結束在那一夜的房間裡。

　　我整個夏天都在計畫。幫米雅買了一張新床墊，舊床墊很笨重，如果不現在做，那永遠也不會完成，米雅不知道會在那張不舒服的床上睡多久。我為我的女兒們找了一位兒童心理學家。替喬許和女孩們請了一位廚師，幫他做飯。也替女孩們找了一些高中女學生或大學生，能夠陪她們上音樂課，並監督練習。這項待辦事項很快就會被打上勾；我要是不能確保她們的音樂能進步，我就不是一個真正的中國虎媽。

　　我買了自己的墓地。我會被安葬在綠蔭公墓，是布魯克林市中心一座歷史悠久、十分美麗的墓園，很多名人都葬在那裡。有

人跟我說，在那裡想要擠到一小塊地都很不容易，但我很幸運。過去四年以來，我一直計畫要火葬。我曾跟喬許說過，我要讓我的屍體被燃燒，燒掉癌細胞，它們活該。但是到真的要做出安排時，我發現我沒辦法忍受自己被燒，燒掉自己身體和切除癌細胞的願望，都是來自憤怒和仇恨；我不想讓憤怒和仇恨成為我身體最後留下來的訊息。雖然我討厭癌症，但這三十七年來，我的身體仍一直很好的替我服務著。它帶著我環遊世界，還替我生了兩個漂亮的女兒。我不能讓癌症毀了曾經有過的美好。還有一個事實，我一直很討厭火。我甚至不喜歡點火柴。想到我的屍體會被送到一個寒冷的機構，在那個地方被火燒掉，這樣的想法令人反感。另外，喬許也希望有個地方可以來看我。他想找個地方，能帶著女兒們一起來看我。想在日後，也能葬在我的旁邊。結果證明，喬許說出了我的心聲，那才是我真正想要的。

　　整個夏天大部分的時間，我都在思考我想如何活著，以及如何度過餘生。

　　兩年前的夏天，我去了加拉巴哥群島。喬許和我，以及船上其他三十名乘客，從一座島到另外一座，去看各式各樣不一樣的奇特鳥類，牠們有藍色的蹼足，像紅色氣球一樣的胸脯。那裡也有緩慢悠游的百歲巨龜，當你浮潛時，旁邊還會有海獅在伴游（就像海洋中的小狗）。在一個早上，我們看到一具已經死亡的海豹骨骸，不出意外，它會被拾荒者給撿走。在一百英尺距離外，還有一隻活著的海豹媽媽和她的小孩。這個地方遠離塵囂，你知道自己正在見證生命的原始根源，大自然最原始的母親，數百萬年不受人類活動干擾，沒有被馴服的生命；畢竟正是這個地

方，給了查爾斯‧達爾文靈感，讓他提出適者生存和進化論[26]。

　　一天晚上，我們在船上吃過晚飯，有人發現一條鯊魚在水面游過。船停了下來，方便我們觀察鯊魚。船上微弱的燈光，昏暗地照亮鯊魚的軀體。很快，我們發現鯊魚其實正在追逐另一條魚，我想那條魚應該叫做飛魚。那條魚不顧一切想要逃走，從水裡飛出水面，撲通一聲跳到甲板上，不斷地掙扎跳躍，在恐慌中想找到一條能救自己的出路。我們該怎麼辦？我們救不了那條魚，但是可以開走船，然後把魚扔回水中。但可以肯定，鯊魚或是其他肉食魚類，會發現這條魚處於精疲力竭的狀態。最後，我們其中一位導遊，把魚丟回黑暗的海洋，牠在那裡被鯊魚吞噬，海水很快恢復了平靜。

　　從此以後，我經常想起那條魚。我知道，牠想生存並拯救自己的原始本能也在我心中。我知道牠感到絕望。每當我發現自己腫瘤又在生長時，我都會感到絕望和恐慌。我在其他面臨死亡的人身上也看到了同樣的本能。有一個傢伙，他就連肺部即將被排空，都還想要再做一次臨床試驗，結果五天後，他在醫院去世。（如果很想知道排空是什麼意思，就是把管子插進肺裡清除不必要的液體，這通常表明已經進入末期，而且對臨床實驗來講，並不是一名夠健康的病患。）然後是互助團體裡面的人，他們幾經思考，仍給出了各式各樣愚蠢的建議，這些建議反映了一個群體不惜一切代價都想要求生的絕望。當他們碰到想要停止治療，進

---

[26] 英國博物學家查爾斯‧達爾文曾短時間探訪加拉巴哥群島。在這些距離厄瓜多爾西面六百哩（一千公里）的太平洋島嶼上，達爾文認為他發現了進化論的證據。

入臨終關懷的患者，他們經常會說：「你必須繼續。放棄不是一種選擇。」一位後來去世的母親，生前醫生跟她說她還有十八個月（後來沒撐到十八個月），她說：「死亡不是一種選擇。」我當時心裡想，真是如此嗎？然後，我想知道，當死亡對她來講愈來愈明顯時，她是怎麼想的？是否會持續認定，死亡不是一種選擇？事實上，在現實裡，死亡是不可避免的，而活著才是一種選擇。

這樣的說法來自同一批人，他們胡言亂語地斷言，認為希望總是存在，看看他們的癌症，仍處於有限的侷限期❷就知道，他們當然會這麼講。但對於像我這樣的人來說，希望在哪裡呢？我的朋友，艾米，在確診一年後去世，留下了一個兩歲女兒，她的希望又在哪裡？其他數百萬死於癌症的人，他們的希望又在哪裡？

某種程度上，死亡的現實面和必然性，必須被認知和接受。面對死亡做出如此輕率聲明的人，允許他們卑鄙的本能統治自己，他們的選擇更像是原始的魚類，而不是進化過的人類。這些人如此害怕死亡，他們無法進化靈魂，並有尊嚴優雅地對待死亡。

我可能和那條魚一樣有同樣的本能，但我不是那條魚。我們是人類，不是魚。我們是進化過的。我們有理性。我們渴望有一種超越原始根源的思想、存在的意義。這是我所渴望的，我敢說

---

❷ 以肺癌來說，非小細胞癌分成1至4期，但小細胞癌則只分為「侷限期」和「擴散期」，「侷限期」是指腫瘤的範圍侷限在一側的肺部內，尚可被「可耐受的放射線治療」涵蓋。

這也是每個人應該要渴望的。我們最好的人性意味著，能夠控制我們更低級的本能，克服恐懼和不安，用理性、智慧、同情、誠實、信念、愛來克服。

我們和原始的魚類不同，因為我們能夠選擇自己的命運。自我意志和自我決定，是人類存在意義的基本要素，我們應該正視它並歌頌。就算有很多超出我們控制的事情，但在一定範圍內，你和我仍然可以選擇自己的命運。在我或是其他任何人被告知自己別無選擇時，我得要服從某種無意識的本能，這就剝奪了我美麗的人性和我個人的選擇。這適用於任何生活經驗，不僅僅是癌症。對於那些選擇和憂鬱症搏鬥、每天早上努力起床並且堅持不懈的人，我為這種選擇喝采。對於那些不想和憂鬱症搏鬥，並想要了結自己的生命，掌握最後自決權的人，我也讚揚這種選擇，只要它是有說服力的。同樣地，對於那些思維清晰、選擇臨終關懷而不是持續治療並且做更多臨床試驗的人，反之亦然，我也為你鼓掌。我會為你祝賀。Bravo!

無論這個世界或是我的孩子在我死時會怎麼想我，我希望至少沒有人會認為我是一個沒有思想、沒有頭腦、只想拚命活下去的人。我希望全世界都知道，我很清楚自己在走向死亡，我做出這決定不是出於恐慌，而是出於理性、智慧、同情、誠實、愛，來自我人性中最美好的部分。至少，這是我的目標。

在收到掃描結果的一個禮拜內，我在西奈山伊坎醫學院預約了會議，討論我參與的果蠅研究結果。十八個月來，西奈山的研究員一直致力於基因轉殖到果蠅身上，其中包含了我的原發性結腸腫瘤。他們找到了一種可能有效的化療藥物組合。在一千兩百

種被食藥署批准的藥物當中，有一種雙藥物的組合，讓我的果蠅仍然存活。該試驗用來衡量的指標，並不是果蠅體內腫瘤是否成長；而只是很單純的看看，當一切治療過後，果蠅是否仍然活著。只有這一種組合的藥物，使果蠅在癌症的情形下存活下來。這種藥物要通過保險公司的批准很容易。另一種是黑色素瘤的藥物，沒有被批准用於結直腸癌，因此保險不會支付醫療費用。製藥公司也拒絕給我這種藥，因為我不符合他們嚴格的限制。我確實可以找到一家專業的郵購藥店，我可以每個月花七千美元跟它們買藥。理論上，我可以支付兩個月的藥費，如果掃描結果顯示那一種聯合用藥的組合是有效的，我會跟保險公司商談費用的問題。

　　每個月七千美元對我跟喬許來說都不是一筆大錢，可以輕輕鬆鬆花好幾個月。但是有一點我不太讚賞，研究人員並沒有提到該藥物用在患者身上時，該怎麼減輕副作用的代價，就我來看，研究員對這樣的實驗結果似乎也沒有太大的信心。另外，我仍然懷疑，果蠅身上的效果是否能夠複製到人類身上；老鼠的效果要複製到人類身上已經夠困難的了，尤其老鼠跟人類在生物學特徵又這麼相似。此外，這個測試是在我原發腫瘤上進行的，那麼跟我轉移後的癌細胞生物表現應該也會有落差。第三，這項實驗或其他任何實驗都要花費不少時間和精力，我參加了三個實驗治療，其中有兩個是臨床試驗。我很清楚這需要大量的測試，目前我沒有太多時間或精力花在百分之九十九點九會失敗的東西上。我寧願和孩子一起待在家裡，和朋友出去玩、寫作，甚至懶洋洋地躺在沙發上看電視。

我累了。

史隆·凱特林紀念癌症中心提供我一個免疫療法的試驗名額。看起來不錯，但在我簽署同意書後他們又撤回了這個名額。耶魯大學說我的健康狀況，可以參加另一項臨床試驗，但他們的名額也滿了。不管怎樣，我不想每次都花兩個小時的車程去紐哈芬❷❸。從某種意義上來說，這些知名機構對你進行的臨床試驗，和我曾經發誓永遠不會喝的墨西哥的綠色泥巴沒什麼不同。在小白鼠上做些科學表演，來把絕望包裝得好看一些，這就是臨床試驗在做的事。經歷過這一切讓我有些厭倦了。所以我拒絕臨床實驗，並決定採用較低劑量的FOLFOX，這個是我第一次的化療組合藥物。這種組合還相對可靠，我也可以藉由這個方式向女孩們證明，她們的母親並沒有完全放棄。我接受了三次治療，不需要靠掃描結果告訴我，治療是否有效。我能感覺到癌細胞在生長。治療並沒有作用。我很快就停止了，然後進入臨終關懷。當然，除非我原始卑鄙的本能，不顧我的意志在左右我。

我一直都知道，自己遲早會被送去安寧病房，我希望安寧病房的人能夠多瞭解我和我的家人一些。我一直想死在家裡，而不是醫院。為了確保這一點，必須盡早開始臨終關懷。因為很多時候，我聽人說病人去醫院處理症狀，結果一去就回不來了。很難逃離併發症的漩渦，末期癌症引發各種雪崩式的併發症，然後醫院就會出手干預，沒完沒了。也看到一些家庭要求隱私，他們會緊緊團結在其將死之人的周圍。我認為，這在很大程度上是因為

---

❷❸ 耶魯大學所在地。

有一種害怕死亡，連死都不願提的文化存在。人會羞恥地逃避死亡，隱藏自己，假裝什麼事都沒發生，直到無法逃避的真相逼近。我一直都知道，對我來說這不是正確的道路。我愛親友、我愛生活，在我最後告別的時候，我想被這兩者包圍著離開。我答應過自己，在能控制的範圍內，會按照我的意願死去。我希望我的孩子能和我在一起。我希望我的家，充滿了家人、朋友、歡笑、淚水、故事、食物，這是人生最美好的部分。我希望我的孩子，能以我的死亡為榜樣，不要害怕死亡，可以理解成生命的一部分。想讓她們看到自己的母親是被人喜愛的，從廣義上來說，她們也是安全並且被愛著的。我知道一個既活潑又平靜、充滿愛的死亡經歷，是我能給她們最好的禮物之一。四年來，我一直在計畫我的死亡，現在終於開始執行計畫。

43

愛

親愛的喬許，

　　我完全清醒之前的那幾分鐘，其實假裝自己仍然在睡。有時，我能感覺到你凝視的重量，你緊握著我的手；這可能是我第一時間醒來的原因。我能感受到你的愛，感覺到你拚命想把我的臉印在腦中某一個地方，那個地方不會隨著時間慢慢被遺忘。在你不情願地想像沒有我的生活時，我能感受到你的恐懼。我看到你的恐懼，在思考著怎麼有辦法像我一樣安慰女兒們；要怎麼樣計畫生日聚會，和安排女兒的時間表；要如何修理我們家所有壞掉的東西；而在你做到這一切的同時，要怎麼樣仍然努力工作，保持你職業生涯在巔峰水準？另一方面，在我的腦海裡，我可以看到你清理我們家衣櫃和浴室的抽屜，處理掉我所有的東西。能看到你在我的墳墓前送上的花。能看到你一個人看著那些曾經是「我們」最喜歡的電視節目，在女兒們上床睡覺後，黑暗裡獨自一人，讓電視投影出詭異的藍光到你臉上，似乎這樣的悲傷永遠不會消散。我為你心痛，但我不知道怎麼幫助你。除了規劃我的身後事外，還有什麼是我能做的，我應該說些什麼或做些什麼來

減輕你的痛苦，讓你更能接受我的離開？就像我不得不給女兒們寫封信一樣，我也不得不寫封信給你，身為你的妻子，她們的母親，要是我不這麼做，我將會十分失格。

　　現在的時刻，我擁抱你，搔撓你的頭，躺在你的懷中，我清楚感覺到我們在一起的時間有限。我用力地去感覺，並且記住每一次的觸摸中所感受到的一切，我的身體跟靈魂每一個毛孔都對你敞開，好像我能以某種方式把你的皮膚、頭髮、精神，烙印進我的靈魂當中，這樣離開這世界上的時候，能帶著你一起去。知道這一點，會讓你好過一些嗎？喬許，你要明白，在我三十歲遇見你之前，覺得這一輩子都在等你。知道這一點，也會讓你好過一些嗎？我一直相信靈魂伴侶，相信一個人（或兩個人）會毫不費力、無縫地鑽進對方的生活和心靈，就好像本來就一直住在那裡一樣。在我四歲、十二歲、十四歲、十六歲和十八歲的時候，我會在夜裡醒來，想知道當時你在哪裡，一個有一天會成為我一生摯愛的男人，我高大、黝黑、英俊的達西先生[24]。我該怎麼說？我一直是個無可救藥的浪漫主義者。

　　事實上，我所說和所做的一切，對你的幫助都不如時間。時間，是個無法定義的東西，它標示著秒、分、小時、日、週、月、年、十年的流逝；這東西似乎會延伸到永遠，讓人痛苦，但也讓人覺得殘忍，因為又消失得太快；它會等待，也會匆忙追趕，所有人所有事都會受它影響，它會讓我們忘記，或是至少變得遲鈍。不管是好事還是壞事都一樣。還記得米雅比預產期晚了

[24]《傲慢與偏見》裡的男主角，在小說裡被簡稱為「達西先生」。

一天，不耐煩的你被嚇壞了，要求我做引產手術（但我沒有理會）嗎？現在她快八歲了。在這期間內，我們的臉在歲月當中不知不覺變了，當我們回首不同時刻的時候，老去的痕跡才變得明顯，正如照片所記錄的那樣，時間流逝方面，照片不會說謊。那晚我們開始相愛。時間讓你和我都忘記了，那晚走過的布魯克林大橋的每個細節。那時氣溫是五十八度還是六十度（約攝氏十五度）？我們看著曼哈頓天際線，那數以百萬計閃閃發光的燈光時，有感受到陣陣夜風嗎？你當時穿著什麼？

時間剝奪了我們腦海中許多美麗而豐富的細節，不管是好事壞事，也剝奪了我們墜入愛河的那種特殊感。墮入愛河的強烈興奮和焦慮現在只是回憶，沒有溫度，好像一切都是發生在別人身上。有時，我希望能重新回味那個時刻，只需要按下一個按鈕，幾分鐘輝煌的時光可以倒流，再次成為那年輕、欣喜若狂的女人，再次愛上她夢想中的男人。但現存的法則不允許這樣。但也同樣地，我不記得我們之間發生過的無數次爭吵，最糟糕的一次也記不起來，我們曾經威脅過彼此要離婚。我不記得記憶中說了什麼。我知道有時候我很生氣，想給你一巴掌，但我現在無法感受到憤怒。時間不會在乎你是否是我的夢中情人，也不在乎我們之間犯下最卑劣的錯誤；不在意這些經歷過的感情，是我們想要還是不要的、是愛還是恨；它沒有歧視。最後，時間會讓一切變得麻木。消除了最純粹的快樂、最強烈的憤怒，是的，甚至是最心碎的悲傷也一樣。

我記得祖母去世時，我才二十歲；那是我年輕時最痛苦的經歷。還記得飛回學校的路上，我還哭了、記得在期中考試的時候

也哭了。我和我的家人（當時還住在城裡），以前常常去探望她的墓地。她是我們家的中心，我們非常懷念她。但許多年之後，不再那麼頻繁造訪。從每週一次，變成每個月一次，然後只有在節日才去，更之後是每年一次，之後就根本沒再去過了。我已經有十五年沒有去過她的墓地。我和其他人的生活都在繼續。我們變老、我們結婚、我們有自己的孩子。我們繼續過著自己的生活。

很快地，有一天，「我」，這整個存在，現在以及過去和你擁有的一切，都將成為記憶，隨著每一天的流逝，會變得愈來愈遙遠。總有一天，你醒過來時將再也記不住我的臉。不會記得我的氣味。不會記得我是否喜歡巧克力冰淇淋。不會記得那些你曾經以為自己永遠不會忘記的事情。或者你會有一個小時、兩個小時、三個小時，或是一整天都沒想起我過。甚至不再經常到我的墓地探望我。我想讓你們知道這是好的，也應該如此，這就是我想要的。

時間帶來的遺忘是必要的，也是健康的，它鼓勵生活持續下去，為新的經驗和感情騰出空間，這些經歷和感情伴屬於現在以及未來；而我們的記憶應該被歸類的過去，只有在需要和想要的時候才會再次造訪。也許對你們來說，最重要和最相關的是，時間能讓巨大的創傷癒合，這樣人們就可以向前邁進，就算是最痛苦的經歷也可以被客觀地記住，可以從中學習和成長。我希望你繼續活著，喬許。我希望你能沉迷運動、在好的餐廳用餐、環遊世界。希望你盡最大的努力培養我們的孩子，這需要你非常專注在當下。

在生命最後的終點，我甚至希望和你再次相愛。雖然我知道這很難，但我真的這麼希望。

過去四年裡，我們花了很多時間討論那「淫賤的第二任妻子」，我還給她起了這樣的名字，認為她會在我確診後，就取代我。事實上，一直談論她的是我，而你只負責轉動眼睛。這個應該不叫做談話，更像是在咆哮、威脅、怒吼。有的女人在臨終前，會寫信給他們下一任的替代者，希望兩人一切順利，但很抱歉我辦不到。我沒有那麼慷慨。

我擔心她會覬覦我們家的財產，在你脆弱的情況下騙取你的信任。擔心她會像灰姑娘的邪惡繼母那樣。擔心她會試圖抹去我在你們身上留下的所有痕跡。我擔心她不在意讓女兒培養和家人的關係，不讓女孩們在洛杉磯待一段時間，也擔心她輕視了我留給女兒們的遺產。我擔心她會給你洗腦，使你在生活和工作的壓力中，忘記對我來說重要的東西，也忘記你對我作做出的所有承諾，也就是尊重我對女兒們的願望。她是否會徹底重新設計這間公寓，盡可能抹去我為你和女孩們建造的家？這間公寓是我為你和女孩們創造的，讓你們未來幾年可以在這裡享受；萬一情況更糟糕呢，她是否會強迫你賣掉這間公寓？就像你所知道的那樣，我擔心的事情多著呢。你告訴我要相信你。要我相信你有做出正確決定的能力。但是，這對我來說很難。

還記得我們曾經大吵一架過嗎？就是在和你討論，你重新開始約會、訂婚、結婚，會需要多久時間的時候？你在 Google 上搜尋，並向我背誦了有關配偶死亡後，倖存的一方會花多久時間，重新和人發生性關係、進入認真交往、然後再婚的百分比統

計數據。寡婦和鰥夫之間存在巨大差異，鰥夫會比寡婦還要快得多。例如，百分之七的寡婦，在配偶死亡後一年內會發生性行為，而鰥夫是百分之五十一。我感到震驚和厭惡。男人天性是如此軟弱，無法照顧自己和獨處。你說會在我死後一年訂婚，最晚兩年後會結婚。我對你很生氣。你就這麼軟弱和可憐嗎？

當然，你為我的死做了很長的準備。我的死亡並不是什麼意外。但就算這樣，直覺上來說，我覺得應該有更長的時間來表示對我應有的尊重。但到底多少時間才夠？

這個問題我想了很久。我不會直接回答，我會用一種迂迴的方式，講一個故事給你們聽。

就像我前面說的，我一直是個無可救藥的浪漫主義者。我想是基於對童年時完全沒有半點浪漫存在的反彈（當然，除了我在電視上看到的情節，和私下偷看的浪漫小說例外，那些是我父親禁止我接觸的）。實用主義，一直是我們這個移民家庭的指導跟婚姻的原則。你有見過我父母接吻嗎，親臉頰也算？眼見為憑。老實說我也沒有。他們之間光是有任何情感的觸碰，我用一隻手就能數得出來。在我祖父母，還有我父母之間，從來沒有看過那種情況。浪漫並不是我家庭傳統的一部分。

祖父母的婚姻，是他們還是小孩子的時候就安排好，儘管他們生活在不同的國家。我祖母來自海南一個小村莊，海南是中國南部沿海的一個島嶼。我曾祖父母也是在海南出生，但祖父是在越南出生，他們是移民家庭，在那裡開啟的商業發展，經營香料和其他貴重的商品買賣，像是象牙跟犀牛角。兩家人互相認識，互相喜歡。我祖父的家庭很富裕；我祖母則很年輕、強壯、健

康。祖母十四歲時，她被一個陌生人，從自己熟悉的生活中拉了出來，搭船去越南待了數個星期，這名陌生人就是她未來丈夫的外祖父。在那裡，她必須學一種新的語言和生活方式，這種生活方式圍繞著商業行為，而不是農業和土地。在那個地方，我曾祖母大部分時間都在賭博，她只好帶著埋怨的心情，聽從專橫的婆婆命令過日子。在那裡，她要照顧自己丈夫和他七個弟弟妹妹，甚至幫自己丈夫最小的弟弟哺乳。我的祖母做飯、打掃、縫紉，甚至還按摩我曾祖母的腳——曾祖母成長的時代，認為不超過三英寸的腳是一種性感的標誌，所以她一定對我祖母那奇怪形狀的大腳覺得不滿。只要婆婆下命令她就得做，毫無疑問，我祖父視自己妻子的痛苦為數百年來，婆媳之間權力博弈文化中的一部分。我的祖父母之間沒有浪漫的愛情，至少不是我認為的那種愛情。他們的愛來自於熟悉、習慣、義務。我祖父至少養了一名情婦，並和她生有一個兒子、一個女兒。我確信祖母也知道他們，因為她什麼都知道，但從來沒開口提過。祖母去世時，兩人將近六十年的婚姻，我的祖父替她哀傷了一陣子，然後去中國迎娶我祖母的妹妹，她是一名寡婦，將在晚年照顧他。這就是一個無法照料好自己男人的最好例子。

我父母的故事稍微好一點。我母親真的很漂亮。在我後來出生的小鎮上，我母親的美貌引起了祖母的注意。她的大兒子二十四歲了，是該結婚了。她四處打聽，那位每天會經過自己家旁邊的漂亮女孩是誰。我母親的父母也來自海南，雖然她自己出生在越南。她是六個孩子最大的一個。家庭不算富裕，但也算得上體面，而她的美貌無法讓人忽視。因此，我祖母安排了一位媒人，

到我母親在海安的家裡提親。我外祖父母非常高興。但我媽媽沒有。她遠遠地看到我的父親，是名皮膚蒼白，不算難看的男子。但我母親覺得那時自己才二十二歲，還太年輕，不想結婚。她渴望冒險。她想做一份跟別人不同的工作，而不是教書，比方說在美國軍隊的福利社裡工作。但她的父親不允許她和美國人往來，認為這樣子不檢點，會有不潔的醜聞。

她的父母強迫她同意這門婚事。他們說，我父親家族很有聲望也很有錢，我母親不可能找到更好的男人，結婚是她對父母和弟弟妹妹最大的責任。她答應了，於是開始了一場短暫的愛情，這段戀情圍繞著戰爭展開。我父親被徵召入伍，我祖母賄賂了許多人，確保他能夠成為上尉的司機，可以不用上前線作戰。當他沒有值班時，星期六會騎著摩托車去海安探望我母親，兩個小時的路程，他必須在深夜才能夠出發，確保美軍和越南軍隊有足夠時間清除道路上被越共埋著的地雷。

我父母在農曆十一月初六結婚，也就是一九六八年的聖誕節。會選這個日子，是因為那些懂得擇日的人說，那天是個吉祥的日子，預示著好運和祝福。他們在峴港結婚，我母親的家人朋友提前幾天過來，住在一家旅館裡，確保戰爭所破壞的道路和難以預料的意外小衝突不會打斷婚姻的進行。

當我問母親結婚時是否愛我父親時，她說沒有；是之後才慢慢愛上他的。他們的愛，也源自於熟悉、習慣、義務；是在戰爭、共產主義和移民夾縫中存活下來的愛。長大後，我沒有看到愛。他們大多數時候都在吵架，主要是我爸爸對媽媽大吼大叫，我總覺得他在行使語言暴力。也許他之所以憤怒，是因為到一個

新國家重新開始，在那裡他什麼都不是。隨著父親年紀變大，也愈來愈成熟，而母親對這個新國家也愈來愈有信心，並學會了反擊，這些年來的情況變得有些好轉。儘管如此，我發誓我不要這種婚姻，當然也不要這樣的愛情。

我父親似乎根本不想要讓我擁有愛情。上高中時，曾經問過他，我什麼時候可以交男朋友，那時我許多亞洲朋友都背著父母偷偷約會。他說，直到我大學畢業為止。「什麼男朋友、女朋友都是胡搞瞎搞。」會讓我在學業上分心，他不允許這樣子骯髒的往來。我記得當我們送姊姊去柏克萊讀大一時，我們開車在校園裡轉轉，我父親會對那些穿著緊身背心，化著妝的女孩指指點點，並帶著極大的嘲諷說：「看看這些放蕩的女孩。」那時我剛上八年級，那句話讓我記憶猶新。我父親不想讓我成為那種放蕩的女孩。不准交男朋友，必須專心在學業上。因為視力的關係，我不能開車，我父親一直夢想能夠成為我的司機。他都計畫好了；我大可送他一支手機和一輛車，當我需要搭車的時候，只要打通電話，他就會來接我，帶我去任何我想去的地方。一說到開車，我父親十分有耐心，尤其在開車載我這部分。在他夢想的計畫當中，沒有提及我的丈夫和孩子。我曾好奇父親是否會開車送我去約會，或是晚上和朋友一起出去玩（因為那時候我可能會穿得像個蕩婦）。

直到很久以後，才意識到為什麼他從來沒提到我的丈夫或孩子，為什麼我父親總是強調教育，還有經濟獨立（特別是我，而不是我的哥哥姊姊）。在我母親告訴我，我祖母在我兩個月大時曾經企圖殺害我，但後來失敗，以及我父母在那次企圖當中也一

起合謀過，那麼這一切都說得通了。在越南那個時候，他們總是認為自己是在拯救失明，日後無法結婚，無法生小孩的我。畢竟，一個女人的價值完全取決於她結婚生子的能力。來到美國後雖然拯救了一點我的視力，美國對於殘障者的幫助總是不遺餘力，但我父母仍然視我為失明的孩子，缺乏營養、不受歡迎；對他們來說，我可能仍然無法結婚。

我十七歲上大學時，已經長期都非常無力，之後我的無力又持續了很多年。我對這個世界感到憤怒。為什麼是我？為什麼我必須是那個失明的人？為什麼我要戴一副又醜又厚的眼鏡？不管我走到哪裡，都能發現自己辦不到的事情。我也不禁相信自己是有缺陷的，有很大的缺陷。我恨我的父母把我生在這個世界上，讓我過這樣的生活。曾經歇斯底里地對父親大吼大叫，問他為什麼要生下我。我一點也沒意識到，自己差點戳到的痛點。最後諷刺的是，是我祖母走向我，讓我平靜下來。歸根究柢，我恨的是我自己。

所以，就算我再怎麼浪漫，夢想著遇到你，我也從未想過能真正找到你；或是如果你真的存在，你也會想要我。你經常問我以前的男朋友，我總是想辦法迴避你的問題。因為在你之前我沒交過男朋友。當然，也是有過調情和假日狂歡，但那些傢伙從來沒有停留超過幾個星期。也許他們高攀不上我威廉斯和哈佛的學位。也或許我的祖父母和父母是對的，沒有人會想要像我這樣缺陷的人；當然人們得知我視力有問題時，他們一定感到非常不舒服。也許因為我不值得被愛，我的祖父母和父母一直是對的。

我沒有過「胡搞瞎搞男女朋友」；相對地，我把精力都投入

學業，就像我父親所希望的那樣。但是，在不知不覺中，我也投入精力在修復內心的破碎上。我收拾行李，前往離家三千英里的威廉斯學院。我父親可能覺得，教育一個女孩子沒有什麼價值，讓我離家那麼遠，只會讓我身處危險，但他抵抗不了《美國新聞與世界報導》年度評級世界排名第一大學的誘惑，因為我得到了全額獎學金，所以他對我做什麼並沒有發言權。我學習中文——就是那個我媽媽認為我視力不好永遠學不會的語言。大三的時候，我到中國學習，學期假期我都會盡可能用很少的錢，遊歷這幅員廣闊的國家。大學畢業後，我在塞維亞學習了五個星期的西班牙語，然後又花五個星期，獨自揹著背包穿越歐洲。法學院第一年的夏天，我到孟加拉實習。參加完律師考試後，我去了智利、秘魯，然後去了泰國、越南，這是二十三年來我和父母第一次回到越南。開始工作後，又經歷過幾次冒險，去了南非和紐西蘭。在我遇見你之前，我去過了南極洲。在那之後，我可以自豪地說，自己在三十歲時已經去過七大洲了。

我在長江邊的小屋被嘰嘰喳喳的小雞入侵，那是從江邊船上載來的；搭公車奔馳在中國西部一個塵土飛揚的省份，車門還在行駛過程就掉下來；曾沿著喜馬拉雅山腳下的蜿蜒道路行駛祈禱自己的生命安全；也在南極冰面上露營；在那令人驚嘆的馬丘比丘神秘之美之下，修復我內心的創傷。沒有什麼比環遊世界，更能讓我直接面對自己的侷限。沒有什麼比站在羅馬街頭上，一邊努力用放大鏡看地圖，一邊急著要找地方過夜更讓我覺得沮喪和恨自己。沒有什麼比划船越過南極水域，更讓我感到驕傲，並且

更愛自己，感激當初自己所做的決定和遠見。我明白了，沒有人告訴我自己能做什麼、不能做什麼，只有我能設定自己的極限。我學會了感激自己所能做的一切，的確，就算是一些實力正常的人，也不能像我這樣一個人環遊世界。我學會了接受自己，學會了耐心和愛自己。

　　然後我遇見了你，那個時候我已經做好準備，覺得自己配得上你。和你在一起，愛上你是我做過最容易的事。這種感覺就是對的。你是如此聰明，而我也是，但我可能更聰明一點。你教我、也會挑戰我（當然，有時候是讓人討厭的那種方式），但你知道什麼讓我最感動嗎？當我們下樓梯時，你不需提醒便會握住我的手，也會在沒有任何提示的情況下幫我唸菜單，你會很高興地充當我司機。你從未懷疑過我的能力。我姊姊跟我說，在你準備用 Skype 和我父母聯絡，請求允許我們結婚之前，她就警告過你（她擔任翻譯），你必須接受我視覺上的殘缺，並且愛我。而這正是你一直在做的，愛我，接受我所有的不完美。

　　這並不是計算出，你在我死後要多久才能開始約會。問題在於你。我的死會讓你崩潰，會把你粉碎成一百萬個小碎片，但我希望你能夠自己一個人修復自己。希望你能利用這個機會，和女兒建立一種難得可貴的關係，要是我還活著的話，這是不可能的。我想讓你知道，如何獨自管理孩子、公寓、事業，儘管有時候可能會感到孤獨。請不要因為你的小孩需要母親或是你需要妻子，就和另一個女人在一起，要知道，沒有別的女人能讓這件事情變得更容易。沒有女人能修復你內心的創傷。我希望你能夠自

二〇一八

44

解開奇蹟

　　去年五月，我們從奧斯汀飛回紐約。

　　喬許和米雅一起，而我和伊莎貝兒一起，我們望著窗外時，我說：「貝兒，妳想我們能不能夠出去坐在雲端上，那會不會很好玩？」然後她說：「媽咪，別傻了，妳會掉下去，那個只是空氣。」

　　「妳真的這麼認為嗎，貝兒？可是，天使不都坐在雲端嗎？」

　　「妳不會以為天使是真的吧，媽咪？」

　　「我不知道，」我說：「說不定喔。」

　　「妳覺得我們死後會變成天使嗎？」她停頓了一下，想了一會，又平靜地說：「我想變成一個天使。」

　　「為什麼？」我問。

　　「因為，不這樣的話，就只是單純的死掉。」她說。

　　我笑著說：「哇，這真是個很好的理由。」

　　我五歲的女兒臉上帶著嚴肅的表情，說了一些讓我謙卑又感動的話，這似乎很適合作為本書第一章的開頭。她說：「但是

妳，媽咪，我希望，妳在另外一個女人的肚子裡長大。」

是的，正如你想像的那樣，聽到後我一段時間講不出話來。最後，我小聲地說：「我覺得這個想法不錯，貝兒。我也希望這樣。」

「但是媽咪，」她又說：「好好活著。」

現在，我兩個女兒一個六歲一個八歲，很喜歡聽我講述她們出生的故事。孜孜不倦地聽了一遍又一遍，當然，故事也是千篇一律。我小時候也經常要媽媽講故事給我聽。

西貢淪陷九個月後，我是在產婆家出生的，那間屋子是只有兩個房間的水泥建築，在越南一個不起眼的省份，實際上應該算是一個小鎮。產婆在我們這一代之前，就已經成功地接生我父親和他四個兄弟，也在我之前接生了我的哥哥和姊姊（以及幾乎鎮上所有嬰兒）。沒有產前護理、沒有機械、沒有預產期、沒有硬膜外麻醉。我媽媽告訴我，她都忘記那時候痛得多嚴重。兔年初六的晚上，她肚子痛，我姊姊的保姆騎著一輛簡單的摩托車載她，行駛在塵土飛揚的街區。父親不在家，在新政府要沒收我們最後一批登記在財產目錄上的貨品之前，他已經離開了，到某個地方試圖賣掉我們最後一批庫存。我母親躺下來，我很快就要出生。沒有人記錄我確切的出生時間，媽媽也不記得了。

我的兩個女兒都出生在曼哈頓上西區的聖路加一羅斯福醫院中心。米雅是我的長女，當時用了硬膜外麻醉，十二個小時的分娩和一個半小時的用力推擠，後來我的產科醫生很擔心，最後決定用真空吸引器把孩子吸出來。用了吸引器幾分鐘後，米雅毫不

費力地溜了出來，那時間是在下午五點五十六分，我緊緊抓著她那滑溜溜不斷扭動的身體。貝兒則是在酷熱的夏天出生，那天華氏九十九度（約攝氏三十七度），街上熱死人了，而我就快分娩了。我是個孕婦，計程車拒載，不確定是因為司機快換班，還是害怕孕婦在車內分娩。於是我絕望地和我那不耐煩的丈夫，一起搭上住宅區的地鐵，車上每個人都很擔心地看著我；我忍受巨大的痛苦，穿過兩條長長的走廊，來到了第十大道，那裡有一張輪椅和一名警衛在等我，他一直叫我想著海浪，我差點叫他閉嘴。已經擴張了八公分，所以沒有走一般的入院流程，被緊急送到一個房間，我接受了硬膜外麻醉，醫生戳破羊水。二十分鐘後，貝兒出生，時間是下午六點二十三分，嚎啕大哭地來到這世界。新生命到來的故事都是如此平凡，但我的小孩堅持要聽我講述，並且本能地意識到，每一個生命在平凡之中，都有其獨特性；也欣賞每個人出生後的獨特，感嘆他們在這世界上的美妙。其實在很小的時候，孩子們就會好奇在她們來到這個世界上之前是在哪裡，以及她們是如何來到這世上的。我把這個稱之為生命的奇蹟，儘管這個奇蹟是如此之平凡。

奇蹟的定義是指，無法用科學規律解釋，或是某種程度上違反自然界已知的規則。從某種意義上來說，生命的奇蹟根本不是奇蹟。科學的規律可以解釋人類是如何存在的，我每個禮拜都會接到babycenter.com的電子郵件，描述了我懷孕時子宮內發生了什麼事，從卵子遇到精子，細胞快速分裂，形成各式各樣的器官，然後發展成系統。這一點都不神秘。然而，生命出現的那一瞬間，那無法定義的火花開啟了這個過程，這整件事，是個奇

蹟。從那時候起，有一百萬零一件事都在發生，就我所知，發生的一切對我來說都是好事（希望這麼說不會被無形力量收回我的好運），但這讓我有了兩個女兒。一百萬零一件事都在正確的時間點上，依照正確的順序發生，這個才是真正的奇蹟。身為一個天生失明的人，對這個微妙的過程特別敏感，這個過程看起來很普通，但是一些小地方的細節，其實很容易出錯。我想我會比一般的孕婦更感到焦慮。

二〇一三年當我得知自己患有第四期結腸癌時，我想寫下這些出生的故事；想講的事情有很多，但這部分才是最重要的。除了我之外還有誰能夠告訴女兒，我當初是怎麼一個一個數她們的手指和腳趾，確保它們一根不少？有誰能夠描述我看到她們時候的神奇和驚喜呢？她們臉像外星人一樣，皮膚又潮濕又柔軟。頭頂沒有什麼頭髮，非常脆弱，乞求滋養和保護。看到她們的出生，我腦中想到的並不是科學和俗世的認知；而是把她們看作我個人的奇蹟，就像大多數的母親一樣。我驚訝於生命的奇蹟，就生理方面來看，親子皮膚彼此接觸的觸覺、肢體的運動、心臟的跳動，這個生命在幾秒鐘之前還沒有出現在這世界上。

但我的孩子不只是要瞭解這些，非生理方面的事情也只有我能夠向她們解釋，那是關於她們出生的故事，和她們個人之間的關係。有誰能讓她們理解，她們的生命和我生命的奇蹟，被我們無法控制的家族命運，緊緊交織並且塑造在一起。有誰能告訴她們，她們的出生對我來說有多麼的神奇，她們的生命是怎樣從我身上產生的，就像我自己也是這樣來到這世界上的。

我的父母和祖父母並不覺得我是個奇蹟，尤其是我祖母，不

管從生理上還是非生理上都沒把我視為奇蹟。恰恰相反。我是個有嚴重缺陷的存在，不管在那個沒人記得的時間，和沒人在意的地點發生了什麼樣的生命奇蹟，對她而言，我都是一個嚴重的失敗，一個讓人憎惡的詛咒，一個必須用最激烈方式解決的問題。

在前往峴港的公共汽車上，我母親抱著我，默默啜泣，此行是要找中醫師讓我永遠沉睡。她撫摸我的臉。心裡想著，我真漂亮。為什麼非殺了我不可？她看著身邊擦身而過的各種面孔，每個人對即將要發生的罪行確認一無所知，帶著開心的笑，過著快樂的生活。身邊的一切對她而言毫無意義。她的眼淚像雨一樣落在我的身上。

從中醫師，到我曾祖母，我的命被一個不認識的男人和一個我幾乎不記得的女人所救，那位中醫師是有良知的人；而我曾祖母下令不准動我，「她出生是什麼樣，就是什麼樣！」因為我曾祖母是輩分最高的長輩（她生了五個兒子四個女兒，而之後又有無數的子子孫孫），她的話就是我們家裡最高的律法。從此之後，再也沒有人試圖結束我的生命。總而言之，我就這樣活了下來，而且順利長大。

然後，在我生命早期來看似是不可能的事，最後也如願以償，儘管不見得完美。我母親帶我去加州大學洛杉磯分校，一位來自密蘇里的年輕兒童眼科醫生，說從來沒有看過像我這樣的病例，也警告母親，做完手術後不確定我能恢復多少視力，然後他幫我摘除了白內障。如果我出生在美國，這將會比較容易。但事實並非如此，所以這件事一點都不容易，多年的白內障，讓我和外面的世界隔絕，導致我的視覺神經和大腦之間沒有建立好連

結，現在我的大腦不知道如何使用它們。四歲的時候，大腦裡充斥著各式各樣的視覺資訊，但這些訊息對大腦來說根本沒有意義。就算有最好的矯正鏡片讓我大腦學習，但也已經為時已晚。

不過能夠這樣，已經是我從未有過的體驗。我可以看到顏色和形狀、可以自己走路、可以用視覺輔助工具閱讀，還可以看電視。隨著時間推移，我學習怎麼使用視力工作，就算在視力受到嚴重限制情況下，我也能茁壯成長。在這片新土地上，讓我有一個相對正常的童年、家庭、友誼、成功的學業、獎學金、就讀高等學府、高水準的職業、高薪、環遊世界、英俊的丈夫，以及兩個漂亮的孩子。這些和我祖母早年對我的看法，完全是南轅北轍。

如果不考慮癌症的話，有人可能會把發生在我身上的事情稱之為奇蹟。

我想過很多有關奇蹟的事，但在癌症社區裡提到「奇蹟」，都不是我想的那一種，在那個地方所談的奇蹟指的是「被治癒」。我曾經實現過本來生命中不可能的事，所以當我被診斷為結腸癌擴散的時候，聽到有很多人會說：「如果有人能找到奇蹟，得以痊癒，那個人一定是妳。」這個我從來沒想過。相反地，當我知道自己罹患了結腸癌，癌細胞逐漸擴散時，我心裡想到的是，十七年前去世的祖母正在試圖從墳墓裡爬出來再度殺死我。就算已經過了這麼久，但我一直覺得在遇見那一位中醫之後，我的時間都是借來的，我的生命已經被拯救過一次；如果恢復殘餘視力被視為另一次拯救的話，那就是兩次，沒有人在這一生中可以被拯救三次的。就直覺上來說，我感覺宇宙就是這樣運

行。所以，不，我並不希望奇蹟出現。我已經有夠多奇蹟了，非常多。反而，我一直在思考生命的奇蹟；生命是怎麼開始和結束，我自己的開始和結束，每個人的開始和結束。每個生命都是奇蹟。

當我看到自己憑著借來的生命生活了這麼久，當我認為我生活從來不是理所當然的時候，會感到自己光是能存在這世界上，就要心懷感激（也因此我的孩子才能出生在這世界上），它現在是、曾經是、並且一直是個奇蹟。癌症雖然縮短了我的壽命，毀了本來還能再活四十年的生命，但這絲毫沒有削弱這是奇蹟的事實。所有活著的生命都會死。就算是我年幼的孩子，也理解這個自然的規律。只是有些事情比預期來得快。

因此，生命的奇蹟，也必須在生命結束後被解開。我碰巧知道自己的奇蹟何時結束，而意識到這件事讓我非常痛苦。這個結局所呈現的方式、外觀、感受、死亡的過程，和出生完全相反的，像是一種解開纏繞的概念，生命的奇蹟被解開了。像這樣的解開、終結，有多少是有辦法控制的，擁有某種美感？又有多少是失序的，裡面帶著醜陋和黑暗？這些都是過去五年來一直困擾我的問題，尤其是現在我的結局已經即將來臨。然而，整個過程本身仍是個奇蹟。

我們生活在一種，害怕奇蹟破滅的文化中。它被認為是黑暗的、可怕的、悲劇的，尤其當一個人太早亡故時。確診後，我想找跟我同樣的人，和他們一起探索黑暗、恐懼還有悲劇。一起處理殘酷的事實，並積極擁抱現實，畢竟這是我生命的救贖。但大多數情況，我不斷發現，所得到的只是各種妄想、虛假的樂觀，

看到毀滅性的診斷結果，還得不計一切代價地強顏歡笑；這可是帶來死亡和所有恐懼的報告啊！這些害怕死亡的陳腔濫調，通常來自善意的家人和朋友，因為他們需要迴避真相；但真正讓人困擾的是，就算是已經生病甚至是病入膏肓的人，也把這些話掛在嘴上，不加思索就跟我說：「總是有希望的。必須保持樂觀，必須繼續戰鬥沒有其他選擇。」我咬牙切齒，因為我認為，事實顯示，想繼續活下去已經是不可能，這只是一個事實。不然你覺得咧？真的有希望嗎？為什麼？為什麼我必須保持樂觀？消極有什麼不對？不，一直有一個選擇，死亡也是一種選擇。非常恐怖的選擇！死亡，在眾人的觀念裡，是個異端邪說。

　　有一位很受歡迎的部落客，當她被診斷癌症，離開醫院時很興奮，因為癌症給她年輕的生命帶來的是另一種挑戰，她喜歡挑戰。而當我被確診時，我沒有興奮感，如果那個女人真的感到興奮，那麼她就是為了逃避面對自己身體的事實，迴避正在發生的事情，對自己說謊。另外一名知名的部落客，死前幾個禮拜仍無視自己的體重減輕、肝臟被腫瘤侵襲、腦子裡已經有五處癌細胞轉移的跡象。他是一名臨床醫生，一名癌症研究人員，連這樣的人都會否認並且妄想，更讓人震驚。他那時腦部的腫瘤在接受放射治療。後來，他在自己部落格上說自己因為失去平衡而摔倒，並把原因歸咎是輻射引起腦部發炎，預計這個發炎會消退，然後又能回到全身性治療。我看到他一個月前在社交媒體上發布的照片，就知道他想要再回到全身性治療根本不可能。他的末日就要到了。

　　我們這些熟知癌症世界的人，目睹了許許多多朋友的去世，

也清楚知道那個人時日無多。他自己似乎看不清這點，天真的部落客讓讀者也產生錯覺。我從以前到現在都對這些謊言感到厭惡。也許對很多人來說，撒謊是度過難關、面對死亡的唯一途徑，但我知道我不是那種人。我想睜大眼睛，誠實地面對死亡，就算是在恐懼中也要有勇氣去理解，我希望能夠獲得一些新的智慧。於是我開始寫作，尋找我的真理，想知道生存和死亡究竟意味著什麼，希望得到相關的智慧，不管是認真活著，還是有意識地死亡，一切的背後又意味著什麼樣的智慧。我發現很多人都在暗中尋找他們的真相，不光是想和我一起探索黑暗、恐懼和悲劇，也想和我一起探索生死之間的快樂和美麗。生命奇蹟的開始，從胎兒在子宮內發育開始，然後進入世界，這些都和奇蹟和美麗有關。不幸的是，我們都缺乏欣賞這種美的認知。美，來自我們個人的奇蹟。我很想見證自己的創造和出生。但是現在我只能見證自己的死亡；我已經準備好這一刻；就怕疾病太過於強悍，如果要能見證自己的死亡，只能希望身體機能最後一個停掉的，會是我那複雜的大腦。在失望中很難找到任何美，在我的生命奇蹟當中很難找到具有詩意的結局。

　　七個月前，我參加第二次臨床試驗和第三次的實驗治療，全部失敗。這次打擊特別大，在幾個月前，這些顯示出顯著療效的實驗，後來效果又全部消失。掃描顯示，腹部和骨盆的腫瘤增加了一倍到三倍，這是堵塞前的預兆，最後我會死於飢餓；除非腫瘤先讓我的肺或心衰竭。我確信自己再幾個月就會死去。這是我腫瘤醫生宣讀完一大串免責聲明後，給我的預後報告。折磨結束了。終於要開始下一次的冒險，我鬆了一口氣。但我會在最後一

個夏天，也就是二〇一七年的夏天，帶著悲傷度過。這兩個星期我每天都在哭，是一種新的、強烈的悲傷。因為我再次意識到，自己會錯過女兒生活的所有大小事、畢業典禮、婚禮、演奏會、和朋友爭吵。以及和丈夫曾經的夢想也會破滅，退休後要去托斯卡尼度假，還有更多的環遊世界之旅。你可能以為，過去四年我從來沒有為這些感到悲傷過。

但是，的確有新的悲傷浮現。那就是我身體經歷了四年的手術、化療、放射治療和其他實驗治療後，仍在掙扎著。但癌症出現前所未有的惡化，它不可逆的擴散已是不可否認的事實。就算服用了類鴉片的止痛藥，我的腹痛仍然讓我直不起身子。癌細胞擴散到我的子宮，導致陰道一直出血，這是癌症擴散其中視覺上的呈現。往返這公寓樓層的短暫電梯之旅也很困難；我也是個凡人肉身，只要身邊沒有其他人，便會蹲下讓自己舒服一點。去銀行的兩分鐘路上，現已成了一種值得紀念的挑戰，得有心理準備，然後評估是否有足夠的體力和做好計畫。還有食物，好吧，那真是令人不安。我以前很喜歡吃東西，這是人活著的基本，就算經過這麼多年的化療也一樣。現在我無法忍受自己看到食物，也沒有欲望去烹飪，我過去非常喜歡烹飪。

毫無疑問，我的身體拒絕了這種活著的基本快樂，這表明它已經不想要再繼續活下去。我曾經如此強壯，肌肉發達，我透過高頻率的鍛鍊來增強這種天生的力量。過去常常到喬氏超市，揹著十幾公斤的雜貨回來。以前上下樓梯可以背上揹著一個孩子，手上又抱著另外一個。那個強壯的女人去哪了？她現在正成為一個永遠的回憶，我深感悲傷，不是為了我的女兒或丈夫，而是為

了自己。我意識到，我正在失去曾經的自己，我曾經深愛的自己，現在這個垂死的女人，這個正在衰老的女人，一個醜陋、不斷變瘦的生物，正在取代我本來的位置。當我準備死亡時，我和仍在世的人們之間，中間那一道看不見的牆，愈來愈厚，愈來愈高，我在一個不斷縮小又孤立的黑暗泡沫中，哀悼即將死亡的自己。

但是現在，我在夏天時的悲傷已經結束了，我的觀點改變了，現在有一種平靜降臨在我身上。由於要離開我的丈夫和女兒，我曾經難過，但我也感覺到了另一件事：我開始對自己身上發生的事，出現一種敬畏之心。我不能看著自己出生，但我能夠睜大眼看著自己的死亡。這真是一個奇蹟。在死亡中很難找到美，但我已經學會了；而我也仍然在學習。

我祖母在我二十歲的時候去世了，我那時很傷心，因為我非常愛她。我母親告訴我，我的祖母恨我恨了很長的時間，是來到這個國家我視力恢復後，她才開始愛我。這聽起來很奇怪，我長大後從來沒想過祖母居然會恨我。她是十三個孫兒的好祖母，每個禮拜都會幫我們做飯，經常打電話問我們有沒有吃飽，然後跑來幫我們摺衣服。在我們人生的某個時刻，她會幫助撫養和照顧我們每一個人。在她去世前的一個夏天（包括她在內，沒有人知道她要死了），她會在涼爽的夕陽中，抓著我的胳膊散步；我不確定她抓著我是利用我來支撐，還是想引導我走路，也許兩者都有。我大學四年級時，她一起送我去機場，她以前從來沒這樣過。我記得在國外學習一年後，回到學校後感到略微緊張，還有點不舒服，那時父親在凌晨的高速公路上開車，我在後座把頭靠

在她肩膀上；道別前我還擁抱她，並告訴她聖誕節再見，她在我登上飛機時向我揮手。

七個禮拜後，我回到家，坐在她的病床邊，看著她剩下最後幾天的生命，皮膚變黃，身體腫脹，說話能力也喪失了。她被我們龐大的家族包圍著。她的兒媳輪流幫她守夜，確保她不會孤獨。我被她周圍所有的愛感動。我祖母很特別，就算在最黑暗的日子裡，也能吸引別人的目光。

期中考複習沒有辦法專心，因為這是我第一次經歷自己所愛的人死亡，努力把這個即將離世的孱弱女人和記憶中充滿主見的女人連在一起。我祖母小時候就離開自己的村莊，搭船到別的國家，那裡有一個她從來沒見過的男人等著娶她。她從來沒有學會讀書識字，但她的兒子和孫子幫她實現了夢想中的所有成就。她有如此堅強的意志，就算周圍的人在海裡嘔吐，她也從來沒有在船上吐過一次，那艘船就是帶領我們逃離越南的漁船。

我拜訪她的第四天，結束前我跟她道別，我知道那一晚一旦離開後，就再也見不到她。房間裡擠滿了她的孩子和孫子。我握著她的手，十分乾熱，像米紙❸一樣。她眼睛一直閉著，那時候的她大部分時間都是這樣。「奶奶，我明天必須回學校。」我用中文方言說著。我不確定她是否能聽到我說話，或者她是否清醒。然後我轉換成英語，因為我想表達的東西在中文裡找不到相對應的詞彙，但我相信她能夠理解這種普遍的情感。「I love you，奶奶。我會非常想念妳的。我保證，我會讓妳感到驕傲。」

---

❸ 一種東南亞米製食品。

我含著淚把她的手放回身上，然後轉身離開，到走廊的角落，獨自悲傷哭泣。我父親後來抓著我的肩膀，強迫我再去見奶奶最後一面，房間裡所有人的哭泣聲我充耳不聞。她舉起手來，慢慢地揮動，做告別的手勢。我腦中想像著，她承受了這麼大的痛苦，耗盡所有力氣，這麼簡單的一個動作必定非常吃力。一想到這是她對大家最後愛的表現，我哭了好幾天、好幾個月、好幾年。

自從我被診斷出癌症以來，我一直在悲傷中探索黑暗，但我也沉浸在大家對我的愛跟同情當中，這種愛跟當年包圍祖母的愛沒什麼不同。我愛我的家人，在我生病後，他們也更愛我；我們學會了某種親密的溝通方式，如果走在一般人生的道路上，我做夢也想不到能和他們有這樣的交流。在死亡面前，我堅持百分之百誠實，我女兒們在感情上也表現出成熟、同情、對生活抱持著欣賞的態度，以她們這個年紀的孩子來說是十分罕見的。我們走遍了世界各地；我設計並且監督建造了美麗的家園，那是我的孩子未來幾年成長的地方。在一些人視為普通甚至可能會有點厭惡的事情，都能讓我感到高興，像是烹飪、開家長會、逼小孩寫家庭作業、練習小提琴。在我快死的時候，我努力地活著，看到了其中蘊含著美麗和奇蹟。事實證明，這些年來我一直按照我的意願，解開、終結了我生命中的奇蹟。

在我生命之火熄滅之前，我想說，第二任妻子，我不恨妳了。請全心全意愛我的家庭。好好照顧他們，過著我無法享有的生活。

媽媽、爸爸，我原諒你們。謝謝你們。

我很快就會見到妳了，奶奶，我有一些話，想對妳說，我已

經想了很久了。

　　對於任何可能在閱讀這些文字的人：我很感謝你參與了這趟旅程。我也鼓勵你們盡情享受自己的時間，不要被人生的試煉阻礙，不要因例行公事而麻木，勇敢地接受挑戰，並嘲笑機率。盡情享受和兒女、丈夫、妻子一起共處的時光。好好活著，朋友們，只要活著，還有旅行。讓你的護照蓋滿戳章。

　　幾年前我去了南極洲。在那個地方，在那個巨大又超凡的美景中，我覺得自己彷彿看到了另一個星球，在另一個次元，可能是來世。一年前，我在南非一次狩獵，遇見了一位來自印第安納州，已經退休的鰥夫，他說他去過南極洲，那是一趟靈魂之旅。這話在我腦海中埋下種子；二〇〇五年十月，我完成一項折磨人的工作，然後在十一月底到最後一分鐘，預訂了南極之旅，當時再過幾個禮拜就是我三十歲生日。我一個人去了（或是說，盡可能一個人，因為就普通遊客來說，不太可能一個人去，除非加入旅行團），我一路走到火地島，到達南美洲的最頂端，西半球所有開往南極洲的船都是從這裡出發。我和來自世界各地四十三位遊客，一起登上了一艘俄羅斯冰級船❸，穿越德雷克海峽，在兩天的狂風暴雨後，好不容易到達了南極半島。

　　感恩節當天，我們靠近陸地，船衝破水面上形成的冰層，我站在甲板上，驚訝地看著巨大冰川，一種無限的白色、藍色、綠色的陰影浮在水面上，雄偉的拱門形狀的冰山和崎嶇的山脈。新

❸ 現代專有名詞，指的是按船級規則適當加固，可在某種程度冰情時航行的船舶。

冰層、古老冰層隨著時間推移，慢慢形塑，彼此交疊，那是比任何人造物都更了不起的創作。天空萬里無雲，在那個季節，陽光一天中照射二十小時，加上土地本身的白，是如此之強烈，白得讓人無法直視。

接下來的七天裡，我會逃離船上的喧囂，划著橡皮艇，穿過最深、最安靜、最光滑的水域、每一次划槳，都會泛起漣漪，這些水域完美地反映了天空的心情。和大多數所認為的剛好相反，南極洲並非一整片純白。在快要日出和日落的光線下，它呈現黃色、粉紅色、紅色或紫色。在我們抵達的期間，雪已經融化了，可以看到海灘上的火山岩，此時它會呈現黑色和灰色。企鵝的喙是橙色，淺水區的水是綠色，海豹的皮毛是棕色。有一種生命力、純淨美麗藏在其中。讓我屏息，淚流滿面，我感謝神靈，感謝祂們給我的視力，能讓我看到如此壯烈的景象。

在南極洲，我覺得我好像離開了我們的母星，站在更靠近人間一切答案的地方。在這樣的一個地方，人人都會陷入沉思。人們忍不住會想到上天，我用上天這個詞，並不是指任何宗教教義中描述的那個神，而是泛指某一種存在，這種存在很可能是由過去、現在、將來的所有生命所組成的力量；一種心智上無法理解，但是靈魂卻能感知的力量；就像偉大詩歌可以不理會邏輯，一樣能翻騰出洶湧情感。在那偉大和壯觀的陰影下，我感覺自己渺小得微不足道，站在一個藍色的小行星上，在整個太陽系，在星團中，在一個永恆的宇宙裡，在一個時空，在一個無限的小光點上。而自己的生命，對宇宙而言也只是跨越了一秒鐘而已。

在我們日常生活中，很少感到渺小和無足輕重。果然，等我

從南極回來後，又被生活中瑣事困擾，這些瑣事讓我覺得它們很重要，很有意義，像是處理家人和朋友之間的衝突、起草上百頁合約直到深夜，和對方律師爭辯用字遣詞，好像這些東西都很重要。看到插隊的人會惱火，規劃結婚，計畫購買公寓，煩惱著要買哪一張嬰兒床，會因為刷牙和看電視和孩子爭吵，不斷處理生活中的所有事。我們每天不是生活在偉大和壯觀之物的庇蔭下，而是生活在我們自以為很龐大的小圈子裡。這很自然；畢竟，我們的日子還是得過。

然後事情就這樣發生，把我們從自以為是的小圈子裡拉出來，再次讓我們感到自己的渺小和無力。但現在我明白了，在這種無力中產生了真理，真理中產生有意識的生活。

當時間一到，我會鬆一口氣，高興地爬上床，知道我再也不需要起床了。我會像我祖母一樣，跟家人朋友團聚。我會熱切地迎接自己生命奇蹟的結束，還有另一個奇蹟的開始。

後記

喬許・威廉斯

　　首先，我想說的是，我比莉菁更注重隱私。我不認為我會像她那樣，留下一本關於她生活和疾病的編年史，將和她的親密故事攤在眾人面前。但是當然的，我完全地相信她並且深愛她，我成為她最忠實的讀者，撇開我個人對她的情感不談，她的文字讀起來依然十分令人痛心。

　　所以現在我要做的，就是照她的要求，為這故事劃上句點。

　　我是在我們公寓房間裡寫的，這裡是我們的夢想之家，也是莉菁去世的地方。

　　她臨終安寧之處就在這裡，也是在這裡做最後的告別，癌症也是在這個地方最後得逞。那天是二〇一八年三月十九日，陽光明媚的冬末早晨。現在離那個早晨已經過了三個月又零四天了。不過在那天之前，在這屋內發生了許多充滿生命意義的事物。莉菁合併了兩間公寓，成為她為我們建造的美好家園，在這之前她一直在生病，這房間是我們的主臥室。在這採光充足的房間裡，可以看到外面的自由女神像，而米雅和貝兒就是在這裡受孕。我們在這裡看到紐約最美的日落，也是在這裡談論我們婚姻裡親密

的事情。我們一起規劃生活，對未來充滿憧憬。

最後，也是在這裡，盡了最大的努力，讓莉菁在世的最後幾天，盡可能走得舒適。

過去一年裡，莉菁慢慢在離開我們。癌細胞增生得到處都是。到了晚秋，患了幾次肺炎，發現肺部有一個新的腫瘤，像桃子這麼大。她選擇放棄治療，只是為了爭取更多一點時間。即便如此，我們知道下次感恩節，將會是最後一個感恩節。而聖誕節也是最後一個聖誕節。二〇一八年一月初的生日會是她最後一個生日。她身體的衰退速度在加遽，癌症轉移已進入最後一個階段，也就是「活著，但其實已經死去」。生命每分每秒都在離你而去，痛苦呈指數級增加。為了跟上她的痛苦，家庭安寧療護的助理，把她的止痛藥不斷增量到驚人的程度，就為了讓她能舒服一點。

二月二十六日，星期一，莉菁去世前三週，這一天我一直很苦惱。隨著她病情加重，莉菁被開出各種止痛藥的組合處方，在開藥之前的上一個週末，我很清楚看到，莉菁已經變得語無倫次。看到這一幕，我深受打擊，不光是終於明白她生命已經接近結束的可怕事實，更主要的是，不管她的身體如何背叛她，或是治療多麼殘酷，她的心靈力量一直沒有減弱。看到莉菁掙扎地想知道今天是哪一天，看著她胡亂說著名字，聽到她喃喃低語，那聲音和她平常完全不同……這些事情讓我深受打擊。我試圖壓抑我心中的恐慌，確認她的手機，發現莉菁和史隆・凱特林紀念癌症中心的緩和療護團隊的預約就在今天。

我們到達醫院時，莉菁已經恢復正常，一起坐在癌症中心

的小房間裡，等著要見緩和療護負責醫生，醫生R.S.。作為一名癌症緩和療護的專家，醫生R.S.幾乎進入的每間病房都是緊急狀況。而他也是個不斷散發出善良光芒的人。他在大廳把我拉到一邊，輕聲地跟我說：「大概只剩幾週了，不到幾個月。」但其實他不久前也才和莉菁說過同樣的話，我回到房間時，莉菁仍安靜地趴在檢查台上，和我對視；我永遠不會忘記。我們看了彼此一眼，一句話也沒說，我們知道，一切都結束了。

醫生R.S.和他的團隊直接將莉菁送去治療，這也是最後一次了。我記得她在檢查室裡哭了，說想要回家和女兒、奇伯還有我在一起。要知道，我很少看到莉菁哭，所以我當下的目標就是讓莉菁回家，不管代價是什麼。她對自己最後一段生命有精心的計畫，這計畫不包括在醫院連接機器。她想死在這裡，在我寫字的這個房間，我們家裡。

但首先，她的腫瘤科醫生和緩和療護團體必須抑制住她的疼痛，並評估她病情惡化速度，以確保在最後幾天，有辦法不注射靜脈藥物，這些藥物只有在醫院才有辦法注射。醫生直白地對我們說，沒有時間可以浪費：盡快讓家庭臨終關懷團隊就位。現在就是要做最後準備，時間到了。

住院後的第二天早上，莉菁被類鴉片藥物弄得神智不清，但也剛好足夠清醒面對一般日常應對。她哭了，我們都哭了，因為我們知道，我們一直苦苦奮鬥近五年，現在投降的時候終於到了。「我會怎麼死？」她自顧自地問，「我怎麼開始死的？」那天早上，她在哭泣中一遍又一遍重複這問題。這問題背後的涵義，可以是程序問題，也可以是哲學問題。這怎麼會發生在我身

上？似乎是在問這個。那就具體來說，一個人是怎麼開始死的？我該怎麼做？當然，這些都是合乎邏輯的問題，都是莉菁提出的問題，也是當時唯一需要考慮的問題。這也是因為，莉菁已經照料好其他一切。

為我和女兒們處理好每一個細節，除了一個：沒有她我們該怎麼活？

好吧，就從我坐在這地方開始，這裡是她曾經生活過的地方，我可以說，這個問題沒有好的解答。我想可能永遠不會有。

我最想讓你們知道的一件事就是，莉菁以她想要的方法離世。父母在身邊，周圍都是這世界上她最愛的人，她的姊姊葉莉娜、哥哥葉滋茂，親近的表姊蔓莉和寶珠，還有我父母和姊妹們，當然，還有米雅、伊莎貝兒、我。在結束前一週，三月十二日的晚上，我們邀請了她生命中各個階段的人，來我們家守夜，就如她要求的那樣。她躺在客廳的沙發上，我們教會裡的凱特院長，帶領大家做祈禱和冥想，聚集在她身邊的人，一個接一個講述莉菁的生活，她在大學的生活、當一個無畏旅行者的生活，或是在學校身為家長的日子，癌症社區的同伴，作家的生活，我們笑著哭著，吃著喝著。除了莉菁，所有人都是這樣。她已經不吃了，再也不吃了。

在守夜期間，臨終關懷小組帶著她的床出現，小心翼翼地把床放在我現在坐著的房間裡。那是莉菁在那床上度過的第一個晚上，這也代表著，我們過去睡在一起的那張床，正式走入歷史。

說我害怕面對接下來會發生的事，這也無法傳達出我內心最深的恐懼；要說我強烈希望莉菁能夠從痛苦中解脫，而我的文辭

也無法道盡其中的糾結。但我相信，這些完全相反的掙扎情緒，能讓你稍微理解。想想看，當你生命中最重要的人要辭世時，這會帶給你怎樣的矛盾心情。當你像莉菁一樣重病時，解脫就成了一種仁慈。

沒有人能為死亡做好萬全的心理準備。

一開始，麻木會幫你應付親人永隔帶來的傷痛，所以在莉菁離開後的前幾個星期甚至是幾個月，生活變得異常輕鬆。該發生的都發生了，無盡絕症的惡夢結束了，看著世界上你最愛的人受到可怕痛苦的恐懼突然停止了。五年的瘋狂和恐懼突然消失。當我慢慢開始去想自己、米雅、貝兒的未來時，我感受到了幸福，甚至是真正的快樂時刻，這實在是出乎意料和反常。但如果單單就只是這樣說的話，這種說法也太保守了。我甚至被這些感覺震驚。春天到了，我在格林堡公園散步，自己才真正開始處理這一切。生活在絕症的緊繃狀態下，沒有機會這麼做。的確，你可以過著每一刻、每一日，甚至是每個禮拜的日子，但就是沒有未來。然後，突然，一個未來慢慢展現在我們眼前。

一開始這令人驚訝，也讓人鬆了一口氣。「這沒那麼可怕。」我不止一次對自己這麼說。然後，突然之間，就像麻藥效果退去，永遠失去莉菁的痛開始出現。那是在莉菁去世幾個月後，才真正認識到悲傷。有一段時間，我被悲傷和許多沒處理過的情緒淹沒，後悔、自我懷疑、不健康的自責。

好在，我人生唯一的祝福，就是我幾乎每個星期天，都會和父親通一小時的電話。有幸能得到他睿智的建言。當這一切排山倒海壓在我身上時，我打電話給父親。

我內疚自己為莉菁做得不夠多而痛苦，被洪水般的負面想法淹沒，這些想法中，並非每個都很理智。我發現自己不斷在回憶二〇一三年的日子，看著那年春天，莉菁的照片。那是她被診斷罹癌前充滿青春、活力的日子，看到她的美麗，不受約束的快樂和對未來的憧憬；日後回想，才知道她已經有個不為人知的殺手藏在她體內。

　　我告訴父親：「我真的很痛，我想我搞砸了，我沒有盡全力救我自己的妻子。要是我在二〇一〇或二〇一一就發現，或是二〇一二也行。但我沒有。我讓莉菁失望了。」

　　後來我父親大致上是這樣說的：你以為你有辦法發現，是嗎？但事實是，你什麼也做不了。莉菁這麼年輕，充滿活力，你怎麼樣也不會料到厄運將至，也許註定了從一開始就來不及了。但為了你自己、為了莉菁、為了女孩們，你得站起來。

　　命運的骰子已經投出。莉菁的死已經無法改變。會有「早知道」的想法，那只是一種錯覺。至於其他……所有混亂、抓緊機會、找第二種、第三種治療、臨床試驗、替代療法等等，也於事無補，只是一種走上必經終點的儀式。

　　罹患癌症死亡，並不是什麼新鮮事。真正有意義的，是莉菁面對自己命運的方式。這個天生失明的小女孩，比我們任何人都看得清楚。絕症帶來的殘忍現實，她從不迴避自己的目光，從不幻想自己能得救，她把自己的人生變成我們所有人寶貴的一課，告訴我們如何有意識地，認真、真誠地活著。

　　二〇一三年夏天，莉菁第一次接受手術，我坐在昏暗的恢復室，用我的iPad找資料，研究所有第四期癌症的存活率，雖然我

很相信數字，但我不想相信和承認這些資料。儘管莉菁相信有無形的力量在推動她一生，但她始終忠於真理、不管最後真理是什麼，或是會帶她走上怎樣的路。她可能有點相信魔法，但她從不迷信。

所以，在這困難的時刻，我父親的建言是一帖很有用的藥。說到底，我沒什麼能做的。而且，直到最後，承認無法避免的事實，也是莉菁信仰的一部分，除了要和米雅以及伊莎貝兒分開，她沒有後悔過。在這段經歷，我們決心一起面對現實，就算身處在癌症互助團體中，那裡算是個「否認產業」的加工廠，莉菁依然是正眼面對現實的典範。在我們共同的生活中，我從她身上學到很多教訓，但最重要的一課是：只有接受真理，才能得到真正的智慧和平靜。真正的人生，是從接受真理開始。反過來說，迴避真理，就是否定人生。

莉菁面對的事實，比我所認識的任何人都嚴格，至少三倍以上。所以她確實很聰明，早在她三十七歲罹癌之前就是如此；然後步上跟自己祖母一樣，是結腸癌的後塵。她透過寫作，開始處理自己的生活困境，並在這過程中將自己化為了同理心本體，為那些在自己生活中不斷掙扎，面對苦難日益擴大的人們，擴充同為苦難中人的詞彙庫。

有一次，在思考她希望這本書會是什麼模樣的時候，她寫道：

我的書不僅講述了抗癌的經歷，也講述了人類普遍的經驗。

在這過程中，希望人們認識到，他們從來沒有、也永遠不會在自己的痛苦中孤獨。我希望他們在我豐富、扭曲、糾結的生活

細節中，找到真理和智慧，用他們自己的歡樂和悲傷，笑聲和淚水，支持並安慰他們。

所以現在我要面對我自己的殘酷事實。

在很大程度上，這一頁就是莉菁留給大家的遺產，並創造她非凡人生紀錄的關鍵所在。把我的注意力轉移到她的故事上，這樣它就會持續下去，讓我感覺這一切有了意義。這會很悲傷，喚起回憶，接受她已經離開的事實，這樣她就會永遠存在，這就是永恆的「現在」，因為你會永遠記得她。我和她的女兒們，還有你，一起牽手，訴說這個了不起的故事。這很重要，因為隨著日子過去，歲月不斷累積，生活會推著我們往前，記憶會被侵蝕。每次一想到這個，就很感激莉菁寫下了一切。

本著這篇文章的精神，為了讓其他正受到類似苦難的人們不會在自己的痛苦中太過孤獨，在我結束之前，我必須說，疾病是人際關係喪鐘，就算是最親密的人也逃不過。就像我和莉菁在一起的時間一樣，我們有著深厚的感情和堅定的承諾，但隨著死亡逼近，彼此之間也急遽分道揚鑣。當她在思考死亡的下一步時，我思考著我們的女兒，以及沒有莉菁之後的悲慘生活。兩人的距離愈來愈遠，使我們對彼此陌生，像在陌生人面前掙扎。我們感到絕望。這很難忍受，就像許多走入同樣困境的夫婦，我們吵得很兇，而且時常吵架。情況變得很糟，每個人都在不同時間威脅著要離開。有人提到了離婚，也有人說了一些殘忍的話。這就是絕症帶來的毀滅，不僅摧毀了當事人，也在它的前進路徑上捲進了每一個人。

但我們沒有離開對方，沒有離婚。當你覺得生活中一切都在

失控時，想離開這種緊繃，需要非常多的努力。我和莉菁就是這麼做的。我們一起面對這殘酷的事實，重申了當初在一起的理由，並相互訴說了所有需要說出口的話。

她生命的最後幾個月和我們在一起，充滿了溫柔、愛和感激。一起牽著手，看我們最愛的電視節目，一起在沙發上睡著了。我們做了一件我在這世界上最喜歡的事，就是盡我所能和她在一起。

正如我一開始提到的，我和莉菁相反，不是一個喜歡公開的人。米雅和伊莎貝兒也都繼承了我的沉默。她們都是可愛的女孩，好奇又善良，也都遺傳了莉菁的智慧和同情。我一直努力達到莉菁對待孩子的標準，把莉菁的愛傳遞給她們。她們正以自己能理解的方式，對應她的消失。五月五日，我們在布魯克林的教堂裡，那裡聚集了一屋子的人，都在為莉菁追悼。米雅和貝兒為母親演奏音樂，米雅演奏小提琴，貝兒彈鋼琴，面對這麼多人，她們都很勇敢。

莉菁在某個地方，正緊閉著眼專心聽著，聽得非常清楚。

我愛妳直到永遠，親愛的。直到我再次遇見妳。

二〇一八年六月

致謝

　　我們非常感謝，在這麼艱難的時刻有這麼多人關心莉菁的故事，也謝謝在這期間關心莉菁和我們家人的朋友。

　　謝謝企鵝蘭燈書屋的馬克‧沃倫，他是莉菁的編輯，更是莉菁的朋友。馬克看出莉菁文筆中獨特的力量，在一次長談後，讓這本書得以成形。謝謝莉菁的大力支持者，她的文學經理人，戴維‧格蘭傑，在和出版社洽談之前，就對本書有十足信心，而且在走進我們公寓時，會優雅地脫下鞋子（莉菁最討厭不脫鞋就進來）。而且，非常重要的是，衷心感謝企鵝蘭燈書屋的每一個人，還有莉菁的文學之友，特別是安迪‧沃德及其非凡的行銷團隊，莉菁和他們關係非常好，還有利‧馬千特、瑪莉亞‧布瑞克爾、蜜雪兒‧賈斯明，以及文字編輯伊凡‧康菲爾德，都非常關心莉菁的寫作。

　　有太多人，無法一一列名，因此我們確實希望能對醫學專業人士表達感謝，從莉菁在加州大學洛杉磯分校進行第一次手術開始，包含史隆‧凱特林紀念癌症中心的治療和護理團隊，他們都是極具天賦和敬業的專業人士，我們心中永懷感恩之情。不光是對莉菁，我們整個家都得到滿溢的親切、耐心、理解和關心。

還要感謝凱特院長和聖亞拿聖三一堂的整個社區，在最困難的時期接納了我們。

也對莉菁跟喬許任職的律師事務所非常感激。莉菁任職於佳利律師事務所；喬許在艾金‧崗波律師事務所。二〇一三年，莉菁罹癌後就再也沒工作，但佳利仍幫她保留辦公室，而她的助手直到她生前最後一刻都在為她服務。此外，佳利還以莉菁的名義，辦了一次募捐活動，募得的款項將用於直腸癌的研究。莉菁被診斷罹癌的時間，恰逢喬許成為律師合夥人的時候，這本身就是一段相當緊張的時期。艾金‧崗波明確向我們家表示，以莉菁的健康、米雅和伊莎貝兒的幸福為主，還有我們大家內心的平靜。我們對這兩家公司深表感謝。

我們也無法充分表達，對布魯克林公寓裡的人們的感謝；即時送來讓我們充飢的菜餚，在最需要幫忙的時候負責照顧小孩，以及鄰居的陪伴和支持。真的不勝感激。米雅、伊莎貝兒、喬許會盡最大的努力，回應來自鄰里的友善。

還有最重要的人要感謝：莉菁的讀者，要是忘了感謝，那就是我們的失職了。這本書代表了莉菁的夢想，如果沒有你，這個夢想是不可能實現的。無論你是莉菁在部落格的讀者，還是從什麼地方聽過她的故事，或是第一次看到她的文章，都謝謝你的到來。我們非常感謝你。願她的記憶，永存人們心中。

最後我們還有要感謝的人，麥可‧斯帕恩札以及大腸癌聯盟（ccalhance.org）裡的所有人。莉菁相信這個團體，捐助以表示支持它的使命，他們所做的就是想辦法治療癌症。

www.ccalliance.org

離開前，
媽媽還有好多話想說

The Unwinding of the Miracle:

A Memoir of Life, Death,
and Everything That Comes After

離開前,媽媽還有好多話想說 / 葉莉菁作；牛世竣譯. --
初版. -- 臺北市：春天出版國際文化有限公司, 2023.09
面　；　公分. --　(Better　；　37)
譯自：The Unwinding of the Miracle: A Memoir of
Life, Death, and Everything That Comes After
ISBN　　　　　　　　978-957-741-710-7(平裝)
1.CST: 葉莉菁(Yip-Williams, Julie, 1976-2018) 2.CST:
癌症　　3.CST:　　傳記　4.CST:　　美國

785.28　　　　　　　　　　　　　　112009340

Better 36

作　　者 ◎葉莉菁

譯　　者 ◎牛世竣

總 編 輯 ◎莊宜勳

主　　編 ◎鍾靈

出 版 者 ◎春天出版國際文化有限公司

地　　址 ◎台北市大安區忠孝東路4段303號4樓之1

電　　話 ◎02-7733-4070

傳　　真 ◎02-7733-4069

E－m a i l ◎frank.spring@msa.hinet.net

網　　址 ◎http://www.bookspring.com.tw

部 落 格 ◎http://blog.pixnet.net/bookspring

郵政帳號 ◎19705538

戶　　名 ◎春天出版國際文化有限公司

法律顧問 ◎蕭顯忠律師事務所

出版日期 ◎二○二三年九月初版

定　　價 ◎399元

總 經 銷 ◎楨德圖書事業有限公司

地　　址 ◎新北市新店區中興路2段196號8樓

電　　話 ◎02-8919-3186

傳　　真 ◎02-8914-5524

香港總代理 ◎一代匯集

地　　址 ◎九龍旺角塘尾道64號 龍駒企業大廈10 B&D室

電　　話 ◎852-2783-8102

傳　　真 ◎852-2396-0050

版權所有‧翻印必究

本書如有缺頁破損，敬請寄回更換，謝謝。

ISBN 978-957-741-710-7